Ralf Olk | Oliver Winter

Kursbuch Klassenfahrt

Was Lehrer, Eltern und Schüler wissen wollen

Ralf Olk | Oliver Winter

Kursbuch Klassenfahrt

Was Lehrer, Eltern und Schüler wissen wollen

ECON

MIX
Papier aus verantwortungsvollen Quellen
FSC® C083411

Econ ist ein Verlag der Ullstein Buchverlage GmbH

ISBN: 978-3-430-20266-4

Gesetzt aus der Aldus nova Pro
Satz: L42 AG, Berlin
Druck und Bindearbeiten: CPI books GmbH, Leck
Printed in Germany

Inhalt

Vorwort
Ein bisschen Schwund ist immer

Klassenfahrten sind kein Kinderkram! Wir sind uns sicher: Jeder Lehrer, jeder Elternteil und letztlich jeder, der einmal eine solche Fahrt erlebt hat, wird uns ohne Zögern zustimmen. Vielmehr gehören Klassen-, Stufen- oder Kursfahrten zu den wichtigsten und prägendsten Projekten jeder Schullaufbahn. Egal, wie jung oder alt Sie heute sind: Woran erinnern Sie sich zuverlässig, wenn Sie an Ihre eigene Schulzeit zurückdenken? Eben!

Dem »Projekt Klassenfahrt« sollte also die gebotene Aufmerksamkeit bei der Planung, Vorbereitung und natürlich während der Tour selbst gewidmet werden. Was liegt da näher, als sich vorhandenes Wissen und die Erfahrung anderer zu eigen zu machen, die schon Tausende Klassenfahrten erlebt, begleitet und professionell durchgeführt haben?

Genau dazu dient dieses Buch: als Organisationshilfe für engagierte Lehrer, Eltern und auch Schüler sowie alle anderen, die es mit dem Thema zu tun bekommen. Es unterstützt Sie bei der Wahl der passenden Reisezeit, des richtigen Reiseziels, der besten Partner für Anreise, Unterkunft und Programm. Es hilft Ihnen Risiken zu reduzieren und Fehler bei der Planung und Durchführung zu vermeiden. Und nicht zuletzt soll es Ihnen das Leben auf Tour leichter und die Klassenfahrt für alle Beteiligten zu einem Erlebnis machen, das aus den richtigen Gründen unvergesslich ist. Denn allzu oft sind uns Fälle zu Ohren gekommen, in denen eher andere Gründe eine Klassenfahrt legendär gemacht haben:

No rooms in Rome

Klassenleiter Heribert Kühnel hat die Fahrt seiner zwölften Klasse nach Rom wie immer perfekt vorbereitet. Für ihn ist das Routine, denn er hat schon viele Jahre Erfahrung mit Klassenfahrten und war schon häufig mit Schülergruppen in Italien – tutto bene!

Das zwar einfache, dafür günstige und perfekt gelegene Hotel am Bahnhof Termini war, wie auch in vergangenen Jahren, schnell und unkompliziert gebucht. Doch nach der Ankunft in Rom wird die Fahrt binnen Minuten zum Horrortrip: Die Unterkunft hat auf unerklärliche Weise kein einziges Zimmer frei.

»Wie jetzt, was?«, versucht Herr Kühnel an der Rezeption panisch die Situation zu klären. »Impossibile! Ich habe doch schon vor Monaten gebucht!«

»Si, si, senior, no rooms, sine Zimmer«, gibt der Rezeptionist zurück und setzt sein Pokerface auf. Wegen Rohrbruchs oder wegen Feuers, just heute Morgen, so ein Zufall aber auch. Wasser ist zwar keins zu sehen, und verbrannt riecht es auch nicht, aber irgendeine Katastrophe passiert hier definitiv gerade. Notfalls war es eben ein Computerfehler.

In Wahrheit ist die Ursache höchstwahrscheinlich viel unspektakulärer: Das Hotel hat sich überbucht. Jedenfalls gibt's keine Zimmer, der Hoteldirektor ist zufällig gerade in Urlaub, und Luigi von der Rezeption hat irgendwie auch plötzlich sein Englisch verlernt.

Jetzt ist Not am Mann, in diesem Fall an Herrn Kühnel. Schon beginnen die ersten Schüler zu singen: »Arrivederci, Roma …«

Eine üble Geschichte – aber glauben Sie uns, wir kennen noch weitaus üblere. Die meisten davon wären allerdings vermeidbar. Wie, das erfahren Sie in diesem Buch.

Verhandlungen mit Busunternehmen, Unterkünften oder Reiseveranstaltern gelingen nach der Lektüre auf Augenhöhe. Das Buch liefert Anregungen zum Weiterdenken für Planungs- und Gestaltungsideen auch abseits ausgetretener Pfade. Budget und Finanzierung sind ebenso Themen wie der leidige Papierkram und die unvermeidlichen Versicherungen. Nicht fehlen darf bei alledem die Vorbereitung auf mögliche Probleme, Unfälle und Krisen, damit Sie unterwegs für alle Fälle gerüstet sind – inklusive souveräner und richtiger Reaktionen im Fall der Fälle, damit nicht nur die Ihnen Anvertrauten, sondern auch Sie selbst Szenarien wie das obige schadlos überstehen.

Die Fallstricke sind weitaus breiter gestreut, als man meinen könnte. Viele Probleme könnten schon im Planungsstadium verhindert werden. Um nur ein Beispiel zu nennen: So ist schon der Reisetermin alles andere als egal, sondern ein echter Einflussfaktor. Er kann, mit Verstand und Weitsicht gewählt, sehr bedeutend sein für die Kosten der Fahrt oder die Risiken, dass unterwegs etwas passiert. Vom Timing der Klassenfahrt hängt weitaus mehr ab als die Wetterprognose. Nur weiß man das im Zweifel nicht, wenn man noch nie eine Klassenfahrt durchgeführt hat. Und so ist es mit vielen Details, die zum Erfolg oder Misserfolg einer Klassenfahrt beitragen. Und genau deshalb gibt es dieses Buch.

Wir wollen, dass jede Klassenfahrt für Schüler, Eltern und Lehrer zu einer wunderbaren und nachhaltig positiven Erfahrung wird. Klassenfahrt schmeckt nicht nur nach Spinat mit Ei und Hagebuttentee, sondern auch nach unvergesslichen Erinnerungen: an Stockbrot und Nachtwanderung, an Zahnpasta unter Türklinken, an Klopapiergirlanden im Treppenhaus und den zugenähten Schlafanzug des Lehrers. Kennen Sie, klar. Aber sind Sie sich auch der Gefahren von Frischhaltefolie unter Ihrer Klobrille bewusst? Gern geschehen.

Überhaupt ist die Perspektive von Lehrern und Begleitpersonen auf Klassenfahrt bisweilen eine völlig andere als die der übrigen Teilnehmer: viel Arbeit und vielleicht auch zähe Diskussionen im Vorfeld und auf Tour dann ein Übermaß an Verantwortung bei tagelangem Schlafmangel und permanenter Sorge um das Wohl einer Schar meist pubertierender Jugendlicher.

Und doch ist es das alles wert! Denn die Klassenfahrt ist auch eine

Zeit neuer, oft verblüffender Erfahrungen mit jungen Menschen, die man eigentlich schon gut zu kennen glaubte. Gemeinsam auf Tour zu gehen macht einfach Freude – fast immer auch den Lehrern. Die andere Form des Zusammenseins fördert das Sozialverhalten und den positiven Umgang miteinander. Sie macht aus der Klasse ein Team. Sie fördert das Selbstbewusstsein und macht die Gemeinschaft stark. Sie macht selbstständig, denn es ist mal nicht alles vorgekaut. Sie schafft Erinnerungen; im Idealfall überwiegend gute, aber eben auch wertvolle weniger gute und in jedem Fall solche, die wahrscheinlich sehr lange nachwirken. Manchmal ein Leben lang.

Kein Wunder, denn Klassenfahrten stehen für Freiheit: Freiheit von Eltern, von Zwängen, von Terminen – und das nicht nur bei den Schülern. Vielleicht auch, wenigstens zeitweise, Freiheit vom Smartphone. Klassenfahrten verschaffen allen Reisenden Glücksmomente, vielleicht aber auch Traurigkeit. Sie können eine gute Gelegenheit sein, auch mal Aggression und Frust zuzulassen und zu bewältigen, Beziehungen zu klären und zu entwickeln. Die Fahrt kann ein großer Spaß sein, kann Liebe erleben lassen, oft die erste. Von den größten und unwahrscheinlichsten Katastrophenszenarien einmal abgesehen sind Klassenfahrten fast immer vor allem einfach wunderschön. Spätestens im Rückblick.

Für manche Kinder bedeutet eine Klassenfahrt zudem die einzige Möglichkeit, überhaupt zu reisen. Einfach, weil es – aus familiären, wirtschaftlichen oder anderen Gründen – keine anderen Reisen für sie gibt. Für diese Kinder hat eine Klassenfahrt einen unermesslichen Wert.

Kurz: Die Bedeutung von Klassenfahrten kann kaum überschätzt werden. Und gerade deshalb ist bei den Verantwortlichen, bei Lehrern und Begleitpersonen und Veranstaltern, bei Ihnen und bei uns, auch der Druck so hoch.

Auf den ersten Blick scheint die Organisation einer gelungenen Klassenfahrt ganz einfach: Ziel und Termin festlegen, Unterkunft buchen, Busunternehmen beauftragen, Geld einsammeln, und los geht's. Wenn alles gut läuft, werden alle Schüler am Ende vollzählig, möglichst gesund und unverletzt wieder abgeliefert. Fertig.

Fertig? Von wegen. Klassenfahrten sind anstrengend und machen eine Menge Arbeit – und zwar schon lange, bevor es überhaupt losgeht. Die einbezogenen Schüler können sich nicht einigen, haben tausend Ideen, dabei manchmal auch ziemlich abgefahrene und völlig unrealistische Vorstellungen zum Reiseziel, zur Unterkunft, zum Programm. Und dann die Eltern! Wollen alles besser wissen, sind misstrauisch, kritisch und kleinkariert. Zu teuer wird die ganze Sache sowieso, und die Kollegen widersprechen sich mit ihren Tipps auch gegenseitig. Rom ist immer schön – Rom ist zu heiß! Weimar ist das Zentrum der Klassik – Weimar ist das Zentrum der Langeweile! Hotels sind besser als Jugendunterkünfte – Hotels sind zu teuer! Der Bus ist das einzig Wahre – der Bus ist ein Albtraum auf Rädern!

Kommt man erst mal in den Niederungen der Detailplanung an, wird es erst richtig aufreibend: Welcher Kollege, welche Kollegin fährt eigentlich mit? Wer käme überhaupt in Frage? Wer wäre bereit und letztlich nicht Belastung, sondern eine Hilfe, auch bei der Organisation? Natürlich will man auch nicht mit jedem der Kollegen losziehen, Sympathie spielt schließlich auch eine Rolle. Aber auch nichts übertreiben, sonst ist der Partner oder die Partnerin des Wunschkollegen vielleicht noch eifersüchtig?

Eigentlich ist ja auch gar keine Zeit für eine Klassenfahrt. Die vielen Schulprojekte, Fortbildungen, Schulveranstaltungen, Sprechtage. Und alles andere im Lehrplan geht natürlich vor. Die »verlorene Zeit« muss ja irgendwie wieder reingeholt werden. Die Vertretungsproblematik und vielleicht dazu noch Missgunst im Kollegium, die ganzen Haftungsfragen, die unklaren Regelungen zu Fahrtkostenerstattungen für Lehrer, Versicherung, Aufsichtspflicht und andere juristische Fragen, die Thematik Reiserecht ganz grundsätzlich – alles Hürden. Und privat muss ja auch alles geregelt werden für eine mehrtägige Abwesenheit von zu Hause. Dazu kommen noch, vielleicht, schwierige Schüler und anspruchsvolle Eltern.

Das Beste wäre also: gar keine Klassenfahrt?

Das ist natürlich Unfug! Die Klassenfahrt gehört nicht nur zu den bedeutendsten persönlichen und kollektiven Erfahrungen jedes Schülers, jeder Schulklasse und häufig auch der Lehrer. Die Klassenfahrt ist auch eine alternative Lernerfahrung, die durch nichts zu ersetzen ist. Lernen findet ganz grundsätzlich und ganz selbstverständlich auch außerhalb der Schule statt. Im Schulbus, im Verein, ja auch bei Facebook, Instagram und Snapchat oder im Supermarkt. Die Klassenfahrt bietet eine besondere Gelegenheit zum Lernen außerhalb der Schule. Sinnvoll und zielgerichtet geplant, können die Tage am »außerschulischen Lernort« unvergleichlich produktiv sein – vor allem jenseits des Lehrplans. Eine Klassenfahrt kann die Lebenskompetenz und den Blick über den Tellerrand schärfen, Stärken und Grenzen erkennen lassen, sogar Berufswünsche reflektieren helfen. Schülern diese Erfahrung vorzuenthalten hieße, auch den Erziehungs- und Bildungsauftrag der Schule links liegen zu lassen.

Und deswegen finden, allen Hürden zum Trotz, unglaublich viele Klassenfahrten statt. Die etwa 8,36 Millionen Schüler an allgemeinbildenden Schulen in Deutschland bilden, bei durchschnittlich etwa 21 Schülern pro Klasse[1], fast 400.000 Schulklassen. Im Primärbereich der Schulen dürften erfahrungsgemäß nur sehr wenige mehrtägige Klassenfahrten stattfinden. Anders in den Klassenstufen der Sekundarbereiche I und II, auf die etwa 60 Prozent der Gesamtzahl der Schüler entfallen – also etwa 5,2 Millionen Schüler in Deutschland.

Die Annahme, dass die Schüler dieser Klassenstufen während ihrer Schullaufbahn sicherlich alle drei bis vier Jahre mehrtägige Klassenfahrten absolvieren, scheint uns plausibel. Das würde bedeuten, dass jährlich etwa 25 bis 35 Prozent der 5,2 Millionen Schüler der Sekundarbereiche I und II auf Klassenfahrt gehen. Das wären immerhin um die 1,3 bis 1,8 Millionen[2] Schüler oder etwa 60.000 bis 80.000 Schulklassen, die mehrere Tage auf Tour gehen – jedes Jahr.

Angesichts dieser beeindruckenden Zahlen darf man sich darüber wundern, dass ein derart komplexes und wichtiges Thema wie die Klassenfahrt weder in der Lehrerausbildung noch in der Fortbildung Erwähnung findet. Zu diesem frappierenden Mangel hinzu kommt der immer wieder zu Recht beklagte Missstand unzureichender Reisekostenerstattungen für die begleitenden Lehrer.

Deshalb gilt allen, die es dennoch machen, unser Respekt. Die vielen Schüler, die in Deutschland jedes Jahr auf Tour gehen, sind ihren Pädagogen und Begleitpersonen dankbar. Dankbar für das Glück, Teilnehmer einer Klassenfahrt sein zu dürfen und dieses einmalige Erlebnis genießen zu können. Wir wissen das – denn wir erleben diese Dankbarkeit Tag für Tag mit. Und wir wissen genauso gut wie Sie als Lehrer: Pubertierende Schüler sprechen nicht immer alles aus, was sie empfinden.

Aber was gehört eigentlich zu einer durchdachten, zielgerichteten, für die jeweilige Schülergruppe passenden und letztlich nachhaltig gelungenen Klassenfahrt dazu? Die Kurzfassung: gründliche Planung und Vorbereitung, die gelungene Durchführung und auch die Nachlese. Die Langfassung der Antwort ist dieses Buch. Der gesamte Prozess ist geprägt von vielfältigen Entscheidungen, die auf Grundlage von Wissen, Erfahrung und – oft vor allem – gesundem Menschenverstand gefällt werden sollten. Und dabei wollen wir Sie unterstützen.

Wir haben uns in vielen Jahren mit allen Aspekten gelungener Klassenfahrten beschäftigt, waren und sind permanent mit Hunderten Lehrern, Eltern und Tausenden Schülern konfrontiert, haben in all den Jahren unendliche Stunden diskutiert und auch gestritten, waren bisweilen irritiert, amüsiert oder betroffen. Immer waren wir gefordert, aber nicht zuletzt auch oft begeistert von der Tatkraft und der Leidenschaft der Akteure. Unsere alltägliche Begegnung mit dem Thema Klassenfahrt und das Wissen um die vielschichtigen Fragestellungen, aber auch die Bedeutung für jeden einzelnen Teilnehmer ist unsere Motivation, Ihnen in diesem Buch zu zeigen: So geht Klassenfahrt – ganz easy!

Einige Hinweise vorweg: Unsere Kompetenz ist nicht die Pädagogik, und wir sind auch keine Juristen. Wir verlieren uns nicht in Gesetzen, Verordnungen und Fachchinesisch. Spieleanleitungen oder Reflexionsmethoden haben in diesem Buch bewusst ebenfalls keinen Raum, denn dafür gibt es andere, besser qualifizierte Autoren und ihre Bücher. Dasselbe gilt für gesellschaftspolitische Aspekte, die in diesem Buch unvermeidlich angerissen, aber nicht diskutiert werden. Wir beobachten und geben Tipps für den Umgang mit schwierigen Situationen, aber wir ergreifen keine Partei. Und um Geschlechterstereotype so weit wie möglich zu umgehen, verwenden wir das generische Maskulinum. Begriffe wie »Lehrer«, »Schüler« oder »Schaffner« stehen also für Personen aller Geschlechter.

Wir hoffen, dass wir Ihnen nicht nur helfen, sondern Ihnen auch Mut geben und Lust auf die nächste Klassenfahrt machen können. Es ist gar nicht so schwer, eine gelungene Klassenfahrt zu realisieren, die Schülern und Begleitpersonen gleichermaßen starke, sinnvolle, nachhaltige Erlebnisse verschafft, an die sich garantiert alle Beteiligten noch sehr, sehr lange erinnern werden. Dieses Buch liefert Ihnen das Handwerkszeug.

Eines möchten wir allerdings weder leugnen noch um alles in der Welt jemals ändern: Niemals wird es eine Klassenfahrt geben, bei der alles nach Plan läuft. Sie werden auch in Zukunft unterwegs einen Sack Flöhe zu hüten haben. Sie werden auch weiterhin Überraschungen erleben. Ihre Türklinke, Ihre Klobrille und Ihre Schlafanzüge werden Sie auch nach der Lektüre dieses Buches noch im Auge haben müssen. Und ganz ehrlich: Wo bliebe sonst der Spaß an der Sache?

Auch wenn am Ende einige gute Vorsätze, diverse Habseligkeiten und viele Nerven auf der Strecke geblieben sein werden: Ein bisschen Schwund ist immer. Aber das wunderbare, lehrreiche, unersetzliche Abenteuer Klassenfahrt entschädigt für sehr, sehr vieles.

Teil I

Vorbereitung

1. Nicht alle Wege führen nach Rom
Auswahl und Entscheidungsfindung

Die Klassenfahrten-Formate

Welche Formate für Ihre Klassenfahrt in Frage kommen, wird in gewissem Maße von den Umständen diktiert. Unseres Wissens ist noch kein Lehrer auf die Idee gekommen, mit Grundschülern in Kleinasien auf den Spuren des Apostels Paulus zu wandeln. Genauso wenig wird die Kursfahrt der Zwölftklässler zum Indoor-Spieleparadies im Harz führen oder werden die pubertierenden Achtklässler der Brennpunkt-Schule ins Kloster Sankt Nirgendwo fahren.

Wohin die Reise geht, das ist zunächst keine Frage der Geografie, sondern vielmehr der inhaltlichen Zielsetzung. Entscheidend ist, was die Fahrt bewirken soll.

Klein anfangen: Wandertag und Tagesfahrt

Es ist nicht nur eine Frage der Klassenstufe, ob sich die Klassenfahrt auf nur einen Tag beschränken soll. Auch ein enges Budget, Zeitmangel oder andere Gründe können durchaus dafürsprechen, eine Klassenfahrt auf nur einen Tag zu beschränken. Das »Erlebnis Klassenfahrt« als großes Abenteuer und prägendes Ereignis der Schullaufbahn ist die auf einen Tag beschränkte Tour aber definitiv nicht – und wird deshalb in diesem Buch auch nur am Rande erwähnt, nämlich jetzt und hier und dann gar nicht mehr. Dennoch: Manchmal geht's eben nicht anders.

Die einfachste Variante ist es, einen Bus zu mieten und zum nächstgelegenen Freizeitpark zu fahren. Dort bekommen die Schüler Zeit zur freien Verfügung bis zum Nachmittag, und dann geht es wieder retour. Zielfördernd ist das kaum, kreativ keinesfalls. Die Schüler werden im besten Fall Spaß haben, mehr aber auch nicht. Wer sich für die Tagestour in den Freizeitpark entscheidet, muss sich nur im Klaren sein, was er mit dem Entschluss »pro Freizeitpark« tut – nämlich in der Regel nichts Wertvolles.

Damit sollen Freizeitparks keinesfalls unter Generalverdacht gestellt werden, nur dem Spaß zu dienen und ansonsten für Klassenfahrten nicht zu taugen. Gerade als Teil mehrtägiger Klassenfahrten können sie durchaus eine sinnvolle Station sein, bei der die Schüler relativ kontrolliert Dampf ablassen und Spaß haben können – in einem Umfeld, wo das zum Konzept gehört. Und obwohl sich die Einrichtungen alljährlich mit neuen Superlativen zu übertrumpfen versuchen – etwa mit dem höchsten Freefall-Turm, der spektakulärsten Achterbahn oder der wildesten Wildwasserbahn –, gibt es manchmal tatsächlich auch gut gemeinte pädagogische Programmangebote oder Science-Center.

Dennoch bleibt es dabei: Wenn Sie nur einen Tag haben, gibt es viele gute, kreative Alternativen zum Freizeitpark.

Der »Wandertag« ist der Klassiker unter den eintägigen Klassenausflügen. Es ist dabei aber ratsam, den Begriff »Wandertag« zu meiden – auch wenn es einer ist. Das Wort löst bei Schülern reflexartig eine Abwehrhaltung aus wie ein Wespenschwarm im Freibad. Eine »Challenge«, ein »Hike« oder eine »Tour« sind sicher bessere Begriffe, um bei den Schülern eine ansatzweise Akzeptanz des Vorhabens zu fördern.

Wichtiger als der Name ist allerdings, was man daraus macht. Die gute, alte Schnitzeljagd bedarf zwar intensiver Vorbereitung, kann aber für Schüler durchaus attraktiv sein, weil sie mit einem Wettbewerbscharakter verbunden ist. Die Weiterführung ist eine »GPS-Rallye«, bei der mithilfe entsprechender Geräte in Kleingruppen entweder Aufgaben gelöst oder bestimmte Ziele gefunden werden sollen. Die schnellste oder die kreativste Gruppe gewinnt.

Fast ganz ohne Vorbereitung auskommen kann der »Survival-Trip«. Er besteht ganz einfach daraus, alle Schüler in Kleingruppen von drei bis fünf Teilnehmern in einer bestimmten, bitte nicht zu geringen Entfernung von der Schule »auszusetzen«. Wichtig: ohne Geld, ohne Handy, bestenfalls mit einer topografischen Karte ausgestattet. Die Transportlogistik will, vielleicht mithilfe von Eltern, organisiert sein, aber mehr Vorbereitung braucht es nicht.

Das Projekt ist tatsächlich recht abenteuerlich und birgt durchaus gewisse Risiken, weswegen Überzeugungsarbeit beim Elternabend und eine ausdrückliche, weitreichende Einverständniserklärung aller Eltern geboten sind.

Der Variantenvielfalt sind dabei kaum Grenzen gesetzt. So können die Kleingruppen im Zufallsprinzip oder nach Schülerwunsch gebildet werden. Die Nutzung öffentlicher Verkehrsmittel kann erlaubt sein oder ausdrücklich nicht, was vor allem eine Frage der Risiko- und Gefahrenanalyse und der Entfernung vom Zielort ist. Ist Proviant vorgesehen? Vielleicht doch ein Handy je Gruppe, nur für Notrufe? Um den Anspruch zu steigern, kann zur erfolgreichen Rückkehr zum Treffpunkt noch eine Aufgabe hinzugefügt werden – zum Beispiel einen bestimmten Gegenstand zu finden und mitzubringen.

Wer es weniger improvisiert, aber trotzdem pädagogisch »wertvoll« will, ist bei einem professionellen Anbieter für erlebnispädagogische Programme gut aufgehoben. Eine solche Klassen-»Fahrt« kann sogar ohne Fahrt realisiert werden, indem der Mitarbeiter oder das Team des Programmanbieters zum Schulstandort oder zum nahegelegenen Wald kommt und die Schulklasse selbst gar nicht wegfährt. Solche mobilen erlebnispädagogischen Programmanbieter gibt es in jedem Winkel des Landes und ganz sicher auch in Ihrer Nähe.

Achten Sie dabei aber auf Qualität! Bei einem guten, seriösen Anbieter gibt es neben guter Beratung mit Bedarfsanalyse und Briefing natürlich auch eine durchdachte Durchführung mit ausgebildeten Fachleuten, nicht mit billigen Hilfskräften ohne erlebnispädagogische Vorkenntnisse.

Tipp: Nähere Informationen und Anbieter erlebnispädagogischer Programme finden Sie zum Beispiel beim Bundesverband für Individual- und Erlebnispädagogik in Dortmund (BE): www.bundesverband-erlebnispaedagogik.de.

Beliebte und gute Ziele für Tagesausflüge sind auch:

- Hochseilgarten
- Baumwipfelpfad
- Kanutour
- Kletterhalle
- Ausstellungen

Natürlich ist bei all diesen Zielen stets auf eine kinder- bzw. jugendgerechte Ansprache, Führung und Programmgestaltung zu achten, wofür die Veranstalter der Events aber meist entsprechende Angebote vorhalten. Wenn nicht: Finger weg.

Doch auch jenseits der »offensichtlichen« Angebote gibt es viele Alternativen zum Wandertag. Einige spannende Optionen:

- Infotag Energieerzeugung vor Ort: Die Palette der Möglichkeiten reicht vom Braunkohletagebau über Atom- oder Windkraftanlagen bis zu Gezeiten- oder Pumpspeicherkraftwerk.
- Woher kommen Nahrungsmittel? Ein Besuch beim Landwirt, im Idealfall ein moderner Betrieb mit GPS-gesteuerten Traktoren, Biogasanlage und IT-gesteuertem Melkstand, und im besten Fall mit Kälbchen zum Streicheln, ist reich an Highlights. Lohnend sind auch Molkereien, die Großbäckerei oder vielleicht der regionale Schweinemast-, Hühnerfarm- oder

Rinderzuchtbetrieb. Oder wie wäre es mit einem lebensmittelverarbeitenden Industriebetrieb? Von Tiefkühlpizza über Mineralwasserabfüller bis hin zum regionalen Metzger?

- Retter hautnah: Sehr willkommen sind Schulklassen meist auch bei den Polizeiinspektionen, den Einrichtungen des Technischen Hilfswerks (THW) und vor allem auf den Feuerwachen. Hier erfahren Schüler authentisch, was passiert, wenn was passiert. Und ganz nebenbei können die Schüler einige der beliebtesten Traumberufe auf Herz und Nieren prüfen.
- Wirtschaft erleben: In fast jedem Ort gibt es spannende Industrie- oder Dienstleistungsbetriebe, deren Besichtigung lohnt. Vielleicht gibt es in Ihrer Nähe sogar einen »Hidden Champion«, also einen der oft eher unbekannten Weltmarktführer? Mindestens findet sich in greifbarer Nähe fast überall ein wichtiger Akteur in seiner speziellen Nische, dessen Besuch interessante neue Perspektiven eröffnet – auf die Welt, aber auch auf die unmittelbare Umgebung. Neben der »freien Wirtschaft« können auch Energieerzeuger, Verkehrsträger, Logistikzentren oder eine »Backstage-Besichtigung« im örtlichen Erlebnisbad mit Einblick in die Technik oder andere lokale Betriebe spannende Ziele für einen Erlebnistag sein. Häufig sind die Unternehmen vor Ort zudem sehr offen für Schüler – gilt es doch, den immer knapper werdenden Nachwuchs frühestmöglich zu begeistern und zu sichern.

Eine Tagesfahrt ist also durchaus eine Gelegenheit für neue Erfahrungen und Einblicke, die nicht alltäglich sind. Mit ein wenig Fantasie und Kreativität ist beinahe jedes Ziel ein attraktiver außerschulischer Lernort, der die Lebens- und Berufskompetenz zu fördern imstande ist.

Eine Klassenfahrt ist im Sinne dieses Buches jedoch erst dann eine richtige, ausgewachsene Klassenfahrt, wenn sie über mehrere Tage geht. Punkt.

Denn erst, wenn mehrere Tage und auch Übernachtungen ins Spiel kommen, stellt sich das richtige »Klassenfahrten-Feeling« ein. Erst dann ist die Spannung, der Erlebnisgehalt wirklich spürbar. Intensive, gruppendynamische Prozesse, wie sie nur bei Klassenfahrten zu nachhaltigen Erinnerungen führen, entstehen beim längeren und, vor allem wegen der gemeinsamen Übernachtung, intensiveren Zusammensein von Schülern und Lehrern fern des gewohnten Umfelds – und der heimatlichen Komfortzone.

Der entscheidende Aspekt für die Vertiefung des Gemeinschaftsgefühls ist tatsächlich das Zusammensein über Nacht. Die Verhaltensmuster der Gruppenmitglieder am Tag sind bekannt: Man kann die anderen einschätzen. Jeder weiß mehr oder weniger, wie er von anderen eingeschätzt wird und welches Verhalten er in Standardsituationen des Schulalltags erwarten kann. Die Rollen sind verteilt und eingeübt.

Am Abend und spätestens in der Nacht, wenn das bekannte »Tagesverhalten« von der Abendtoilette, der individuellen Schlafkleidung, dem Einsetzen von Müdigkeit und nicht zuletzt dem Einschlafen bestimmt ist, öffnet jeder – mehr oder weniger – seine Flanke und zeigt ein neues, noch unbekanntes Rollenverhalten. In der Wechselwirkung der Akteure untereinander und der Wahrnehmung der jeweils anderen ändert sich die Perspektive also radikal, sobald Übernachtungen im Spiel sind, zumal an einem fremden Ort. Das macht die Klassenfahrten für alle Beteiligten ungeheuer spannend – Lehrer eingeschlossen. Deshalb wird sich dieses Buch im Folgenden ausschließlich mit mehrtägigen Klassenfahrten beschäftigen.

Das Feld der mehrtägigen Klassenfahrten ist weit, denn die Möglichkeiten sind breit gestreut. Die folgenden Formate sind am weitesten verbreitet:

Formate mehrtägiger Schulfahrten

Kennenlernfahrt

- meist zum Start in die Schullaufbahn oder in Sekundarstufe I oder II
- häufig mit erlebnispädagogischen Elementen
- geringe Reiseentfernung, kurze Dauer (meist nur zwei bis drei Tage)

Besinnungstage

- Schwerpunkt auf religiösen, ethischen oder philosophischen Fragen
- häufig in Zusammenarbeit mit kirchlichen Institutionen
- ähnlich sind Probenwochenenden (Schulorchester, Chor, Theater) mit entsprechendem Schwerpunkt
- meist kurz (zwei bis drei Tage)

Klassenfahrt

- in Abhängigkeit von schulischen Gegebenheiten, Sozialstruktur und Budget sehr facettenreich hinsichtlich Reiseentfernung, Unterkunft, Programm
- meist maximal fünf Tage

Kursfahrt

- mit Orientierung an konkreten Fächern oder Inhalten (Sprache, Sport, Musik, MINT etc.) oder auch »Grünes Klassenzimmer« oder »Schwimmendes Klassenzimmer«
- häufig Auslandsfahrten
- meist fünf bis acht Tage

Studienfahrt

- meist in Sekundarstufe II
- mit Bezug zum Curriculum
- wenige Tage bis zu zwei Wochen

Betreute Abschlussfahrt

- facettenreich hinsichtlich Budget, Unterkunft, Programm
- Gestaltung häufig unter Einbeziehung der Schüler
- Dauer unterschiedlich

Darüber hinaus gibt es weitere Formate wie Sport-Trainingslager, Skifreizeiten, Fahrten im Rahmen von Schulpartnerschaften und auch mehrtägige Fahrten, zum Beispiel in einem Jubiläumsjahr, für die komplette Schulgemeinschaft.

Im allgemeinen Sprachgebrauch werden all diese Formate meist unter dem Dachbegriff »Klassenfahrt« zusammengefasst – so auch in diesem Buch, wenn kein konkreter Typ benannt wird. Denn die meisten Regeln, Tipps und Erfahrungswerte gelten für all diese Typen von Schulfahrten.

Betreute Abschlussfahrten sind ausdrücklich nicht zu verwechseln mit den in den USA, besonders in Florida, als »Spring Break« bekannten Reiseformaten, die sich auch in Europa zunehmend etablieren. Diese von Schülern meist mit Unterstützung kommerzieller Reiseanbieter zum Beispiel unter dem Etikett »Abi-Reisen« organisierten Party-Touren haben nichts mit den klassischen Schulfahrten gemeinsam. Vielmehr handelt es sich dabei oft um ausschweifende Dauerorgien inklusive vorsätzlich hervorgerufener Enthemmung in allen denkbaren Facetten – und jenseits jeglichen pädagogischen Werts.

Reisezeit und Reiseziel

Wohin? Wann? Das sind zentrale Fragen, mit denen die meist unvermeidlichen Diskussionen häufig starten. Die Antworten auf diese beiden Fragen bilden die Grundlage für die gesamte weitere Planung. Deswegen sind sie für jede Klassenfahrt absolut elementar.

Wohin?

Jeder, der schon einmal eine Klassenfahrt durchgeführt hat, kennt die »Lehrer-Schüler-Diskrepanz« beim Ringen um die inhaltliche Ausrichtung, viel mehr aber noch bei der Wahl des Reiseziels. Die

Klassenlehrerin mit den Fächern Deutsch und Geschichte und ihrem Faible für klassische Musik und Literatur kann verständlicherweise Freude an Reisezielen wie Dresden, Bayreuth oder Bonn entwickeln. Diese Ziele lassen sich bequem dem Curriculum oder Kompetenzschwerpunkten der Klasse bzw. des Kurses unterordnen.

Bei den meisten Schülern hingegen wecken diese Ziele eher die Erwartungshaltung von kulturellem Overkill in Tateinheit mit Langeweile. Wie verlockend klingen dagegen Bade- und Party-Hochburgen wie Rimini, die Costa Brava oder der kroatische Party-Strand Zrce?

Vielleicht begründet genau diese »Lehrer-Schüler-Diskrepanz« den Erfolg der deutschsprachigen Metropolen wie Berlin, Hamburg oder Wien als beliebteste Klassenfahrtenziele. Dort ist die Schnittmenge der Erwartungshaltungen von Schülern und Lehrern am größten. Auf ein solches Ziel können sich alle Beteiligten oft mit geringem Diskussionsbedarf einigen: Berlin hat »cool« und »Kultur«.

Um sich als Lehrer dagegen mit den für Schüler wenig attraktiv scheinenden Zielen durchzusetzen, braucht es Rückgrat. Schließlich gilt es, die inhaltliche Zielsetzung zu verfolgen, die den Wert der Klassenfahrt ausmacht. Das Reiseziel hat sich dem zu fügen. Dieses Vorhaben umzusetzen ist nicht immer leicht. Doch das Durchsetzungsvermögen wird belohnt, wenn die Lernziele kreativ mit Erlebnis, Spaß und Party verknüpft werden. Und das geht auch in Weimar, wenn man es den Schülern einerseits geschickt vermittelt und es dann, nicht zuletzt durch perfekte Vorbereitung, auch gut umsetzt.

Bei weniger experimentierfreudigen Pädagogen beliebt ist die immer wiederkehrende Adaptierung des Reiseziels vom Vorjahr. An manchen Schulen ist diese Variante im gesamten Kollegium gängige Praxis, bisweilen über ganze Lehrergenerationen hinweg. Schließlich sind es ja immer andere Schüler, wen soll es also stören? Die historisch gewachsenen Verbindungen zu Beförderungsunternehmen, Unterkunft und Programmpartnern machen die Organisation zum Kinderspiel – man kennt sich. Junge Kollegen fahren einfach mit einem »alten Hasen« mit und sind dann gleichfalls ruck, zuck auf alle künftigen Klassenfahrten vorbereitet. Die allwissende, erfahrene Kollegin brilliert mit den Geheimtipps vor Ort und bewahrt das Greenhorn souverän vor Fehlern und Fallstricken.

Auch für die Schüler ist es irgendwie bequem, denn sie wissen, worauf sie sich einzustellen haben: Von den höheren Klassenstufen weiß man ja schon, was wann und wo passiert sein wird, mit Wochentag und Uhrzeit. Die besten Verstecke für Unerlaubtes, in der Neonleuchte im Klo nämlich, kennt man schon vor der Abfahrt. Wann Küchenhilfe Lisa Dienst hat, bei der man Kippen schnorren kann, und auch, wie man durch das Getränkelager über die Nottreppe auf den Speicher kommt – alles im Griff. Ach ja: Da müsste Svenja letztes Jahr ihre Powerbank verlegt haben. Schau doch mal bitte nach, wenn du schon da bist.

Welch ein Abenteuer, diese Destinations-Dauerschleife!

Ernsthaft, liebe Lehrer – das können Sie besser. Wo bleibt die Kreativität? Wo ist die Lust auf Neues? Der Drang nach neuen Erfahrungen und der Wunsch nach Erweiterung des Horizonts? Immerhin bietet das Erlebnis Klassenfahrt nicht nur Schülern die Chance auf neue Erfahrungen, sondern auch ihren Begleitern. Bequemlichkeit mag manche Überraschung ersparen, hat aber auch einen Preis. Die Währung dafür heißt Langeweile.

Den Schülern kann das Reiseziel grundsätzlich nie zu weit weg sein. Auch die »touristische Relevanz« und das Party-Image können gar nicht groß genug sein. Und mit den heutigen Transportmöglichkeiten und einer global immer verlässlicheren Infrastruktur sind den Möglichkeiten rein theoretisch kaum Grenzen gesetzt.

Ein Faktor ist für die Eingrenzung der Antwort auf das »Wohin?« – neben den inhaltlichen Zielen und der Experimentierfreude der Lehrer – allerdings fast immer vorab entscheidend: das Geld! Bevor über die Frage nach dem Wohin auch nur nachgedacht wird, sollte deshalb Klarheit über das Budget herrschen. Eine knifflige Angelegenheit, denn Budget ist nicht gleich Budget (siehe dazu Kapitel 3).

Wann?

Neben der Frage nach dem Reiseziel ist auch die Wahl des Reisetermins von entscheidender Bedeutung für den Erfolg der Klassenfahrt. Lehrer kennen das Grundproblem von ihren privaten Reisen: Sie sind mit ihrer Planung von vornherein auf die Ferien festgelegt – marktwirtschaftlichen Gesetzen folgend die teuerste Zeit, um zu reisen. Für beliebte Klassenfahrten-Ziele gilt das gleiche Problem, allerdings zu anderen Zeiten: Hier ist im Mai und Juni, vor allem aber im September und Oktober Hochsaison. Wer in diesen Monaten auf Klassenfahrt geht, nimmt in Kauf, dass

- die Reisepreise am höchsten,
- der Betrieb vor Ort am stärksten,
- die Unterkünfte am vollsten,
- die Mitarbeiter am genervtesten sowie
- Fehlerquoten, Überbuchungen und Organisationschaos am häufigsten sind.

Noch dazu muss die Fahrt zur »Primetime« meist deutlich mehr als ein Jahr im Voraus gebucht werden, damit es in diesen beliebtesten Zeitfenstern überhaupt klappt.

Viel entspannter und viel preiswerter wird die Organisation und Durchführung einer Klassenfahrt im März oder im November. Die Auswahlmöglichkeiten bei Unterkunft, Beförderung und Programm sind in diesen Nebenzeiten praktisch unbegrenzt und budgetschonend noch dazu. Da kommt plötzlich manches Fahrtziel und mancher Programmpunkt infrage, der sonst am Finanzrahmen scheitern würde.

Natürlich wissen wir, was Sie jetzt denken: »Ja, aber das Wetter!«

Erlauben Sie, dass wir aus Erfahrung vieler saisonal völlig unvorhersehbar ins Wasser gefallener Reisehighlights widersprechen: Ein regenreicher September oder ein schon nasskalter Oktober, ein

April, der macht, was er will, die »kalte Sophie« im Mai, die ihrem Namen mal wieder alle Ehre macht, ein Sommer, der auch im Juni noch nicht warmgelaufen ist, und seit dem Klimawandel umgekehrt ein Sommer, der bis in den Oktober anhält – das ist alles gar nicht (mehr) so selten. Die Wahrscheinlichkeit eines herrlich-frühlingshaften März mit angenehmen Temperaturen oder eines goldenen Herbsts bis weit in den November hinein ist nicht wirklich viel geringer als die statistischen und gefühlten Wetterrisiken eines Juni oder September. Und wie abhängig die Fahrt wirklich von kleineren Wetterkapriolen ist (immerhin bleiben wir in unseren Breitengraden von desaströsen Wetterphänomenen noch immer weitestgehend verschont), darauf lässt sich schließlich auch mit dem Programm sehr viel Einfluss nehmen.

Antizyklisch reisen ist also die Devise! Es sei denn, die von der Schulleitung verordnete »Schulfahrtenwoche« macht jegliche Flexibilität von vornherein zunichte. Immer öfter hören wir von solchen Vorgaben: Die Schule legt eine konkrete Woche fest, in der alle Fahrten in allen Klassenstufen durchzuführen sind. Aus Sicht der Schule eine schöne Sache: Vertretungsregelungen werden deutlich einfacher, wenn alle gleichzeitig weg sind. Die Schulfahrtenwoche gibt langfristig Planungssicherheit, ist natürlich für alle klausurenfrei, selbst die Mensa kann sich optimal darauf einstellen, und der Hausmeister kann in Ruhe die neuesten Schandflecke auf Schulbänken und an Toilettenwänden entfernen. Vieles spricht also für die »Schulfahrtenwoche« – deswegen hat sich daraus ein regelrechter Trend entwickelt. September oder Oktober, insbesondere die Wochen vor den Herbstferien, sind dafür besonders beliebt, weil planerisch optimal – aus schulischer Sicht jedenfalls.

Für die Organisation der Klassenfahrten sind Schulfahrtenwochen zur Klassenfahrten-Hochsaison dagegen eine Katastrophe: In keiner halbwegs attraktiven Destination ist noch ein Bett zu bekommen; wenn überhaupt, dann nur anderthalb Jahre im Voraus; von Auswahl bei Programm und Transportwegen keine Spur, dafür aber teuer. Am

Ende nimmt man, was man kriegt. Die Qualität wird zweitrangig, Kompromissbereitschaft zur Pflicht. Die ursprünglich vielleicht mal hehren Absichten zu Ziel, Budget oder Inhalt der Fahrt müssen hintanstehen. Wenn, wie auch oft üblich, ganze Klassenstufen mit drei oder vier mal zwanzig Schülern gemeinsam reisen sollen, potenzieren all diese Probleme sich ins Unermessliche.

Dies ist ein Aufruf an alle leidtragenden Lehrer, an alle Schulleiter und alle Schülervertretungen: wenn schon »Schulfahrtenwoche«, dann bitte nicht zur Primetime. Sondern unbedingt antizyklisch!

Neben den hiesigen Bedingungen und Verfügbarkeiten sind natürlich auch die Ferientermine in der Zielregion für eine optimale Planung zu berücksichtigen – ebenso wie nationale und regionale Feiertage, große Feste und sonstige besonderen Umstände. So ist zum Beispiel in Frankreich jedes Jahr an zwei Tagen im Sommer die Beförderung von Kinder- und Jugendgruppen in Bussen verboten. Welche Tage das genau sind, würden wir Ihnen an dieser Stelle gern verraten. Doch es wird immer erst im Frühjahr jedes Jahres festgelegt – und wenn Sie nach Paris fahren, ohne das zu wissen, dann wird es ziemlich anstrengend. Wohl dem also, der bei der Planung einer Frankreich-Reise das Datum dieser beiden Tage in Erfahrung bringt – so wie es eigentlich immer sinnvoll ist, einen Insider des Ziellandes über derartige Besonderheiten zu befragen.[3]

Kritische Masse: Die Eltern

> *»Mein Beruf macht mir unheimlich Spaß. Ich würde auch in einem nächsten Leben wieder Lehrerin werden wollen. Aber: nur noch für Vollwaisen.«*

So beschrieb eine mit ziemlich robustem Humor ausgestattete Lehrerin uns einmal scherzhaft ihre Erfahrungen bei der Planung von Klassenfahrten unter Einbeziehung der Eltern. Denn die Erziehungsberechtigten sind meist nicht die erste Hürde, wohl aber eine der höchsten bei allem, was Planung ist. Ihren oft überzogenen, oft aber auch einfach nur besorgten und verständlichen Vorbehalten mit dem gesetzten Selbstverständnis des erfahrenen Pädagogen zu begegnen, kann helfen. Doch vielleicht organisieren Sie ja gerade Ihre erste Klassenfahrt! Und dass Eltern sich um ihre Kinder sorgen, wird sich auch in Zukunft nicht ändern. Daher möchten wir Ihnen einige Tipps mit auf den Weg geben – und bei Ihnen, liebe Eltern, gleichzeitig für Verständnis für eben diese Regeln werben, damit die Klassenfahrt nicht zum Politikum wird, sondern sich um das dreht, was allen am Herzen liegt: das Wohl der Schüler.

So ist die Grundsatzfrage »Klassenfahrt oder nicht Klassenfahrt« auf jeden Fall strikt zu vermeiden. Grundsatzfragen führen zu Grundsatzdiskussionen. Die sind fehl am Platz, wenn derjenige, der federführend ist, sich bereits »pro Klassenfahrt« entschieden hat. Und Klassenfahrten sind in aller Regel nun einmal als Bestandteil des Schulbesuchs vorgesehen. Deshalb ist die Teilnahme auch nicht fakultativ, sondern in den meisten Fällen verpflichtend.

Tipp: Falls es doch zu einer Grundsatzdiskussion in der Frage »Klassenfahrt ja oder nein« kommt, begegnen Sie ihr ganz praktisch: Verteilen Sie dieses Buch! Es kann die meisten Sorgen und Bedenken von Erziehungsberechtigten auflösen. Die Angst vor dem Unbekannten ist fast immer am größten.

Um es kurz zu machen: Die Frage »pro oder contra Klassenfahrt« kann nur und ausschließlich seitens der Schule entschieden werden. Sie ist keine Frage des Mehrheitsvotums der Elternschaft. Basta.

Das klingt vielleicht radikal und ist es auch – doch anders ist diese Frage schlicht nicht zu klären. Denn eine grundsätzliche Diskussion, ob überhaupt eine Fahrt realisiert werden soll, müsste einstimmig beigelegt werden, um Einzelfallregelungen und damit vorprogrammierten Ungerechtigkeiten aus dem Weg zu gehen. Und diese Einstimmigkeit wäre letztlich natürlich immer theoretischer Natur. Eltern können ja nicht dazu gezwungen werden, eine Klassenfahrt zu befürworten. Zur Teilnahme ihres Kindes an einer Fahrt hingegen schon – weshalb die Diskussion letztlich ohnehin müßig ist, denn hier hat der Gesetzgeber die Karten eindeutig verteilt.

Für Klarheit sorgt im Idealfall die Schulfahrtenordnung der Schule (siehe dazu auch Kapitel 2). Und wo es die noch nicht gibt, ist sie dringend zu empfehlen. Denn mit ihr, und spätestens mit dem ergänzenden Blick in die Schulfahrtenverordnung des jeweiligen Bundeslandes[4], erübrigt sich jede Grundsatzdiskussion von vornherein. Dort ist nämlich klipp und klar geregelt, in welcher Klassenstufe welche Art von Fahrt gemacht wird.

2. Alles, was Recht ist
Gesetze und Verordnungen

Die Schulfahrtenverordnungen der Bundesländer

Bildung ist in Deutschland bekanntlich nicht Bundes-, sondern Ländersache. Für die festgeschriebenen Regeln und Gesetze rund um das Thema Bildung sorgen demnach auch die zuständigen Ministerien in den 16 Bundesländern. Ein wichtiger Grundsatz wirkt sich auf alles andere aus: *Schulfahrten sind Teil der Bildung in Schulen.* (Der Gesetzgeber spricht übrigens in den meisten Fällen nicht von »Klassenfahrten«, sondern von »Schulfahrten«, die Begriffe können hier als synonym betrachtet werden.)

Daher ist es nur konsequent, auch die Regeln für die Fahrten auf Länderebene aufzustellen. Dies ist in den für alle Bundesländer vorliegenden Schulfahrtenverordnungen geschehen. Im Kern wird darin stets der hohe Stellenwert der Fahrten gewürdigt. In den Verordnungen finden sich unter anderem Vorgaben zur Reisedauer in Abhängigkeit zur Klassenstufe, zu Budgetrahmen oder zur Anzahl und Qualifikation der Begleitpersonen – also sehr detaillierte Vorgaben. Auf die Wahl der Verkehrsmittel und der Unterbringung wird ebenso eingegangen wie auf den Unfallversicherungsschutz von Schülern und Lehrern und nicht zuletzt auf die Reisekostenerstattung für die Lehrkräfte.

Bisweilen wirken die Formulierungen in diesen Werken etwas aus der Zeit gefallen. Wenn Schulen im – geografisch recht kleinen – Saarland zum Beispiel angehalten sind, bis zu bestimmten

Klassenstufen nur innerhalb ihres Bundeslandes zu verreisen, wirkt das schon befremdlich, wenn man bedenkt, dass die Landesgrenze ab jedem saarländischen Schulstandort in jeder Himmelsrichtung recht nahe liegt. Noch kleiner ist, würde man der Schulfahrtenverordnung Bremens Folge leisten, der Radius für dortige Grundschulen anhand einer ähnlich formulierten Regelung.

Auch enge Budgetvorgaben sind häufig Bestandteil der Schulfahrtenverordnungen der Länder. Dabei wirkt sich in manchen Fällen besonders ungünstig aus, dass die Entstehung der Verordnung mitunter viele Jahre zurückliegt, die Budgets aber nie angepasst wurden und daher oft nicht mehr unbedingt zeitgemäß sind – was es den Lehrern teilweise fast unmöglich macht, die Vorgaben überhaupt einzuhalten.

Eine Schulfahrtenordnung bringt Klarheit

Viele Schulen geben sich selbst unter Beteiligung von Eltern- und Schülervertretung eine eigene Schulfahrtenordnung, welche die Verordnung des jeweiligen Bundeslandes ergänzt. Hier ist, in Übereinstimmung mit den jeweiligen Verwaltungsvorschriften des Bundeslandes, konkreter und für die jeweilige Schule spezifisch geregelt, wie jeder Aspekt der Reise, der sich durch Regeln klären lässt, laufen soll. Eine solche Ordnung sorgt bei Schülern, Eltern und Lehrern für Klarheit, lange bevor sich die konkreten Fragen der Organisation überhaupt stellen.

Nicht zuletzt ist eine durchdachte, attraktive und ausgewogene Schulfahrtenordnung übrigens auch eine gute Grundlage für das Marketing der Schule, nach innen wie nach außen: Für viele Eltern und auch die Schüler selbst spielt die Art und Weise, wie wichtige Ereignisse außerhalb des regulären Unterrichts von einer Schule gehandhabt werden, eine wichtige Rolle.

Der vorbereitende Papierkram

Auf den Internetseiten von Jugendunterkünften, Hostels, gewerblichen Schulfahrtenveranstaltern, beim Deutschen Jugendherbergswerk und anderen Trägern finden sich zahlreiche Anleitungen mit Vordrucken für Elternbriefe, für Anträge, Einverständniserklärungen, To-do-Listen, Checklisten und natürlich Packlisten. Ebenso wenig fehlen dürfen Anleitungen für Spiele unterwegs und Methoden zur Evaluierung.

Viel von dem nervigen Papierkram, der zur Vorbereitung einer Klassenfahrt zwingend dazugehört, können Sie sich also erleichtern, indem Sie auf vorhandene Angebote zurückgreifen: Sie müssen nicht jede Liste, nicht jede Elterninformation und nicht jeden Gesetzestext selbst für die Eltern aufbereiten. In aller Regel gibt es bereits professionell aufbereitetes Material für die meisten Informations- und Bürokratiezwecke, auf die Sie zugreifen und die Sie verteilen können.

Diverse Broschüren und Arbeitshefte, oft kostenlos und mittlerweile auch als Gemeinschaftsprojekt von gewerblichen Reiseveranstaltern und Lehrer-Fachverlag sind dazu erschienen. In der Regel sind sie betitelt mit »Ratgeber«, »Werkzeug-« oder sogar, kaum zu glauben, »Erste-Hilfe-Koffer«. Diese Publikationen sind nicht immer leichte Kost. Leider sind sie zumindest für Anfänger unumgänglich, die sich noch nie mit den Vorschriften auseinandergesetzt haben, da das Thema nach wie vor nicht Bestandteil der Lehrerausbildung ist. Eine Auswahl an geeigneten Publikationen findet sich im Anhang zu diesem Buch.

Wesentlich erleichtern lässt sich der Berg an Bürokratie, der mit jeder Klassenfahrt einhergeht, mit Druckvorlagen und editierbaren Formularen für Standardsoftware wie MS Office oder Open Office. Auf der Website zu diesem Buch haben wir Ihnen eine reichhaltige Auswahl an derartigen Vorlagen für die wichtigsten Zwecke zusammengestellt.

Tipp: Auf www.kursbuch-klassenfahrt.de finden Sie viele hilfreiche Dokumente und Werkzeuge, die Ihnen den Papierkram im Zuge der Vorbereitung erleichtern.

Die Kommunikation organisieren

Der Kommunikationsbedarf im Vorfeld einer Klassenfahrt ist umfangreich. Bei einer professionellen und bestmöglich rechtssicheren Abwicklung beinhaltet er mehrere Stufen:

- erste Information über Reisetermin und Reiseziel an die Eltern
- Informationen über Details bei einem Elternabend
- Fragebögen zu Allergien und anderen Gesundheitsaspekten
- Zahlungsanforderungen
- ggf. individuelle Erinnerungen
- Detailinformationen über Datum und Ort der Abfahrt, Adressen usw.
- Packliste

Die übliche Zettelwirtschaft mit Rückgabeschnipsel, auf dem die Eltern hoffentlich leserlich die nötigen Informationen bereitstellen, ist heutzutage etwas antiquiert, an vielen Schulen aber immer noch gelebte Praxis. Wenn es aber funktioniert, von den Eltern akzeptiert wird und sich bewährt hat, spricht grundsätzlich auch nichts dagegen.

Im Idealfall sind alle Eltern per E-Mail erreichbar. Das ist, trotz einer Quote von nach wie vor nur 83 Prozent E-Mail-Nutzern in Deutschland[5], aber keinesfalls garantiert. Alternativen für eine smarte Kommunikation sind Messenger-Dienste wie WhatsApp. Die Kinder haben in aller Regel sowieso schon eine »Klassen-Gruppe«, und die Eltern gründen häufig auch eine solche – spätestens, wenn ein Schulfest oder eben eine Klassenfahrt anstehen.

Doch die modernen elektronischen Kommunikationsmittel haben ihre Tücken – besonders bei einem sowieso schon komplexen Prozess wie der Vorbereitung einer Klassenfahrt. Es ist natürlich erfreulich, wenn eine Mutter in die Gruppe schreibt, dass sie den Antwortschnipsel zur Klassenfahrt-Teilnahme ihres Kindes jetzt gleich auszufüllen gedenkt. Dann wissen wenigstens alle Bescheid, nicht wahr? Viele werden dann mit »ich auch« oder ähnlichen Formulierungen antworten, was nicht unbedingt dem eher formellen Zweck der Gruppe dient, Übersicht und Einfachheit zu gewährleisten. Sehr bald wird der erste Papa »erledigt« in sein Smartphone tippen, im Idealfall ergänzt um ein Foto des ausgefüllten Schnipsels. Eine Vielzahl von »Ich auch«-Wortmeldungen lässt nicht lange auf sich warten. Und wenn der Lehrer nach seiner nächsten Unterrichtsstunde in die Gruppe schaut, vermeldet sein WhatsApp-Icon 187 neue Nachrichten in der Gruppe. Wie soll er nun wissen, ob etwas Wichtiges dabei ist, ohne sie alle zu lesen?

Jeder Lehrer möge für sich selbst entscheiden, ob eine WhatsApp-Gruppe der richtige Kommunikationsweg ist. Mit klaren Regeln kann auch eine WhatsApp-Gruppe ein praktischer Weg sein, die wichtigsten Fragen zu klären. Viele Lehrer sehen aus den genannten Gründen jedoch davon ab und wählen den Informationsaustausch per E-Mail oder in Schriftform.

Weil die Smartphone-Quote auch bei Eltern vermutlich in Richtung 100 % geht, ist die Nutzung von Messenger-Diensten aber nicht grundsätzlich falsch. Geeigneter als der derzeitige Marktführer WhatsApp, weil deutlich detaillierter konfigurierbar, sind die so genannten Team-Messenger, allen voran das recht bekannte Slack. Alternativen sind zum Beispiel Zulip, Circuit, Wickr Pro, Mattermost und andere.

Für die Abfrage der vielen gesetzlich und organisatorisch notwendigen Informationen der Teilnehmer sind seit eh und je Fragebogen-Vorlagen das Maß der Dinge. Auch hierzu gibt es zahlreiche professionell aufbereitete Quellen, von denen einige im Anhang dieses Buches aufgelistet sind.

Viel besser geeignet sind aber Internet-basierte »Umfrage-Werkzeuge«; sie sind in aller Regel kostenfrei und intuitiv leicht bedienbar. Am bekanntesten sind »Google Formulare« und »SurveyMonkey«. Für die Erfordernisse einer Klassenfahrt ist die kostenfreie Version im Normalfall mehr als ausreichend. Mit diesem Instrument lassen sich nicht nur die zwingend notwendigen Informationen erheben, sondern auch Fragen nach Besonderheiten, Unverträglichkeiten, Schwimmerlaubnis, Musikinstrumenten oder Sport- und Spielgeräten klären, die an Bord sein sollen. Zu den wichtigsten Zwecken gehört natürlich die Erhebung zuverlässig erreichbarer Telefonkontakte in Notfällen.

Tipp: Die Telefonliste sollte für jeden Schüler neben der Haupt-Kontaktnummer eines Erziehungsberechtigten für alle Fälle auch eine Nummer von Tante, Nachbar oder einem anderen Kontakt beinhalten. Wenn Eltern in Notsituationen nicht erreichbar sind, betrifft das oft beide Elternteile – dann kann ein weiterer Kontakt vor Ort Gold wert sein, der physisch reagieren und gegebenenfalls auch die Eltern ausfindig machen kann.

Die Ergebnisse solcher Online-Befragungen können zusätzlich zu Papier gebracht werden. Der zentrale Vorteil liegt aber gerade darin, dass sie später auf Reisen durch den inzwischen fast überall vorhandenen Internetzugang auf dem Lehrer-Smartphone oder -Tablet jederzeit auf dem neuesten Stand zur Hand sind.

Teilnahme statt Ausnahme oder: Klassenfahrt für alle

Die Frage, ob eine Teilnahme aller Schüler an einer Klassenfahrt grundsätzlich angestrebt oder auf Ausnahmen Rücksicht genommen werden sollte, ist auch jenseits der genannten rechtlichen Verpflichtung schnell beantwortet: Alle kommen mit! Trotz Handicap, Hartz IV, Ängsten und Heimweh.

Eltern stellen die Teilnahme ihrer Kinder an der Fahrt bisweilen in Frage. Die Gründe dafür können zum Beispiel religiöser oder ideologischer Natur sein. Manchmal sind es die speziellen Ernährungserfordernisse des Kindes oder die inhaltliche Ausrichtung der Fahrt, die Eltern als inakzeptabel betrachten. Drohen Eltern trotz Vorschriften mit einer Verweigerung der Teilnahme, gilt es, sich im Interesse der Kinder darüber hinwegzusetzen oder aber die Gestaltung der Fahrt auf die vorliegenden Bedürfnisse bestmöglich abzustimmen.

Ein Beispiel ist etwa die Frage nach dem Schwimmbad- oder Strandbesuch, den viele Eltern aus religiösen Gründen verweigern. Wenn es nicht anders geht, kann eine gelungene Tour auch ohne Schwimmbadbesuch auskommen – auch wenn es schade wäre. Eine Diskussion über solche Fragen lohnt sich immer, denn oft können Vorurteile oder Sorgen eben doch ausgeräumt werden. Vielen Bedenken den Wind aus den Segeln nehmen kann das praktische Angebot an kritische Eltern, doch einfach als Begleitperson mitzufahren. Wahrgenommen wird das in der Praxis eher selten, erweist sich aber häufig als Eisbrecher.

Bleiben einzelne Eltern mit ihrer Verweigerung trotz grundsätzlicher Teilnahmepflicht hartnäckig, führt kein Weg an einer Einzelfallentscheidung vorbei. Die Regelungen für Beurlaubungen sind bundeslandabhängig zwar leicht unterschiedlich; das Fernbleiben aufgrund von spontan diagnostizierter Laktoseintoleranz ist jedoch in keiner Verordnung vorgesehen.

Nils ist Vegetarier und leidet an einer Gluten-Unverträglichkeit. Elena ist Muslima, sie isst nur halal und ihre Eltern erlauben ihr nicht, gemeinsam mit ihren Mitschülern ins Schwimmbad zu gehen. Oliver schließlich ist querschnittgelähmt. Er benötigt einen Rollstuhl, will gern vegane Kost und bekennt sich zu den Zeugen Jehovas.

Wie mit Nils, Elena und Oliver, also mit besonders schutzbedürftigen Minderheiten umgegangen werden soll, ist schon im Schulalltag ein heikles Thema und umso mehr auf Klassenfahrt. Und weil das Thema Inklusion so grundsätzlich und wichtig ist, seien hier einmal schwere philosophische Geschütze aufgefahren.

Um zu erklären, wie eine gerechte Gesellschaft aussehen müsste, hat der Philosoph John Rawls einmal folgendes Gedankenexperiment vorgeschlagen: Alle Mitglieder einer Gesellschaft treffen sich hinter einem »Schleier des Nichtwissens«, um sich selbst Regeln und Normen aufzuerlegen. Hinter diesem Schleier weiß niemand, als welche Person (das heißt, mit welchem Geschlecht, welcher Hautfarbe, welcher Religionszugehörigkeit, welchem Einkommen und Vermögen und so weiter) er nach Abschluss des ganzen Prozederes wieder in die Gesellschaft eintreten wird.

In einer solchen Versammlung, so Rawls, würden die Menschen ihrer Gesellschaft ganz intuitiv gerechte Regeln geben. Insbesondere würden die Menschen dasjenige Regelwerk wählen, das auch die am wenigsten vertretenen Anteile der Gesellschaft so gut wie irgend möglich vertritt. Schließlich muss ja jeder annehmen, selbst einmal zu diesen zu gehören. Ungleichheiten, auch zu Ungunsten einer Minderheit, darf es deshalb nur dann geben, wenn diese insgesamt dazu führen, dass auch die Minderheiten selbst letzten Endes von ihnen profitieren.

So weit, so philosophisch. Was heißt das nun für die Klassenfahrt? Zunächst einmal sollten alle, die besondere Bedürfnisse, Einschränkungen oder Weltanschauungen haben, die gleichen Rechte haben wie alle anderen. So sieht es auch das Grundgesetz vor. Behinderungen (und dazu können auch Allergien und Unverträglichkeiten gehören), religiöse und andere Weltanschauungen (darunter fallen auch Vegetarismus und Veganismus) genießen in Deutschland umfangreichen Schutz vor Diskriminierung.

Insofern hat prinzipiell jeder ein Recht auf Inklusion. Das gilt für die gemeinsamen Mahlzeiten genauso wie für Mobilität und damit Ausflüge. Wer koscher isst, im Rollstuhl sitzt oder nicht mit ins Schwimmbad soll, darf dafür nicht ausgeschlossen werden. Das mag manchmal schwierig umsetzbar erscheinen oder sogar zuweilen etwas absurd anmuten. In solchen Fällen hilft es dann, sich des Gedankenexperiments von John Rawls zu bedienen und sich zu fragen: Was fände *ich* gerecht und realisierbar, wenn ich Nils, Elena oder Oliver wäre?

Eine gute Nachricht und eine noch bessere: Wenn es um Essen geht, sollte halal, vegetarische, gluten- oder laktosefreie Kost heutzutage eigentlich in keiner professionellen Unterkunft problematisch sein. Lediglich die Frage, was eine konkrete Unterkunft unter »halal« versteht, ist nicht immer transparent und sollte im Bedarfsfall vorab geklärt werden. Meist heißt es nur »frei von Schweinefleisch«. Koschere Kost wird nach wie vor selten realisiert, weil auch nur recht selten nachgefragt. Insgesamt ist es so, dass die Nachfrage das Angebot regelt.

Was aber, wenn am ausgewählten Reiseziel keine Unterkunft die passende Ernährung für jeden anbietet? Was, wenn es nur mit erheblichen Mehrkosten möglich wäre?

Hier kommt die noch bessere Nachricht: Ob vegan oder laktosefrei, nichts wird so heiß gegessen, wie es gekocht wird. John Rawls hält noch eine weitere Lehre bereit: Ungleichheiten sind okay, wenn davon alle profitieren. Wenn also einzelne Schüler beim Essen einen Kompromiss eingehen, also zum Beispiel bestimmte Komponenten des Essens weglassen müssen, aber dafür alle in die Wunschunterkunft können, sind die moralischen Kriterien erfüllt – solange dabei niemand gänzlich vom Essen ausgeschlossen wird. »Ableitung« heißt für viele Hauswirtschafter und Köchinnen in der Gemeinschaftsverpflegung das Zauberwort. Dafür wird bei der Zubereitung der Mahlzeiten vor Zugabe der ungewollten Zutat einfach die benötigte Portionenzahl entnommen, und schon können alle die Mahlzeit einnehmen.

Auch die Barrierefreiheit für mobilitätseingeschränkte Menschen hat große Fortschritte auch an entlegeneren Orten gemacht – sei es an Bahnhöfen, in den Städten, bei Hotels oder eben in Jugendunterkünften. Heute gibt es keinen Neubau, keine Sanierung mehr ohne Barrierefreiheit.

Reisen für Alle – barrierefreie Angebote

Das Projekt »Einführung des Kennzeichnungssystems ›Reisen für Alle‹ im Sinne eines Tourismus für alle in Deutschland« ist ein vom Bundesministerium für Wirtschaft gefördertes Kooperationsvorhaben des Deutschen Seminars für Tourismus (DSFT) Berlin e. V. und des Vereins Tourismus für Alle Deutschland e. V. (NatKo). Es sieht die bundesweite Einführung und Weiterentwicklung des Kennzeichnungssystems »Reisen für Alle« vor, das in mehrjähriger Zusammenarbeit und Abstimmung mit Betroffenenverbänden sowie touristischen Akteuren im Rahmen des vorhergehenden Projektes entwickelt wurde.

Inzwischen setzen bereits zahlreiche Bundesländer, einige Regionen und eine Hotelkooperation das Kennzeichnungssystem ein (Stand: März 2018). Mehr als 2.200 Betriebe und Angebote wurden mit dem umfangreichen Kriterienkatalog geprüft. Es gibt bereits eine Reihe guter Beispiele und Initiativen in verschiedenen Regionen, doch barrierefreie Tourismusangebote sind in Deutschland noch lange nicht flächendeckend zu finden. Ziel des neuen Projekts ist es daher, das Kennzeichnungssystem »Reisen für Alle« bundesweit einzuführen und die Entwicklung und Vermarktung barrierefreier Angebote mit verschiedenen Maßnahmen zu fördern.[6]

Weitere Informationen für die Reiseplanung, einschließlich einer Suchfunktion zu zertifizierten Angeboten (derzeit nur für Deutschland, die Schweiz und Südtirol) unter www.reisen-fuer-alle.de.

Es gibt sie also aktuell noch in großer Zahl, die nicht barrierefreien Unterkünfte. Oft sind das an sich tolle Häuser, mit hervorragendem inhaltlichem Angebot, engagiertem Team, erstklassiger Küche, vielleicht gar mit besonderem Charme, weil in alten Burgen, Klöstern oder Mühlen. Aber eben ohne Aufzug, ohne Rampen, ohne die erforderlichen Türbreiten. Eine Barrierefreiheit für Menschen mit anderen Einschränkungen, etwa für seh- oder hörbehinderte Menschen, ist leider auch heute noch selten gegeben.

Doch wie so vieles, was im Alltag ein Problem darstellt, wird unter den besonderen Umständen einer Reise plötzlich neu verhandelt. In puncto sozialer Erfahrung und Zusammenhalt haben Klassenfahrten gegenüber dem Schulalltag ihre ganz eigenen Regeln – von den Aspekten des kulturellen Austauschs einmal ganz abgesehen. Nicht alles, was in Deutschland ein Problem ist, ist auch anderswo eines.

Inklusion ist relativ

Berlin, Regen: Der Rolli-gerechte, nagelneue Bus der Berliner Verkehrsbetriebe rollt an die Haltestelle. Die Rampe fährt auf Knopfdruck des Fahrers elektrisch aus. Der Rolli-Fahrer schafft es, wenn auch unter Mühe und letztlich pitschnass, ganz allein in den Bus hinein. Die wenigen Fahrgäste, die von ihrem Smartphone aufblicken, schauen dem Vorgang von ihren warmen, trockenen Plätzen aus gelangweilt zu. Alles paletti: Inklusion umgesetzt.

Palermo, Regen: Die alte Rostlaube von Bus rollt an die Haltestelle, an der ein Rollifahrer im Schutz einer halb verfallenen Überdachung wartet. Kaum hat der Bus gestoppt, springt die Hälfte der Fahrgäste ohne jede Aufforderung aus dem Bus und hievt den Rolli samt Fahrer unter großem Gejohle durch die viel zu kleine Tür in den Bus hinein. Ein kleines Fest, wie so vieles Alltägliche in Italien und anderen Ländern. So geht »Inklusion live« nämlich auch, mit Menschen und nicht nur mit Geld und Technologie.

Wegen solcher Unterschiede, an die wir im Alltag gar nicht denken, gilt es auch bei der Reiseplanung zu differenzieren. So lohnt es sich zum Beispiel oft zu prüfen, ob die nicht barrierefreie Unterkunft trotz Rollstuhlfahrer in der Klasse nicht vielleicht doch infrage kommt. Nämlich dann, wenn dieser (samt seiner Eltern) einerseits kompromissbereit ist und andererseits auch die Mitschüler sich zur Unterstützung und zur tatkräftigen Umsetzung von »Inklusion live« bereit erklären. Erfahrungsgemäß werden die wenigsten Mitschüler sich weigern, den Rolli samt Fahrer gemeinschaftlich in den Nicht-

Rolli-Bus zu hieven und auch über die fünfzehn Stufen in die erste Etage der Unterkunft, der es an einem Aufzug fehlt. Natürlich hat diese Hilfsbereitschaft ihre Grenzen, und mit einem großen, schweren Elektrorollstuhl ist das nicht umsetzbar. Doch sehr oft geht mehr, als die Beschreibung einer Unterkunft oder eines Ausflugsziels es auf den ersten Blick erkennen lässt.

Finanzielle Benachteiligung ist in den seltensten Fällen ein stichhaltiger Grund für Eltern, die Teilnahme ihres Kindes in Frage zu stellen. Denn Klassen- und Studienfahrten sind Bestandteil von Bildung, deren Zugang in Deutschland grundsätzlich nicht von der finanziellen Situation der Eltern abhängen darf. Das Bildungs- und Teilhabepaket sieht daher die Förderung finanziell benachteiligter Familien vor, wenn die Eltern nach Sozialgesetzbuch II leistungsberechtigt sind oder Leistungen nach Asylbewerberleistungsgesetz, Sozialhilfe, Kinderzuschlag oder Wohngeld beziehen.

Die Beantragung ist relativ einfach, sollte aber ohne Verzögerung frühestmöglich erfolgen, sobald der Termin der Klassenfahrt bekannt ist. Ihr Schamgefühl oder die Angst vor Überforderung mit dem Bürokratiemonster könnte die Motivation betroffener Eltern reduzieren. Hier als Lehrer Hilfe anzubieten reicht oft nicht; nötigenfalls muss sie den Eltern regelrecht aufgedrängt werden, wenn die Teilnahme des Kindes an dieser unnötigen Hürde zu scheitern droht. Den Eltern einen direkten Kontakt zum zuständigen Ansprechpartner beim Amt zu geben und sie höflich, aber bestimmt, zum Handeln aufzufordern, führt in der Regel zum Erfolg, weil das unangenehme »Herumfragen« schon weitgehend erledigt ist.

Tipp: Meist, aber nicht immer, sind für Kostenzuschüsse zu Klassenfahrten die Job-Center zuständig. Die Bürgerbüros der Kommunal-, also Stadt-, Gemeinde- oder Kreisverwaltungen, helfen gegebenenfalls weiter, wenn die Zuständigkeit unklar ist.

Auch Lehrer dürfen um Hilfe bitten

Für die Lehrer bedeutet die Vorbereitung einer Klassenfahrt vor allem Arbeit, Arbeit, Arbeit. Damit die Last nicht erdrückend wird, ist Delegieren ein probates Mittel. Wer sagt denn, dass die Lehrer nicht um Hilfe bei der komplexen Organisation eines für die Kinder so wichtigen Ereignisses bitten dürfen? Oft könnte vieles viel einfacher sein, wenn Lehrer die vorhandenen Ressourcen nutzen würden. Denn die liegen oft näher, als man denkt.

Fast in jeder Klasse gibt es Eltern, die nicht nur Talent, sondern auch Zeit und Freude daran haben, an einem solchen Projekt mitzuwirken. Recherche, Koordination, Organisation, Kommunikation, Kalkulation oder Präsentation sind Kompetenzen, die Lehrer aufgrund ihrer Kenntnis der Eltern von Elternabenden oder anhand von deren Berufen gut einschätzen können.

Für die dreitägige Kennenlernfahrt der Grundschule bleibt der Aufwand sicher überschaubar. Eine zweiwöchige Studienreise nach Griechenland hingegen ist mitunter ein in jeder Hinsicht sehr komplexes Projekt. Deshalb macht es Sinn, im Umfeld der Klasse und der Schule die Fühler auszustrecken: Vielleicht gibt es ja eine Reisebüro-Inhaberin in der Elternschaft? Oder die Betriebsprüferin beim Finanzamt, den Banker? Und vielleicht gibt es auch die Lehrer-Kollegin in derselben oder auch einer anderen Schule, die viel Erfahrung und Know-how zu Klassenfahrten mitbringt? Vielleicht hat auch ein bereits pensionierter Kollege Freude daran, Sie zu unterstützen?

Gerade bei hohem Arbeitsaufkommen im Schulalltag, etwa wenn Sie zusätzlich eine administrative Position innehaben, kann es durchaus Sinn machen, wenn Sie sich insbesondere bei der oft arbeitsintensiven Vorbereitung unterstützen lassen.

Wer ist hier verantwortlich?

Bei Reisen jeglicher Art ist für die Frage nach der Verantwortung und Haftung grundsätzlich entscheidend, wer der Reise*veranstalter* ist. Die juristische Grundlage der Reiseveranstaltung ist in Deutschland im Reisevertragsrecht (§§ 651a ff BGB), in Österreich im Pauschalreisegesetz (PRG) und auf europäischer Ebene durch die »EU-Pauschalreiserichtlinie« näher geregelt. Danach ist Reiseveranstalter, wer mindestens zwei gleichwertige Hauptreiseleistungen aufeinander abstimmt und diese, verschmolzen zu einem Paket, in eigenem Namen und in eigener Verantwortung anbietet. Wichtigstes Indiz für die Verschmelzung zu einem Leistungspaket ist der Gesamtreisepreis.

Dabei spielt auch der Hinweis, nur Vermittler der Reiseleistungen zu sein, keine Rolle. Es ist auch unerheblich, dass keine »Gewinnerzielungsabsicht« vorliegt, und genauso ist es einerlei, wenn ein solches Projekt nur gelegentlich realisiert wird. Wer in der Ausschreibung, also in den Informationen an die »Verbraucher« (was die Eltern sind) nicht ausdrücklich einen Reiseveranstalter benennt, der ist selbst Veranstalter im Sinne der gesetzlichen Regeln und zunächst haftbar für alles, was im Rahmen der Reisedurchführung an Sach-, Vermögens- oder Personenschäden so entstehen kann. Ohne Wenn und Aber.

So jedenfalls die juristisch gängige Darstellung des Sachverhalts, wie sie auch von Schulfahrtenveranstaltern angeführt wird – nicht ganz uneigennützig. Denn die Reiseveranstalter wollen schließlich, dass die Lehrer ihnen die Verantwortung als Reiseveranstalter übertragen; das ist schließlich ihr Geschäft.

Es gibt auch die Interpretation, dass die Teilnehmer einer Klassenfahrt oder deren Eltern gemeinsam mit den organisierenden Lehrern eine BGB-Gesellschaft bilden, die gemeinsam eine Reise unternehmen. Dann ist niemand Reiseveranstalter im Sinne der genannten Gesetzesgrundlagen.

Für Lehrer an öffentlichen Schulen hat das Verwaltungsgericht in Berlin sogar einmal entschieden[7], dass diese keine zivilrechtlichen Verträge mit Schülern schließen, wenn sie Klassenfahrten organisieren. Weil der Schulausflug zum Schulbetrieb gehört, gilt für den Lehrer, der solche Ausflüge organisiert, immer noch das Verwaltungsrecht. Einen Reiseveranstalter, der dafür haften muss, dass alles glattgeht, kennt das Verwaltungsrecht nicht.

Wie auch immer die Auslegung im Schadensfall letztlich ausfällt: Keine Panik, liebe Lehrer! Man kann grundsätzlich davon ausgehen, dass der Dienstherr für seine Mitarbeiter, die Lehrer, haftet – jedenfalls, soweit keine grobe Fahrlässigkeit oder gar Vorsatz im Spiel sind. Immerhin findet die Klassenfahrt ja in Ausübung des Schuldienstes statt.

Wird allerdings unterwegs die Aufsichtspflicht verletzt, kann das als fahrlässig ausgelegt werden. Ist der Lehrer zudem volltrunken, deutet das vermutlich schon auf grobe Fahrlässigkeit hin. Das Thema »Vorsatz« dürfte nicht relevant sein; auch ein noch so renitenter Schüler wird wohl kaum geplant und mit Absicht, also vorsätzlich, von einem Lehrer vom Kreidefelsen auf Rügen gestoßen werden.

Viele Risiken auf Reisen sind zudem durch für den Schulbesuch im Allgemeinen geltende Regeln versichert. Bei Schulveranstaltungen und damit auch auf Reisen besteht der gesetzliche Unfallversicherungsschutz der Schulen fort.[8] Versichert ist dabei »alles, was in den organisatorischen Verantwortungsbereich der Schule fällt«.[9] Das wird normalerweise die meisten Aktivitäten auf der Klassenfahrt einschließen. Schüler und Lehrer haben in aller Regel ohnehin eine Krankenversicherung, häufig auch zusätzlich eine private Unfallversicherung.

Krankenversicherung bei Auslandsreisen

Bei Auslandsreisen (und nur bei Auslandsreisen!) sollten die Eltern verpflichtet werden, eine Zusatzkrankenversicherung für ihre Kinder abzuschließen. Auf diese Verpflichtung sollte schriftlich hingewiesen werden. Alternativ kann in jedem Reisebüro eine solche Versicherung für die gesamte Gruppe abgeschlossen und die Kosten im Rahmen des Gesamtpreises umgelegt werden. Gehen Sie einfach ins Reisebüro, nehmen Sie eine Namensliste mit, und für relativ wenig Geld ist die Gruppe versichert.

Die Auslandsreise-Krankenversicherung gibt es häufig zusammen mit einer »Notfall-Versicherung«, bei der rund um die Uhr, sieben Tage die Woche, telefonisch Hilfe gerufen werden kann. Eine solche Versicherung kümmert sich dann auch um die häufig erforderliche Vorfinanzierung von Krankenhausleistungen im Ausland oder die Kontaktaufnahme zwischen behandelndem Arzt vor Ort und dem Hausarzt daheim. Einzelne Eltern könnten einwenden, dass in ihrer privaten Krankenversicherung, bei der Goldenen Kreditkarte oder durch die Mitgliedschaft im Automobilclub die Auslandsreise-Krankenversicherung schon inklusive ist. Kaum einer kennt aber das Kleingedruckte seiner vermuteten Inkludierung.

Tipp: Unsere Empfehlung für Auslandsreisen lautet: Der Abschluss einer Auslandsreise-Krankenversicherung einschließlich Notfall-Versicherung für die gesamte Gruppe ist empfehlenswert. Eine solche Versicherung ist günstig und erspart die Einzelfallklärung für jeden einzelnen Schüler.

Reisegepäckversicherung

Eine Reisegepäckversicherung ist hingegen meist überflüssig. Versicherungen sind vor allem dazu da, große oder gar existenzielle Risiken abzufedern. Dazu gehören etwa komplizierte Operationen, lange Aufenthalte auf der Intensivstation und exorbitante Kosten für Rücktransporte.

Die langwierigen bürokratischen Mühen, die nötig sind, um vom Anbieter einer Reisegepäckversicherung einen Schaden von im schlimmsten Fall einigen Hundert Euro für den geklauten oder verschwundenen Koffer zu erhalten, lohnen sich hingegen in den seltensten Fällen. Pragmatischer ist die Empfehlung, die Schüler und Kollegen darauf hinzuweisen, wertvolle elektronische Geräte, Schmuck oder anderes Gepäck, dessen Verlust nicht riskiert werden kann, zu Hause zu lassen.

Um die Frage der Reiserücktrittskostenversicherung geht es in Kapitel 3, das sich Kostenfragen im Allgemeinen und damit auch dem Thema Stornorisiken widmet.

Aufsichtspflicht

Grundsätzlich ist die Frage nach einem ausreichenden Versicherungsschutz natürlich knifflig – spätestens dann, wenn es wirklich einmal zu einem juristischen Nachspiel aufgrund eines Vorfalls kommt, wird es immer kompliziert. Natürlich sollten für den Fall von Unfällen oder Erkrankungen der Teilnehmer die nötigen Versicherungen entsprechend den obigen Empfehlungen abgeschlossen sein. Dennoch ist allein schon bei der genauen Prüfung, ob der Versicherungsschutz hinreichend ist, wieder ein theoretisches Risiko im Spiel – nämlich das Risiko, etwas zu übersehen oder einen relevanten Sachverhalt nicht korrekt zu bewerten.

Gravierende Fälle von juristisch verfolgten Pflichtverletzungen der Aufsichtspersonen bei Klassenfahrten sind nach unserer Kenntnis der juristischen Literatur allerdings selten. Dass Aufsichtspersonen wegen Fahrlässigkeit verurteilt werden, ist in Deutschland bisher offenbar nur in Ausnahmefällen vorgekommen.

Anders verhält es sich bei Schäden, die Schüler nach Verletzung der Aufsichtspflicht gegenüber Dritten verursachen. Gemeint ist damit das beim Fußballspielen verbeulte Auto auf dem Parkplatz nebenan, das versehentlich eingeworfene Fenster bei der Kissenschlacht in der Jugendherberge oder die auf der Fensterbank versteckte Wodka-Flasche, die versehentlich aus dem dritten Stock fällt und einen Passanten schwer verletzt. In solchen Fällen haftet der Lehrer aber nur dann persönlich, wenn grobe Fahrlässigkeit vorliegt. In der Regel hat bei Schulveranstaltungen, was Klassenfahrten zweifelsfrei sind, der Dienstherr den Schaden zu tragen.

Das häufig verwendete Klischee, die Verantwortlichen einer Klassenfahrt stünden grundsätzlich mit einem Bein im Gefängnis, ist also kaum haltbar. Außer Frage steht allerdings, dass die Verantwortung im Schuldienst und damit auch bei Klassenfahrten groß ist und die Verantwortlichen selbst mit einer sehr belastenden, persönlichen Schuld leben müssen, wenn aufgrund einer Fahrlässigkeit wirklich einmal etwas Schlimmes passiert. Dieses Berufsrisiko ist leider unumgänglich.

Was sagt die Statistik? Das reale Unfallrisiko

Wie oft aber kommt es tatsächlich zu Unfällen bei Klassenfahrten? Der Spitzenverband der gesetzlichen Unfallträger, die DGUV, verzeichnete im Berichtszeitraum von 2009 bis 2016 insgesamt mehr als 228.000 meldepflichtige Unfälle bei Schulfahrten. Das sind durchschnittlich immerhin mehr als 28.000 im Jahr.

Zusätzlich hierzu ereignen sich auf Klassenfahrten jedes Jahr durchschnittlich mehr als 23 Unfälle, die zu Schülerunfallrenten führen und demnach als schwere Unfälle mit ernsten gesundheitlichen Folgen für die Betroffenen einzustufen sind.[10]

Tatsächlich ist das Risiko, dass etwas passiert, also gemessen an den vielen Klassenfahrten pro Jahr nicht hoch, aber auch nicht zu leugnen. Das Risiko, dass es zum Äußersten kommt, also einem Unfall mit Todesfolge, ist dagegen statistisch betrachtet sehr gering. Das Jahr 2015 sticht in der jüngeren Vergangenheit mit einem besonders schlimmen Ereignis in der Statistik hervor: Beim medial viel beachteten Germanwings-Absturz am 24. März 2015 kamen 16 Schülerinnen und Schüler sowie zwei Lehrerinnen einer Schulklasse aus Halver auf tragische Weise ums Leben.

Tödliche Schülerunfälle auf Ausflügen und in Schullandheimen[11]

2009	0	2013	1
2010	2	2014	1
2011	1	2015	16
2012	4	2016	3

Datenschutz

Gemessen an Unfällen mit schweren gesundheitlichen Folgen oder gar Todesfällen wirken die Risiken in Sachen Datenschutz, die sich aus der Erhebung personenbezogener Daten im Zusammenhang mit einer Klassenfahrt ergeben, vergleichsweise harmlos. Doch es gibt sie, vor allem natürlich seit Inkrafttreten der EU-DSGVO, der Europäischen Datenschutzgrundverordnung im Mai 2018.

Ziel der Verordnung ist es im Wesentlichen, Datenmissbrauch vor allem durch große Internetkonzerne zu verhindern. Die Verordnung richtet sich aber auch an alle anderen Unternehmen, an

Firmen, Vereine und Bürger – und damit auch an diejenigen, die Schulausflüge und Klassenfahrten organisieren. Schließlich werden vielfältige personenbezogene Daten von der Schülerschaft und auch von den Begleitpersonen erfragt, oft in irgendeiner Form elektronisch gespeichert und genutzt.

Die Angaben gehen dabei weit über die Adresse und Altersangaben hinaus. So werden bei einer gründlichen Vorbereitung auch Gesundheitsdaten wie Unverträglichkeiten oder regelmäßige Medikationen erfasst, bisweilen auch Verhaltensauffälligkeiten oder sonstige Einschränkungen. Wer ist Schlafwandler, wer Bettnässer? Wer hat ADHS?

Hinzu kommen personenbezogene Daten Dritter, wie Namen und Adressen von Sorgeberechtigten und Hausarzt bis hin zu den Kontaktdaten aller Beteiligten, etwa Handynummern und E-Mail-Adressen.

Personenbezogene Daten der Menschen bestmöglich zu schützen ist die Intention der Verordnung – und sollte auch in Ihrem Interesse als Durchführenden liegen. Um beim Thema Datenschutz keine unnötigen Risiken einzugehen, können Sie einige Empfehlungen befolgen:

- nur wirklich notwendige Daten sammeln
- die Daten sicher, also verschlossen und im virtuellen Raum verschlüsselt verwahren
- die Weitergabe jederzeit nachvollziehbar zu dokumentieren
- Daten anschließend zuverlässig und nachvollziehbar löschen, wenn diese nicht mehr benötigt werden.
- jedem Beteiligten die Ausübung seines Rechts auf Auskunft, Berichtigung oder Sperrung der über ihn erhobenen Daten und auf deren Löschung zu jeder Zeit ermöglichen

Tipp: Nähere Informationen über die Bestimmungen der EU-DSGVO finden Sie unter www.bfdi.bund.de

3. Das liebe Geld
Budgetplanung und Kostenkontrolle

Budget ist nicht gleich Budget!

Eines der heikelsten Themen bei der Vorbereitung einer Klassenfahrt ist natürlich das liebe Geld. Dabei ist das Budget oft durch die Schulfahrtenverordnung des Bundeslandes oder die Schulfahrtenordnung der Schule vorgegeben. Also eigentlich alles ganz einfach? Von wegen.

»Die Klassenfahrt soll möglichst günstig sein« – wir können gar nicht zählen, wie oft wir diesen Satz gehört haben. Und wir finden, dass er sich bei genauer Betrachtung als ziemlich gedankenlose Aussage entpuppt. Das Budget einfach auf maximal 200 oder 300 Euro festzulegen, wie es in Schulfahrtenordnungen oft gehandhabt wird, ist etwa so, als würden Sie an der Zapfsäule immer bei 20 oder 30 Euro den Zapfhahn einhängen – egal, wie weit Sie mit der Tankladung fahren müssen.

Denn Budget ist eben nicht gleich Budget. Im Einzelfall stellt sich immer die Frage: Was soll im Budget denn enthalten sein? Nur die Hin- und Rückreise plus Bett? Oder kommen noch zwei Mahlzeiten täglich hinzu? Oder vielleicht lieber doch drei – also Vollpension? Was ist mit Programm- und Eintrittskosten? Immerhin sollen die Schüler ja nicht auf dem Zimmer hocken. Welchen Anspruch an die Programminhalte gibt es, und wie wirkt der sich auf die Kosten aus? Soll es eher die anspruchsvolle, professionell angeleitete Erlebnispädagogik sein, oder tut es auch die vom Lehrer selbst gestrickte

Stadtrallye? Sind Segway-Tour und River-Rafting gefragt? Oder soll es mit dem Mietfahrrad durch die Heide oder per pedes durch die Gebirgsklamm gehen? Welche Eintrittsgelder gilt es einzuplanen? Gehört auch die Disco-Nacht zu den geplanten Kosten? Soll es zusätzlich eine Verfügungsmittel-Kasse für die Begleiter geben, aus der unvorhergesehene Busfahrten, plötzliche kollektive Durstattacken oder ein spontanes Belohnungseis für alle finanziert werden können? Und was ist mit den Trinkgeldern für den Busfahrer, das Team der Unterkunft und Reiseführer vor Ort? Auch die sind wichtig und gehören ins Budget. Fragen über Fragen, die alle fast unweigerlich auch Kostenfragen sind.

Bevor also überhaupt über die Höhe des Budgets diskutiert wird, muss erst einmal klar sein, was mit Budget denn überhaupt gemeint ist. Dabei sind bitte nicht weltfremde oder einer überholten Sozialromantik geschuldete Maßstäbe anzulegen, sondern realistische, zeitgemäße Ansätze zu verfolgen. Der Besuch einer Metropole einschließlich Eintritt zu touristischen Highlights wird natürlich deutlich teurer werden als eine Fahrt an ein ländliches Ziel, wo die Aktivitäten bereits inklusive sind oder sich kostengünstig selbst organisieren lassen.

Im Gewand einer »Challenge« wird die öde Wanderung allein durch Wortkosmetik für die Schüler gesellschaftsfähig, am besten noch ergänzt um die Portierung der Schnitzeljagd ganz zeitgemäß aufs Handy. Durchdachte Smartphone-Rallyes gibt es für wenig Geld, da macht das Selbermachen kaum mehr Sinn.

Das festgelegte Budget ist letztlich fast egal. Knapp ist es nämlich sowieso – immer. Die Parameter müssen einfach nur auf das Budget angepasst werden. Die Schieberegler dafür sind bei jeder Klassenfahrt etwa die gleichen:

- Reisetermin
- Reisedauer
- Entfernung

- Verkehrsmittel
- Unterbringung
- Verpflegung
- Programm

Diese Regler möglichst virtuos zu bewegen ist die ganze Kunst. Dabei kann praktisch alles in Frage gestellt werden, ausgenommen die Zielsetzung der Fahrt und der damit einhergehende Anspruch an die Programminhalte. Dieser kleinste gemeinsame Nenner sollte daher im Zweifel immer den Ausschlag über Kostenfragen geben.

Unter keinen Umständen als Schieberegler in Frage kommt die Sicherheit. Alles andere ist verhandelbar.

Also ran an die Schieberegler: zum Beispiel die Reisedauer reduzieren und die Verkehrsmittel überdenken. Macht vielleicht doch die Bahn Sinn, für die es günstige Gruppentickets gibt? Oder kommt eine gemeinsame Reise zusammen mit einer anderen Gruppe in Frage? Damit ließen sich viele Kosten als gemeinsame Kosten reduzieren. Ist vielleicht doch eine Fahrt im November statt im September möglich (siehe den Punkt Reisezeit in Kapitel 1)? Die Unterkunft ist natürlich ebenfalls mitentscheidend fürs Budget. Wenn Hostel oder Jugendherberge den Rahmen sprengen, bleibt noch das Hüttendorf oder auch das Zelt (aber bitte nicht im November). Warum denn eigentlich auch nicht?

Wenn die Fahrt der norddeutschen Schule auf jeden Fall in eine geschichtsträchtige, hinsichtlich Lifestyle und Shopping imageträchtige Metropole führen soll, muss das ja nicht zwingend das weit entfernte München sein. Wie wären im Sinne des *Schiebereglers Entfernung* stattdessen Hamburg oder Bremen? Vielleicht wird das Ziel dann mit dem Nahverkehr der Bahn erreichbar; das spart richtig Geld.

Anstatt Montag bis Freitag könnte die Reise vielleicht etwas kürzer ausfallen, wodurch weniger Übernachtungen zu Buche schlagen? Bei einer kürzeren Anreise bleiben ja schließlich auch An- und Abreisetag, zumindest teilweise, für die Programmgestaltung verfügbar –

Schieberegler Reisedauer. Interessant sein kann auch, die Bereitschaft der Begleitpersonen vorausgesetzt, die Anreise am Sonntag. Denn die Übernachtung von Sonntag auf Montag ist häufig günstiger zu haben als an anderen Wochentagen.

Passionierte Bahnfahrer wissen: am Freitag sind die Züge voll und die Tickets teuer. An Freitagen ist auch das Verkehrsaufkommen auf den Straßen am höchsten. Den Freitag bei der Planung auszusparen ist also in mehrfacher Hinsicht sinnvoll – auf diese Weise lässt sich beim *Schieberegler Verkehrsmittelwahl* viel einsparen.

Tipp: Bei den Kosten für Verkehrsmittel und Unterbringung können die Wochentage eine sehr große Rolle spielen.

Zeltplätze und Hüttendörfer finden sich in Großstadtlagen naturgemäß eher selten. Sparen bei der Unterkunft ist in Städten demnach nur, so der häufige Reflex, durch die Wahl des absolut billigsten Angebots möglich – wovon in aller Regel natürlich abzuraten ist (ausführliche Informationen zur Wahl der Unterkunft finden Sie in Kapitel 10). Über einen Kompromiss bei der Zentrumsnähe kann man dagegen nachdenken, wenn die Verkehrsanbindung zur Innenstadt akzeptabel ist.

So ist die Wahl eines Campingplatzes in Castelfusano, an der Mittelmeerküste vor Rom gelegen, mit direkter Bahnanbindung in die ewige Stadt, durchaus eine budgetschonende Alternative für den *Schieberegler Unterkunft*. Dasselbe gilt, um bei Rom zu bleiben, für die Wahl eines der vielen von christlichen Gemeinschaften geführten Häuser. Für Venedig heißt die Alternative Treviso oder auch: Campingplatz an der Adria, mit Schiffsausflug in die Lagunenstadt. Die Zuverlässigkeit öffentlicher Verkehrsmittel ist jedoch bei derartigen Kompromissen ein entscheidender Faktor. Mitunter verdammt ein veritabler Streik der italienischen Staatsbahnen die ganze Klasse unfreiwillig zum Kartenspiel-Marathon in der Herberge.

Auch in London, Paris und vielen anderen Metropolen sind Unterkünfte außerhalb des Zentrums deutlich günstiger zu haben als da, wo alle hinwollen oder auch: hinzumüssen glauben. Zu bedenken sind dabei aber die Entfernungen, die es zurückzulegen gilt. Wer das aufgrund seiner Lage in Berlin-Hohenschönhausen preiswerte Hostel wählt, ist für den Besuch von Schloss Sanssouci in Potsdam mit öffentlichen Verkehrsmitteln gut und gerne zwei Stunden unterwegs – in jede Richtung.

Tipp: Unterkünfte außerhalb von Stadtzentren können – gute Verkehrsanbindung vorausgesetzt – oft deutlich Kosten sparen oder eine höhere Unterbringungsqualität ermöglichen. Die Einzelheiten dazu sind aber, in Abstimmung mit den vorgesehenen Programminhalten, vorab gewissenhaft zu durchdenken.

Vom Schliersee, Tegernsee oder Starnberger See hingegen sind ein oder auch zwei Tagesausflüge nach München sogar mit der Bahn durchaus machbar. Liegt das Quartier im Alten Land vor Hamburg oder im Elbsandsteingebirge bei Dresden, erfordert das schon eher den Charterbus.

Teilen sich zwei Klassen einen Bus, werden damit die Fahrtkosten nahezu halbiert. Dabei muss das konkrete Ziel zweier Klassen noch nicht einmal völlig identisch sein. Gerade bei Skischulfahrten in dieselbe Skiregion ist der geteilte Bus eine bewährte Variante – *Schieberegler Verkehrsmittel.* So kann die Tour ab Dortmund mit einer Schulklasse via Köln mit Zustieg einer weiteren Gruppe gemeinsam nach Südtirol führen. In der Zielregion können dann auch verschiedene Skiorte Reiseziel sein. Ökologisch sinnvoll, für alle Beteiligten kostensparend und für den Reiseveranstalter vermutlich sogar lukrativer.

Tipp: Ein großer Bus verursacht kaum Mehrkosten im Vergleich zum kleineren Gefährt.

Unterschätzt, aber für die Gesamtkosten oft in hohem Maße mitentscheidend ist zweifellos der *Schieberegler Reisetermin*. Rom im April oder Oktober ist unschlagbar. Unschlagbar teuer! Rom im November oder Januar ist dagegen weitaus erschwinglicher und noch dazu richtig schön. Denn dann ist es nicht so heiß, und es sind weniger Touristen in der Stadt, was die Reise nicht nur finanziell um einiges entspannter macht.

Antizyklisch zu agieren ist in Sachen Terminwahl unter mehreren Gesichtspunkten eine gute Idee. Nur zehn Euro weniger je Übernachtung spart bei der klassischen Fünf-Tage-Fahrt schon 40 Euro pro Teilnehmer, oft also mehr als zehn Prozent des Gesamtpreises. Günstigere Bahn- oder Buspreise helfen außerhalb der Stoßzeiten zusätzlich den Etat zu schonen. Erlebnispädagogen, Guides, Reedereien und viele andere Parameter innerhalb des Programms sind außerhalb der typischen Klassenfahrten-Saison ebenfalls deutlich günstiger und die Dienstleister dafür möglicherweise zusätzlich auch eher verhandlungsbereit.

Dabei ist die Hochsaison für Klassenfahrten aber keinesfalls mit der Sommerferienzeit gleichzusetzen, wie das bekanntlich beim Familienurlaub der Fall ist. Schulfahrten-Hochsaison ist im Mai und Juni sowie im September und Oktober, keinesfalls aber im August und auch nicht im Januar und November.

Tipp: Beim Reisetermin kann eine antizyklische Planung, also die Wahl eines Reisetermins außerhalb der Klassenfahrten-Stoßzeiten im Juni oder September, bares Geld sparen und ganz neue Möglichkeiten eröffnen. Besonders die Zeit von Ende Oktober bis Februar/März ist für viele Reiseziele durchaus empfehlenswert.

Kalkulation – immer mit »Luft nach oben!«

Die Kalkulation jeder Gruppenreise besteht aus zwei grundsätzlichen Segmenten:

1. den pauschalen Aufwendungen für die Gruppe insgesamt und
2. den Kosten je Teilnehmer, die unabhängig von der Personenzahl entstehen.

Der Charterbus hat seinen festen Preis. Da spielt es keine entscheidende Rolle, ob eine oder zwei Klassen mitfahren und ob 20, 30 oder 50 Plätze benötigt werden. Andere Kostenfaktoren, wie die Eintrittsgelder in Museen, der Schwimmbadbesuch und auch die Übernachtung werden aber pro Gast abgerechnet. Wer sich dieser zweigeteilten Vorgehensweise bewusst ist, hat die größte gedankliche Hürde bei der Kalkulation bereits genommen.

Ihr folgt die Erkenntnis, dass eine Reduzierung der Teilnehmerzahl schnell zum Problem werden kann, wenn man dieses Risiko nicht von vornherein mit bedenkt. Die Frage, ob einzelne Schüler eventuell nicht mitfahren können oder dürfen – sei es wegen Verweigerung der Erlaubnis durch die Eltern, wegen Fehlverhaltens, durch einen Umzug oder durch Erkrankung –, sollte deshalb schon bedacht werden, bevor eine erste Kalkulation erstellt wird. Zwar handelt es sich um individuelle Faktoren, die Größenordnung kann jedoch meist vorher abgeschätzt werden – je vorsichtiger, desto besser.

Tipp: Kalkulieren Sie hinsichtlich der Teilnehmerzahl unbedingt konservativ!

Unvorhergesehenes einkalkulieren

Ein weiterer Faktor, bei dem es auf Augenmaß oder die Erfahrungswerte von Kollegen ankommt, sind angemessene Posten für Unvorhergesehenes und Außerplanmäßiges. Dazu gehören die zusätzliche Busfahrt vor Ort bei Schlechtwetter, die Taxifahrt zum Arzt oder auch die spontane Verlängerung des geplanten und somit kalkulierten zweistündigen Schwimmbadspaßes, weil es einfach brütend heiß ist. Zudem können sich Eintrittsgelder kurzfristig ändern, die Leihgebühr für Handtücher kann vergessen worden sein oder das Lunchpaket zu dürftig bestückt, sodass ein zusätzlicher Snack nötig wird. Nicht zuletzt sollte immer »Luft« sein für ein Belohnungseis nach tapfer absolvierter Wanderung und Ähnliches. Selbstverständlich müssen für alle Ausgaben sorgfältig aufbewahrte Belege gesammelt werden, um für lückenlose Transparenz zu sorgen.

Kosten der Lehrer sind Reisekosten

Grundsätzlich haben Lehrer einen Anspruch auf Erstattung ihrer Reisekosten. Schließlich ist die Klassenfahrt unstrittig eine Dienstreise im Rahmen der Arbeit als Lehrer. Gängige Praxis war in der Vergangenheit der – rechtlich umstrittene – Verzicht auf die Erstattung der Dienstreisekosten, da die Budgets der Bildungsministerien und damit der Schulen meist zu gering bemessen sind. Die aktuelle Rechtsprechung[12] lässt diese Praxis aber nicht mehr zu; eine große Hürde für die Genehmigung vieler Klassenfahrten, wenn die Budgets für Lehrer-Reisekosten nicht deutlich erhöht werden. Erleichterungen wie von Reiseveranstaltern oder Unterkünften gewährte Freiplätze können helfen, die Situation zu entspannen. Die Kosten des Charterbusses für die Lehrer anteilig umzulegen macht die Sache nicht weniger kompliziert.

Tipp: Berücksichtigen Sie zum einen alle Reisekosten der Begleitpersonen in der Kalkulation als Ausgaben und tragen Sie zum anderen im Gegenzug eventuell gewährte Freiplätze für die Begleitpersonen als Positivposten in der Kalkulation ein.

Welche Posten gehören in die Kalkulation?

Diese Frage ist nicht pauschal zu beantworten, da sie sehr stark vom Charakter der Reise, vom Reiseziel und vom Programm abhängt. Grundsätzlich sind zu berücksichtigen:

- Unterbringung
- Transport
- Verpflegung
- Programm
- Unvorhergesehenes

Was diese allgemeinen Kategorien im Einzelnen umfassen und wie die einzelnen Posten aufzuschlüsseln sind, ist im Einzelfall jedoch sehr unterschiedlich.

Muster-Kalkulationen greifen verschiedene Szenarien auf, die auch komplexe Kostenszenarien wie die Flugreise mit Bahnfahrt zum Flughafen und Charterbussen am Zielort, Guides, Eintritten nebst Reservierungsgebühren, Versicherungen und auch Bankgebühren berücksichtigen. Die Kalkulation einer fünftägigen Busreise in den Harz ist natürlich weniger komplex, die Systematik aber ähnlich.

Tipp: Unter www.kursbuch-klassenfahrt.de finden Sie verschiedene Kalkulationsgrundlagen als offene EXCEL-Dateien zur Verwendung für Ihre Klassenfahrt.

Es ist nicht nur unangenehm, sondern auch sehr anstrengend, selbst geringe Beträge bei Schülern oder Eltern nachfordern zu müssen, weil die Kalkulation am Ende nicht aufgegangen ist. Bleibt nach Ende der Tour hingegen Geld übrig, ist die Entscheidung, ob eine Rückerstattung erfolgt oder das übrige Geld mit Zustimmung der Eltern der Klassenkasse zugeführt wird, ein echtes Luxusproblem. Mit Ärger wegen eines positiven Abschlusssaldos ist jedenfalls in den seltensten Fällen zu rechnen.

Wir können es nicht oft genug betonen: Kalkulieren Sie immer so konservativ wie möglich. Versuchen Sie durch die Puffer-Posten Unvorhergesehenes weitestgehend vorherzusehen und lassen Sie trotzdem noch genügend Luft nach oben.

Tipp: In mehr als 38 Ländern und Regionen Europas gibt es sie schon seit vielen Jahren: die »European Youth Card«, kurz EYCA. Über sechs Millionen junge Menschen in ganz Europa sind bereits im Besitz dieser Karte.

Inhaber der EYCA können in ganz Europa mehr als 70.000 unterschiedliche Rabatte erhalten: in Museen, Freizeitparks, Restaurants, vielen Unterkünften und auch bei Bahn- und Fährgesellschaften sowie Airlines.

Verfügen alle Schüler einer Klasse oder eines Kurses über die Karte, sind manchmal signifikante Einsparungen bei den Gesamtkosten möglich. Prüfen Sie vorab, ob das für Ihre Reise und Ihr konkretes Programm sinnvoll sein könnte, und empfehlen Sie den Schülern bzw. Eltern ggf. die Anschaffung der Karte rechtzeitig vor Reisebeginn.

Die Europäische Jugendkarte ist auch in Deutschland erhältlich. Zur EYCA gehört auch eine App, die alle erhältlichen Rabatte übersichtlich darstellt und auch über eine Umkreissuche verfügt.

Die Karte ist ein Jahr gültig und kommt nach der Registrierung per E-Mail zum sofortigen Einsatz direkt auf das Smartphone. Steht der Nutzer also vor dem Museum in Brüssel, London oder Paris, das einen Preisnachlass für Jugendkarten-Inhaber gewährt, kann die Karte noch schnell per Smartphone gekauft und der erste Rabatt sofort an Ort und Stelle genutzt werden.

Auch für die Klassenfahrt ist die Europäische Jugendkarte ein nützliches Werkzeug, um in vielen Städten und Regionen Europas attraktive Rabatte zu erhalten und damit das Budget zu schonen. Einfach das Smartphone mit der digitalen Jugendkarte darauf vorzeigen und zum Beispiel im Rijksmuseum Amsterdam 50 Prozent Rabatt auf den Eintritt erhalten. Spezielle Konditionen gibt es auch im Disneyland Paris, in Museen in Berlin, in vielen Restaurants, Pizzerien und sogar in manchen Supermärkten. Die zigtausend unterschiedlichen Rabatte und Spezialangebote in ganz Europa sind übersichtlich geordnet auf der Webseite zu finden.

In Deutschland ist das »Reisenetz«, der Deutsche Fachverband für Jugendreisen, Herausgeber der Online-Karte in Deutschland. Alle Kinder und Jugendlichen zwischen 10 und 29 Jahren können die Karte erhalten.

Alle Infos über die European Youth Card und den aktuellen Jahrespreis erfahren Sie unter www.jugendkarte.de.

Die Finanzen organisieren

Ein Schritt, dessen Bedeutung oft unterschätzt wird, ist die Abwicklung der Kosten mit den Schülern bzw. Eltern. Auch hier gibt es einige Erfahrungswerte, die zu beachten viele Nerven und im Zweifel sogar Streitigkeiten ersparen kann.

Nur Bares ist Wahres? Die klassische Kasse

Die klassische physische »Kasse« ist heutzutage kaum mehr gebräuchlich. Die mehr oder weniger hübschen Metallschatullen waren aber sicher oft jahrzehntelang im Einsatz. Die Schüler brachten den geforderten Pro-Kopf-Betrag, der sich aus der Kalkulation ergab, einfach mit in die Schule, und dort wanderte er in die verschlossene Schatulle.

Wenn diese Schatullen reden könnten – wie viele Geschichten könnten sie wohl erzählen? Denn wenn das Geld bar eingetrieben wird, kommt es auch bar mit auf die Reise – was natürlich mit einem ganzen Batzen an Risiken einhergeht. Manche Lehrer können Horrorgeschichten wie die von der Klassenlehrerin erzählen, die nach der Überquerung der Karlsbrücke in Prag nur noch den Henkel ihrer Handtasche über der Schulter hatte. Verschwunden mit dem Rest der Tasche war die gesamte Klassenfahrt-Kasse, denn sie hatte unvorsichtigerweise das gesamte Bargeld mit sich geführt.

Auf den ersten Blick mag es einfach erscheinen, das gesamte Geld in einer Kasse mit sich zu führen und davon unterwegs den Busfahrer, die Unterkunft, die Eintritte und das Belohnungseis zu bezahlen, ohne sich um genügend Barmittel sorgen zu müssen. So eine Schatulle ist schließlich bewährt – quadratisch, praktisch, gut. Oder?

In den Zeiten, als Barzahlung noch immer und überall der Regelfall war und internationale Kontenbewegungen ein teurer Spaß, mag das zutreffend gewesen sein. Ein Klassenfahrt-Konto ist die eindeutig bessere Wahl.

Sicher und zuverlässig: Das Klassenkonto

Bei einigen Bankhäusern, etwa bei Volksbanken und Sparkassen, ist die Kontoführung für derartige Konten derzeit meist noch kostenlos. Ist kein kostenloses Konto verfügbar, gehören die Gebühren in die Kalkulation der Klassenfahrt, denn sie sind Teil der Aufwendungen (und deshalb auch in unseren EXCEL-Vorlagen vorgesehen). Ein Klassenkonto macht ohnehin für viele Zwecke auch über Klassenfahrten hinaus Sinn, sodass sich die Einrichtung fast immer bezahlt macht.

Alternativ sind häufig bereits Schulkonten vorhanden. Das hat für Sie als Organisator der Klassenfahrt den Vorteil, dass die Verwaltung des Kontos beim Schulsekretariat liegt und keinen zusätzlichen Aufwand für Sie bedeutet.

Bankkonten haben den großen Vorteil, dass jede Bewegung – sowohl die Einzahlung durch die Eltern als auch die Zahlungen und Abhebungen durch die Organisatoren – hundertprozentig nachvollziehbar und transparent ist und im Zweifel auch beweiskräftig. Nichts kann durcheinandergeraten und Sie müssen keine zusätzliche Strichliste führen, welche Eltern schon bezahlt haben und welche nicht: Der Kontoauszug weiß alles.

Modern und flexibel: Elektronische Zahlungssysteme

Noch an den wenigsten Schulen hierzulande im Einsatz, aber mittlerweile durchaus eine Alternative ist die Nutzung von E-Payment-Systemen. Als Privatnutzer kennen wir Systeme wie PayPal oder Kwitt; ähnliche Zahlungssysteme gibt es inzwischen auch für Gruppenzahlungen.

Großer Beliebtheit erfreut sich etwa die App GROUPPay des in Luxemburg ansässigen Start-ups Mamooble.com, das die Zahlungsabwicklung weitgehend automatisiert übernimmt. Die Zahlung erfolgt dann nicht wie gehabt allein durch den Buchenden, sondern in Einzelbeträgen durch alle Teilnehmer, die per E-Mail oder SMS zur Zahlung aufgefordert und ggf. auch erinnert werden. Alle Zahlungsbewegungen werden transparent aufgelistet, sodass jederzeit ersichtlich ist, wer bereits bezahlt hat und wer nicht. Haben alle Teilnehmer gezahlt, überweist GROUPPay den vollen Betrag an den Anbieter der Reise.

Sinnvoll ist diese Variante jedoch fast nur, wenn alle Kosten über einen einheitlichen Anbieter abgerechnet werden, da sonst eine unüberschaubare Zahl an Einzelzahlungen auf jeden einzelnen Teilnehmer zukommen kann und das Ganze schnell unübersichtlich wird. Zudem haben viele Eltern noch Vorbehalte gegenüber elektronischen Zahlungssystemen. Nicht zuletzt bleibt natürlich, je nach Schulstruktur und Milieu, nach wie vor auch die Barzahlung, wenn unvermeidlich.

Zahlungsmodalitäten: Geht das auch in Raten?

Wenn es ans Bezahlen einer Klassenfahrt geht, schlagen Eltern häufig Ratenzahlungen oder Ansparpläne vor. Das ist verständlich, hat doch nicht jede Familie ad hoc die erforderliche Liquidität. Der Verwaltungsaufwand wird dadurch aber deutlich erhöht, ebenso wie die Ausfallrisiken. Kurz: Mitunter laufen Sie dem Geld hinterher. Für die Abwicklung solcher Modelle macht es durchaus Sinn, Eltern einzubinden. Bestimmt findet sich unter den Eltern ein versierter Buchhalter, eine Steuerberaterin oder vielleicht ein Bankkaufmann.

Die goldene Regel der Zahlungsabwicklung lautet in jedem Fall: verlässlich in jeder Phase mehr Geldeingang zu haben als für die jeweils aktuell bestehenden Verpflichtungen erforderlich. Dafür ist ein zu jeder Zeit komfortabler Puffer unablässig. Auch deshalb gilt: frühzeitig auf ausreichenden Zahlungseingang achten und die Verbindlichkeiten so takten, dass sie erst bei ausreichender Kontodeckung fällig werden.

Tipp: Wer sofort zahlt, zahlt nicht mehr!

Außerdem sollten Sie Eltern transparent machen, dass einmal bezahlte Beträge in der Regel nicht mehr erstattet werden. Denn die

Stornokostenregelungen beauftragter Reiseveranstalter oder Unterkünfte, besonders die meist eng gefassten Stornobestimmungen von Fluggesellschaften sorgen dafür, dass beglichene Verpflichtungen meist nicht mehr rückabgewickelt werden können. Auch der Charterbus muss in jedem Fall komplett bezahlt werden, auch dann, wenn die Teilnehmerzahl durch Stornierung Einzelner sinkt.

Eine Rückzahlung aus der Klassenfahrtenkasse gibt es auch nicht, wenn die Stornierung unvermeidbar ist. Also weder bei Krankheit, bei Unfall oder sogar Tod eines Angehörigen. Ebenso rechtfertigen die unerwartet eingetretene Arbeitslosigkeit der Eltern, ein Rohrbruch oder Sturmschaden oder die entlaufene Katze zunächst einmal keine Rückzahlung der Kosten. Derlei Stornierungsgründe (die Katze ausgenommen) lösen zwar meist einen Erstattungsanspruch bei der Reiserücktrittkostenversicherung aus, sofern eine abgeschlossen wurde. Die Geltendmachung dieser Ansprüche sollte jedoch unbedingt den betreffenden Eltern selbst überlassen werden, denn der bürokratische Aufwand kann enorm sein.

Nach Abschluss der Klassenfahrt und Fertigstellung der Abrechnung kann natürlich wohlwollend geprüft werden, ob für Teilnehmer, die stornieren mussten, eine Erstattung möglich ist. Wenn ja, wird dagegen ganz bestimmt kein Beteiligter Einwände haben.

Reiserücktrittkostenversicherung

Eine Reiserücktrittkostenversicherung übernimmt die entstehenden Stornokosten, wenn ein versicherter Grund die Stornierung einer Reise erforderlich macht. Versicherte Gründe sind zum Beispiel akute Erkrankung, Unfall oder Tod, auch von Angehörigen, und etliche andere, unvorhersehbar mögliche Ereignisse. Dazu gehören, je nach Versicherungsbedingungen des Anbieters, auch Ereignisse wie der Eintritt von Arbeitslosigkeit oder die Nichtversetzung in der Schule. Will ein Schüler oder dessen Eltern aber einfach so, also ohne Vorliegen eines in den Versicherungsbedingungen aufgeführten Grundes, nicht mehr an der Fahrt teilnehmen, sind die Stornokosten natürlich auch nicht versichert.

Die Prämie einer Reiserücktrittversicherung ist, wenn für die gesamte Gruppe abgeschlossen, für den Einzelnen relativ gering. Deshalb wird der Abschluss der Versicherung auch regelmäßig empfohlen, oft im Paket zusammen mit anderen Reiseversicherungen. Vor allem Schulfahrtenveranstalter empfehlen den Abschluss, nicht zuletzt, weil mit der Versicherung die in den Geschäftsbedingungen des Veranstalters aufgeführten Stornokostenregelungen ein wenig ihren Schrecken verlieren, und auch, weil es für die Vermittlung der Versicherung natürlich Provisionen gibt.

Jeder Einzelfall ist bewusst und kritisch zu prüfen. Für die dreitägigen Kennenlerntage mit nur geringem Reisepreis ist eine Reiserücktrittversicherung sicher Unsinn, anders als bei der komplexen Städtereise. Bei Flugreisen ist der Reiserücktrittkostenschutz meist unerlässlich. Unbedingt empfehlenswert sind anstatt der Standard-Reiseversicherungsangebote der Reisebüros die speziell für Klassenfahrten konzipierten Tarife, die auch den Ausfall eines Begleitlehrers als versicherten Rücktrittsgrund berücksichtigen. Wenn nämlich deshalb die gesamte Fahrt für eine Gruppe abgesagt werden muss, kann das in Summe erhebliche Gesamt-Stornokosten verursachen, die versichert sein sollten.

Knappe Kassen? Klimpern lassen!

Erfreulich für Schüler und vor allem deren Eltern sind Zuschüsse. Natürlich gilt: kein Zuschuss ohne Antrag. Entsprechend heißt das, sich zu kümmern. Oder kümmern zu lassen, das heißt: Recherche und Anträge auf Zuschüsse an Eltern zu delegieren.

Die Möglichkeiten sind vielschichtig. So ist bei Reisen nach Berlin, derzeit bei Besuch des Bundesrates, für Gruppen mit mindestens zehn Teilnehmern, die mindestens fünfzehn Jahre alt sind, eine attraktive Unterstützung von 0,04 Cent je Anreise-Kilometer und Teilnehmer drin. Dafür sind aber Veranstaltungen, die der politischen Bildung dienen, zu besuchen. Außerdem gibt es für die Antragstellung enge Zeitfenster im Herbst des Vorjahres der Fahrt. Ergänzend haben Abgeordnete des Bundestages ein Budget für die Unterstützung der von ihnen eingeladenen Besuchergruppen aus ihrem Wahlkreis. Den regionalen Abgeordneten zu fragen ist also nicht schädlich. Vorgenanntes gilt aber nur für Fahrten nach Berlin. Zudem: Änderungen jederzeit und unangekündigt ausdrücklich vorbehalten.

Stiftungen bieten bisweilen Unterstützung bei Klassenfahrten. Darauf verweisen auch einige der meist kostenfrei zugänglichen Planungshilfen von Reiseveranstaltern oder auch der Jugendherbergen und empfehlen die Internetrecherche. Diese allgemeine Empfehlung scheint jedoch etwas leichtfertig, denn die Recherchen sind komplex, somit anstrengend und nicht unbedingt erfolgversprechend. Für aktuelle, konkrete Informationen oder zu Trends und Tendenzen kann ein Anruf beim Bundesverband Deutscher Stiftungen helfen. Die Stiftungslandschaft ist nämlich sehr unübersichtlich. Häufig sind es regional tätige oder kommunale Stiftungen unter Verwaltung von Städten und Gemeinden, die eine Klassenfahrten-Finanzierung zwar unterstützen, dabei allerdings eher nicht die Fahrt insgesamt, sondern die Teilnahme von Kindern aus bedürftigen Familien. Deren Sorgeberechtigte müssen demnach auch die Förderung selbst beantragen – ohne tatkräftige Hilfe eine vermutlich oft schwer überwindbare Hürde.

Gedenkstätten sind beeindruckende Lernorte und somit häufig gewählte Ziele bei Klassenfahrten. Finanzielle Fördermöglichkeiten dafür sind vielfältig, die Programme und Strukturen sehr komplex. Eine gute Informationsquelle ist die Bundeszentrale für Politische Bildung.

Tipp: Informationsquellen und Weblinks zu verschiedenen Arten von Zuschüssen finden Sie unter www.kursbuch-klassenfahrt.de

Die als Hilfe zur Finanzierung der Klassenfahrt häufig ausgesprochene Empfehlung zur Organisation von Kuchenverkauf in Pausen oder beim Elternsprechtag, einem Obstsaft-, Cocktail- oder Wasauch-immer-Stand zum Schulfest und Ähnliches wird an dieser Stelle bewusst nicht vertieft. Pädagogische Ziele können derlei Aktivitäten sicher erfolgreich verfolgen, ebenso die Förderung der Klassengemeinschaft. Die Relevanz als Finanzierungsbeitrag kritisch zu hinterfragen sei aber erlaubt. Die Kosten für die erforderlichen Zutaten für Kuchen oder Cocktails können vielleicht noch vernachlässigt werden. Vielfältige Abstimmungen, also meist aufwendige Kommunikation untereinander, die elterlichen Fahrten zum Supermarkt, mitunter mehrfach, gilt es in das Projekt zu investieren, somit also neben Kosten vor allem Zeit und Nerven. Dass dann am Verkaufstag selbst passionierte »Bus-Kinder« nebst ihrer wertvollen, meist zuckerhaltigen Fracht mit dem Auto zur Schule gebracht werden müssen, macht die Sache nicht besser. Letztlich auch nicht ökologisch.

4. Wenn's hart auf hart kommt
Krisenprävention

Einfach kann ja jeder

Was soll denn schon schiefgehen? Frau Reusch ist entspannt; schließlich war sie schon viele Male mit Zwölftklässlern in Berlin und kennt sich mittlerweile ganz gut aus in der Hauptstadt. Sie hat schon so einiges erlebt: vom Streik im Nahverkehr über eine plötzliche Bombendrohung beim Besuch eines Regierungsgebäudes bis zum Unfall auf der A 100 mit stundenlangem Stillstand.

Doch dieses Mal bekommt Frau Reusch es mit Murphy's Law zu tun: Manchmal geht scheinbar alles schief, was schiefgehen kann. Am Abend vor der Abreise erkrankt die Kollegin, die sie begleiten soll, und Frau Reusch muss zunächst allein fahren; der Direktor verspricht ihr, schnellstmöglich einen Kollegen nachzuschicken. Am Abreisetag ist eine Schülerin spurlos verschwunden – sie taucht einfach nicht zur Abfahrt auf. Alle Kontaktversuche zu ihr und den Eltern scheitern, und die Klasse muss ohne sie losfahren. Wie sich später herausstellt, wurde die Familie in der Nacht zu einem Verwandten ins Krankenhaus gerufen.

Bei der Ankunft am Zielort geht es munter weiter mit den Ärgernissen: Die seit Jahren bewährte Unterkunft ist nach einem Rohrbruch am Morgen unbewohnbar. Fehlt nur noch – natürlich: wolkenbruchartiger Regen nach wochenlanger Dürre, der den ganzen ersten Tag anhält.

Manch einer, der so etwas zum ersten Mal macht, würde die Wände hochgehen. Und Frau Reusch? Die bleibt trotzdem entspannt, während sie ihre entnervten Schüler beruhigt und für ein

Problem nach dem anderen eine pragmatische Lösung findet. Denn nach 20 Berufsjahren als Lehrerin und Dutzenden Klassenfahrten weiß sie: Es könnte noch viel, viel schlimmer kommen.

Und da hat sie vollkommen recht, die Frau Reusch: Eine solche Häufung von Störungen ist zwar nervig und nicht allzu häufig, kommt aber durchaus vor. Im Vergleich zu einer echten Katastrophe wie einem schweren Unfall ist das alles jedoch noch gar nichts. Und deshalb gilt es für den Fall, dass es wirklich mal richtig dicke kommt, bestmöglich vorzusorgen.

Krisen ausschließen können wir zwar auch mit der besten Prävention nicht – bei einem Vorhaben mit so vielen Parametern wie einer Klassenfahrt kann immer etwas Unvorhergesehenes passieren. Doch für das meiste, was auf einer Klassenfahrt schiefgehen kann, können Sie sehr gut vorsorgen – und auch auf die richtig schlimmen Fälle kann man zumindest bestmöglich vorbereitet sein.

Risikokalkulation: Der Bauch hat nicht immer recht

Das Ziel von Prävention, so auch der Krisenprävention vor einer Klassenfahrt, ist nicht nur die Vermeidung von Unfällen, sondern auch die Unterstützung aller Beteiligten im Fall der Fälle und nicht zuletzt die Vermeidung von Haftungsrisiken der Verantwortlichen.

Auf die »kleineren Katastrophen« können Sie sich in der Regel sehr gut vorbereiten. Der Ausfall einer Begleitperson ist ein Risiko, das immer besteht und deshalb von vornherein abgefedert werden sollte: Für jede Begleitperson sollte es auch einen Stellvertreter geben, der einspringen kann.

Krisenfälle unterwegs sind schon schwieriger zu handhaben: Was also, wenn der Bus defekt ist, die Bahn streikt oder die Airline kurz vor Abreise in Konkurs geht? Was, wenn Hochwasser, Hitzewelle mit Wassermangel oder Unruhen am Zielort den Reiseablauf bedrohen? Was tun, wenn Noroviren, ein Großbrand, eine Massenkarambolage, ein Terroranschlag, ein Flugzeugabsturz oder ein Giftgasunfall Panik und Chaos erzeugen? So unschön es ist: Sich diese Fragen im Vorfeld zu stellen ist sinnvoll, denn dann sind Sie im Falle des Falles nicht unvorbereitet.

Was, wenn der Anschlag 2016 auf dem Weihnachtsmarkt des Berliner Breitscheidplatzes mit einem Sattelschlepper oder das Attentat an der Strandpromenade in Nizza im selben Jahr eine Woche vor Abreise Ihrer Klassenfahrt an einen dieser Orte passiert wären? Dieselbe Frage stellt sich inzwischen mit Blick auf die meisten europäischen Metropolen: Terror ist ein Risiko, das heutzutage zu unserer Realität dazugehört. Was würden Sie tun: die Reise absagen oder trotzdem aufbrechen?

Natürlich ist uns bewusst, dass in einem solchen Fall viele Faktoren zum Tragen kommen – vor allem emotionale. Doch mit Blick auf das Risiko nach Terroranschlägen und grundsätzlich Katastrophenfällen jeder Art können wir Ihnen nur einen rationalen Rat geben: Fahren Sie trotzdem. Denn statistisch betrachtet wird das Risiko einer vergleichbaren Katastrophe nirgendwo geringer sein als dort, wo sie gerade eingetreten ist – es sei denn natürlich, es handelt sich um eine instabile Region. In die aber würde ohnehin kein Lehrer eine Klassenfahrt planen. Hinzu kommt: Grundsätzlich bestehen Anschlagsrisiken überall – auch in einer bayerischen Regionalbahn, wie Fälle in der Vergangenheit gezeigt haben.

Risikoeinstufung

Natürlich gibt es neben diesen globalen Katastrophenrisiken auch zahlreiche Szenarien, die nicht ganz so selten und deshalb auch nicht ganz so unkalkulierbar sind. Wenn Sie zum Beispiel vor Ort von einem Vorfall wie einem Anschlag erfahren und unsicher sind, wie Sie reagieren sollen, hilft eine möglichst präzise Risikoeinstufung solch abstrakter Szenarien, um das schwer fassbare Ereignis mit angemessen erscheinenden Maßnahmen abzugleichen. Möglichst objektive Informationen helfen bei der Einschätzung. Halten Sie sich daher im Krisenfall bei Ihrer Einschätzung unbedingt an seriöse Nachrichtenmedien oder Regierungsinformationen. Auf der Webseite des Auswärtigen Amtes liest sich eine Katastrophenmeldung mitsamt Empfehlungen für Reisende meist ganz anders als die Horror-Schlagzeile in der Boulevardpresse.

Einstufung von Krisenszenarien auf Klassenfahrten[13]

	Tagesgeschäft	Beispiele
grün	• ein oder nur wenige Schüler betroffen • Bewältigung durch Lehrer (ggfs. mit Unterstützung durch Unterkunft, Busfahrer o. Ä.) möglich • kein Medieninteresse	• einzelner Krankheitsfall • leichter Unfall (Verstauchung, Prellung o. Ä.) • Diebstahl in der Unterkunft • fahrlässige Sachbeschädigung
	Außergewöhnliches Ereignis	Beispiele
gelb	• Auswirkungen auf Teil- oder gesamte Reisegruppe • geplante Durchführung der Fahrt/Programm insgesamt gestört • kein oder nur geringes Medieninteresse	• Überbuchung der Unterkunft • Busunfall (ohne Personenschäden) • schweres Unwetter • Anzeichen von mehreren Erkrankungen • Konflikt/Rauferei, auch mit anderen • kürzerer Stromausfall

Fortsetzung nächste Seite

Fortsetzung: Einstufung von Krisenszenarien auf Klassenfahrten

	Signifikantes Ereignis	Beispiele
orange	• Teilnehmer massiv betroffen/verletzt • Fahrtablauf deutlich eingeschränkt • externe Hilfe (Feuerwehr, Psychologen, THW o. Ä.) erforderlich • erhöhtes Medieninteresse	• Unfall (Treppen- oder Balkonsturz, Busunfall mit Personenschäden) • sexueller Übergriff • Häufung von Erkrankung • Anschlag/Terror/Amoklauf o. Ä. im Umfeld • länger anhaltender Stromausfall
	Komplexes Ereignis	Beispiele
rot	• Teilnehmer schwer verletzt/verstorben • Fahrtablauf erheblich eingeschränkt, evtl. Abbruch erforderlich • externe Hilfe (Feuerwehr, Notarzt, Psychologen, THW o. Ä.) zwingend und umfangreich erforderlich • starkes Medieninteresse	• größerer Brand in der Unterkunft • schwerer Unfall, Überfall o. Ä. • Naturkatastrophe • schwerer sexueller Übergriff • Epidemie • Todesfall • Anschlag/Terror/Amoklauf o. Ä.

Am wichtigsten ist es, Ruhe zu bewahren und die Planung anzupassen, wo nötig. Zum Beispiel kann es schon ausreichen, bestimmte Touristenattraktionen wie Gotteshäuser oder Regierungsgebäude zu meiden, wenn diese konkret bedroht werden.

Auch im Sinne der Schüler ist es wichtig, besonnen zu reagieren: Der souveräne Umgang mit überraschenden, ungewöhnlichen, vielleicht sogar dramatischen Situationen geht auch für die Schüler im besten Fall mit einem Lerneffekt und persönlichem Wachstum, im schlechtesten Fall mit einer traumatischen Erinnerung einher. Wenn

Sie als Organisator der Klassenfahrt souverän reagieren, lernen Ihre Schüler auch aus einer solchen Situation fürs Leben – zum Beispiel, dass auch Krisen bewältigt werden können.

Das Schlimmste, was passieren kann

Es ist ein sonniger Montagnachmittag im Juni. Die Realschulklasse, 13 Mädchen und 15 Jungs mit ihren Lehrern, sind auf Abschlussfahrt und gerade eben im Großstadt-Hostel angereist. Nachdem die Zimmer bezogen sind, geht es auf zum ersten Spaziergang in die Stadt, die City erkunden. Ausgelassen, bester Laune und voller Vorfreude auf schöne Tage in der Metropole schlendert die Gruppe gemeinsam durch das Foyer zum Ausgang. Die breite Tür schwingt auf, der Klangteppich der Straße empfängt die jungen Menschen auf dem Gehweg zur Frontseite des zehnstöckigen Gebäudekomplexes.

Dann bricht unvermittelt das Chaos aus. Das dumpfe Geräusch eines schweren Aufpralls setzt eine Kettenreaktion in Gang: sofort panische Schreie überall, der Verkehr stockt, Hupen, Rufe, Angst und Panik. Auf dem Gehweg direkt vor dem Hostel liegt ein lebloser, blutüberströmter menschlicher Körper. Er ist offenbar aus großer Höhe gefallen, entstellt, unnatürlich gekrümmt, ein grauenvoller Anblick. Blut sucht sich seinen Weg in den Fugen des Gehwegpflasters. Ein furchtbares Szenario, direkt zu Füßen der jungen Menschen einer Realschulklasse auf Abschlussfahrt.

Dieses Ereignis hat sich tatsächlich so zugetragen. Deshalb wissen wir auch, dass die Beteiligten vorbildlich reagiert haben – die Schüler eingeschlossen. Die Klasse hat sich beraten und psychologische Hilfe vor Ort dankbar angenommen, überlegt und entschieden. Der Rat der Experten lautete, die Reise fortzusetzen und zu bleiben – wohl wissend, dass die Reise nun einen völlig anderen Charakter haben würde als geplant. Das traumatische Ereignis zu bewältigen, zu verarbeiten und lange, sehr lange an diese besondere Klassenfahrt zurückzudenken, darauf ließen sich die mutigen Lehrer, Schüler und deren Eltern auf den Rat der Krisenprofis vor Ort bewusst ein. Ein Abbruch der Fahrt und die sofortige Rückreise wäre die Alternative gewesen – und wohl kaum die bessere: Nirgends und in niemandes Gesellschaft hätten die Schüler das grauenvolle Geschehen besser verarbeiten können als gemeinsam mit ihren Mitschülern und Lehrern, die es ebenfalls erlebt hatten.

Wir wollen niemanden abschrecken, aber auch realistisch bleiben: Unterwegs kann immer etwas passieren. Dasselbe gilt allerdings auch für zu Hause. Kinder aufgrund potenzieller Risiken eines der wichtigsten Ereignisse ihrer Schullaufbahn zu berauben darf nicht die Konsequenz daraus sein, dass es nun mal keine Garantie für Sicherheit gibt. Und wenn tatsächlich einmal etwas passiert, sind die Kinder im Zweifel nirgends besser aufgehoben als in den Händen professioneller Krisenhelfer und Pädagogen.

Der krisenrelevante Kontaktpool

Bei einer Krise – gleich welcher Art – immer von entscheidender Bedeutung und meist ohne Verzögerung erforderlich ist strukturierte Kommunikation.

Unabdingbar ist auch in Zeiten von E-Mail und Kurznachrichtendiensten noch immer die Telefonliste. Wichtige Nachrichten dieser Art wollen Sie nicht per WhatsApp überbringen; auch für die Angehörigen zu Hause ist wichtig, mit einem Menschen aus Fleisch und Blut zu sprechen und Ihre Stimme als Verantwortlicher vor Ort zu hören. Ganz besonders wichtig ist das bei Ereignissen, die in den Medien verbreitet werden und die Daheimgebliebenen zuverlässig in Angst und Schrecken versetzen.

Auf die Krisen-Kontaktliste, die Sie unterwegs zu jeder Zeit bei sich führen sollten, gehören:

- Erziehungsberechtigte
- zusätzliche Kontaktpersonen der Schüler, wie Nachbarn oder Verwandte
- die begleitenden Kollegen
- die Schulleitung
- je nach Konstellation auch der Schulträger

Ein Landrat, der Bürgermeister, die Bistumsleitung oder wer auch immer den Schulbetrieb verantwortet, sollte über Katastrophenszenarien aus erster Hand informiert sein, möglichst bevor sich die Presse dort meldet. Im Ausland kommt noch die zuständige deutsche Vertretung vor Ort hinzu, etwa die Botschaft oder das Konsulat.

Manche Checklisten von Veranstaltern führen noch diverse weitere Kontakte auf. Unsere Meinung ist: Halten Sie Ihre Krisen-Kontaktliste lieber übersichtlich. Google gibt es schließlich überall.

5. Ist Qualität messbar? Was Gütesiegel wirklich aussagen

Unüberschaubare Vielfalt

Bei Ihrer Buchung werden Ihnen wahrscheinlich alle möglichen Gütesiegel und Qualitätszeichen begegnen – von der Unterkunft über das Transportunternehmen bis hin zu Programmveranstaltern vor Ort. Die Vielfalt an Auszeichnungen ist groß – die Aussagekraft oft weniger. Sie kennen das vom täglichen Einkauf: Auf Lebensmitteln und Drogerieartikeln prangen die unterschiedlichsten Qualitätszeichen, die uns zum Kauf eines Produktes animieren sollen. Wenn wir ehrlich sind, wissen wir nur in den wenigsten Fällen, was sich genau hinter diesen Auszeichnungen verbirgt. Sind sie »hausgemacht« oder objektiv? Hat der Hersteller die Auszeichnung gekauft oder verliehen bekommen? Und beziehen sie sich überhaupt auf Kriterien, die mir selbst wirklich wichtig sind?

Bewegen wir uns dann noch in der virtuellen Welt, werden wir von Siegeln geradezu erschlagen. Nicht nur das Produkt hat eines (oder mehrere), auch der »Shop« ist ausgezeichnet und der Zahlungsweg am besten auch noch. So kann man bei einem einfachen Online-Einkauf manchmal mehr Sterne sehen als an einem klaren Nachthimmel.

Klar, dass viele Anbieter auch beim Thema Reisen versuchen, aus echten und unechten Qualitätssiegeln Profit zu schlagen. Bei Reisen und so auch bei Klassenfahrten haben wir es aber mit einem besonderen »Produkt« zu tun: Umtausch ausgeschlossen! Die Entscheidung für oder gegen einen Anbieter will gut überlegt sein. Hier spielt Vertrauen eine große Rolle und natürlich auch Erfahrungen, die man selbst oder andere mit bestimmten Anbietern gemacht hat. An diesem Punkt können auch Qualitätssiegel eine unterstützende Rolle spielen – allerdings nur, wenn klar ist, was sie tatsächlich aussagen.

Qualitätssiegel im Kinder- und Jugendreise-Bereich (Auswahl)

- Reisenetz Qualitätssiegel
- QMJ für Unterkünfte – Qualitätsmanagement Kinder- und Jugendreisen
- TÜV Rheinland – geprüfter Dienstleistungsprozess für den Geltungsbereich Klassenfahrten/Jugendgruppenreisen
- Jugendaktion GUT DRAUF – Bewegen, entspannen, essen
- beQ – Qualität erlebnispädagogischer Programme und Anbieter
- FDSV – Mitgliedschaft im Fachverband Deutscher Sprachreise Veranstalter e. V.
- Jugendherbergen – 100 Prozent geprüfte Qualität
- ServiceQ – ServiceQualität Deutschland

Wer sich nun allerdings erhofft zu erfahren, welches von diesen Siegeln nun das beste ist, der wird enttäuscht werden. Jedes der Systeme hat Vor- und Nachteile. Dies resultiert schon aus den unterschiedlichen Ausgangspositionen derjenigen, die diese Siegel vergeben.

»Verbandliche Siegel« (wie etwa vom Reisenetz, dem Deutschen Fachverband für Jugendreisen) haben den Vorteil einer engen Bindung an die Branche, mit weitgehend praktischer Erfahrung und genauester Kenntnis der Anforderungen an die Bewerber. Diese enge Bindung kann jedoch gleichzeitig als Nachteil ausgelegt werden, da bei der Vergabe innerhalb eines Verbandes immer der Vorwurf fehlender »Objektivität« vorgebracht werden kann.

Die Siegel der externen Prüforganisationen (zum Beispiel TÜV oder ServiceQualität Deutschland) können eher diese Objektivität für sich reklamieren. Gleichzeitig kann hier jedoch der Prüfmechanismus der Konkurrenzbeobachtung nicht als Vorteil in Anspruch genommen werden, wie er bei einer brancheninternen Auslobung wirksam ist. Dieser Vorteil eines Siegels ist jedoch gerade zwischen den vorgesehenen Prüfintervallen oft sehr wirksam. Die Mitglieder eines auslobenden Verbands – einschließlich Vergabekomitee – haben einander permanent im Auge, schon aus Gründen der Konkurrenzbeobachtung.

Dennoch verfügen alle diese Qualitätssiegel über einige Gemeinsamkeiten:

1. Die geprüften Organisationen haben sich intensiv mit der Qualitätsfrage beschäftigt.
2. Die geprüften Organisationen unterziehen sich freiwillig einer externen Kontrolle.
3. Auf die Einhaltung der geforderten Qualitätskriterien kann sich der Kunde berufen.

Qualitätszeichen haben zudem grundsätzlich nur eine begrenzte Gültigkeit und können bei schwerwiegenden Mängeln des Angebotes auch wieder entzogen werden.

Wichtig ist festzuhalten: Kein Qualitätssiegel ist eine Garantie für einen problemlosen Reiseverlauf! Eine Reifenpanne im Bus, ein angebranntes Essen, ein schlecht gereinigtes Zimmer und sogar das Versagen eines Betreuers kann selbst durch die beste Qualitätsüberprüfung nicht verhindert werden. Aber: Eine vernünftige Qualitätskontrolle verringert eindeutig das Risiko von Fehlern. So wird eine seriöse wirtschaftliche und operative Reiseplanung immer auch Vorkehrungen für den Notfall treffen, angefangen von der finanziellen Absicherung des Kunden bis zum Notfallmanagement im Katastrophenfall.

Sicher werden Qualitätszeichen von Organisationen auch zu Marketingzwecken eingesetzt und stehen deshalb in jeder Branche oft in der Kritik. Aber gerade das führt zu einer »Win-win-Situation« für Kunde und Anbieter. Orientiert sich der Jugendreisekunde in seiner Kaufentscheidung an Qualität, so sorgt er dafür, dass sich mehr und mehr Unternehmen ernsthaft um die Qualität des Angebotes kümmern, um am Markt bestehen zu können. Die daraus resultierenden Leistungsverbesserungen kommen dann in erster Linie den Kindern und Jugendlichen zugute.

Die Empfehlung an alle Entscheidungsträger kann daher nur lauten: Achten Sie auf Qualität! Dazu gehört allerdings auch, dass Sie werbliche Aussagen zur Qualität hinterfragen und nicht blind jedem Siegel vertrauen, dessen Hintergrund Sie nicht kennen. Wenn Sie auf Qualitätssysteme oder -siegel stoßen, die hier nicht aufgeführt sind, bedeutet das natürlich nicht zwingend, dass diese unseriös sind. Es ist aber sicher nicht falsch, genauer nachzufragen und zu überprüfen, welches Organ und welche Kriterien hinter der Vergabe stehen. Ein seriöser Anbieter wird eventuelle Bedenken oder Ängste ernst nehmen und Sie gern aufklären. Gerade in Deutschland gibt es ein großes Angebot an zuverlässigen und guten Jugendreiseveranstaltern, Klassenreise-Veranstaltern, Jugendunterkünften und Programmanbietern. Sie haben die Wahl.[14]

Zertifizierte Jugendreise-Destinationen

Eine recht neue Entwicklung in Deutschland ist das ausdrückliche Bekenntnis von Orten oder ganzen Regionen zum Segment Kinder- und Jugendreisen. Diese Destinationen haben erkannt, dass gerade junge Reisegäste wichtige Multiplikatoren sind. Auch heute noch reisen viele Erwachsene dorthin, wo sie früher mit ihren Eltern in Urlaub waren – oder eben auf Klassenfahrt.

Das Engagement dieser Regionen, die das vom Reisenetz, dem Deutschen Fachverband für Jugendreisen verliehene Siegel tragen, ist ungewöhnlich. Denn die meisten Reiseziele haben vor allem die Gruppe der »Best Ager« im Visier. Zertifizierte Jugendreise-Destinationen haben mit ihrem Fokus auf junge Gäste ein starkes Alleinstellungsmerkmal und sind ideal für Klassenfahrten geeignet. Unterkünfte, Freizeiteinrichtungen und die örtliche Infrastruktur – vieles ist auf jugendliche Gäste ausgerichtet, bis hin zum teilweise kostenlosen öffentlichen Nahverkehr für Jugendliche.

Ein ausgeklügeltes Zertifizierungssystem bewertet detailliert, inwieweit eine Region oder ein Ort für junge Zielgruppen attraktiv ist. Dabei werden die Infrastruktur, vorhandene Jugendunterkünfte und Freizeiteinrichtungen unter die Lupe genommen und nach einem wissenschaftlich fundierten Kriterienkatalog bewertet.

Dabei begibt sich eine solche Destination in einen langjährigen Entwicklungsprozess, um vorhandene Potenziale zu heben und die gesamte touristische Leistungskette im Sinne junger Gäste systematisch und kontinuierlich zu verbessern. Und das bedeutet nicht zuletzt, dass man sich hier über jede Schulklasse freut und sich besondere Mühe gibt, die Klassenfahrt zu einem unvergesslichen Erlebnis zu machen.

Teil II

Transport

6. Die Qual der Wahl
Das optimale Verkehrsmittel finden

Auswahl und Entscheidung

Wie kommen wir da hin? Diese eine Frage löst eine ganze Flut von weiteren Fragen aus, die mit der Wahl des bestmöglichen Verkehrsmittels einhergehen. Heute bestimmt nämlich längst nicht allein die Entfernung zum Zielort darüber, welches Verkehrsmittel für Ihre Klassenfahrt das richtige ist. Neben Sicherheits- und Komfortaspekten spielt auch die Wirtschaftlichkeit eine große Rolle. Zudem ist vielen Lehrern und auch ihren Schülern heute sehr wichtig, wie umweltverträglich die Klassenfahrt insgesamt ist – ein Thema, das einen großen Lerneffekt auch für die Privatreisen der Schüler in Zukunft beinhaltet.

Doch immer der Reihe nach: Wie kommen Sie zum passenden Verkehrsmittel? Betrachten wir nacheinander die Einflussfaktoren, die sich auf die Entscheidung auswirken.

Gruppengröße

Es macht einen Unterschied, ob die kleine Berufskolleg-Klasse mit vielleicht acht oder zehn Schülern verreisen will oder die Klasse mit 25 Schülern plus zwei Lehrern – oder ob womöglich sogar zwei Klassen gemeinsam fahren wollen, dazu vielleicht noch einige Schulbegleiter oder Integrationshelfer, und somit am Ende gut 60 Personen auf die Reise gehen. Gerade bei Abschlussfahrten fährt oft die ganze Stufe auf einmal, sodass sich die Größe der Reisegruppe auf hundert oder mehr Teilnehmer belaufen kann. Und ob es sich um zehn oder 120 Reisende handelt, macht in der Tat einen Riesenunterschied für die Wahl des Verkehrsmittels.

Für Kleingruppen scheidet ein Bus-Charter mit Fahrer meist aus. Das wäre, wenn man die Kosten auf die Teilnehmerzahl umlegt, einfach zu teuer (nähere Informationen dazu siehe Kapitel 3). Mit nur einer Schulklasse und demnach vielleicht 25 zahlenden Gästen wird es bei der fünftägigen Fahrt auch schon schwierig, den eigenen Bus ökonomisch zu rechtfertigen. Hier ist die Bahn oft die bessere Wahl (siehe Kapitel 8). Verreisen zwei Klassen gemeinsam, macht der gecharterte Reisebus dagegen in den meisten Fällen bereits Sinn.

Und was ist mit der Stufenfahrt? Wie groß ist eigentlich so ein Bus? Bei einer Kapazität von 50, höchstens 55 Sitzplätzen ist bei »normalen« Reisebussen meist Schluss. Was aber, wenn es nun gerade 60 Personen sind? Dann wird die Bussuche schon schwieriger, denn konventionelle Busse dieser Größe sind rar. Da müsste es schon ein Doppelstockbus sein. Diese Großbusse haben bis zu 75 Plätze, sind aber recht teuer zu mieten.

Ist die Gruppe größer als etwa 75 Teilnehmer, werden ohnehin zwei Busse gebraucht. Was oft schwer verständlich, im Zweifel aber leider nicht vermeidbar ist: Wenn der Sitzplatzbedarf auch nur geringfügig höher ist, als es die am Markt vorhandenen Busgrößen hergeben, und einfach kein passender Bus zu finden ist, kann es passieren, dass wegen ein, zwei Teilnehmern zu viel anstatt eines passenden, aber eben nicht vorhandenen großen Busses eben zwei Busse eingesetzt werden müssen.

Die Bahn hingegen geht immer – fast egal, wie groß oder wie klein die Gruppe ist. Für die Reise mit der Bahn sollten aber Abfahrtsort und Reiseziel nicht allzu weit vom nächsten Bahnhof und die Verbindungen mit öffentlichen Verkehrsmitteln zu ebendiesen akzeptabel sein.

Entfernung zum Reiseziel

Bevor eine nur drei- oder viertägige Klassenfahrt ans Mittelmeer mit Bus oder Bahn erfolgt, sollte vielleicht doch eher ans Flugzeug gedacht werden. Die Anreise auf dem Landweg macht bei tausend Kilometern Entfernung und mehr bei gleichzeitig nur wenigen Reisetagen insgesamt einfach keinen Sinn. Es sei denn, der Weg ist das Ziel, wie bei Rund- oder Studienreisen mit mehreren Etappen. Die wiederum ließen sich mit der Bahn eher schwierig gestalten.

Sicherheit

Die gute Nachricht zuerst: Die Häufigkeit von Verkehrsunfällen mit schwerwiegenden Folgen geht seit Jahren immer weiter zurück. Die noch bessere Nachricht: Die Verkehrsmittel, die Schülergruppen ganz überwiegend nutzen, nämlich Busse und Bahnen, sind statistisch betrachtet besonders sicher. Für ebendiese Statistiken werden die Zahlen der Unfallopfer in Relation zu Personenkilometern gesetzt, die mit den verschiedenen Verkehrsmitteln absolviert werden. Deshalb schneidet das Flugzeug von allen Verkehrsmitteln am

Die (statistische) Sicherheit der Verkehrsmittel[16]

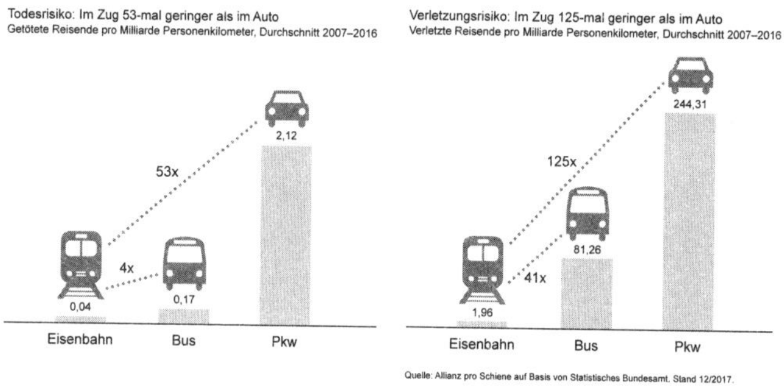

Abb. 1: Todes- und Verletzungsrisiken unterschiedlicher Verkehrsmittel

besten ab, denn damit werden im Vergleich zum Fahrrad oder Auto natürlich erheblich größere Distanzen zurückgelegt. Wie bei jeder Statistik gilt also auch hier: aufmerksam bleiben! Dennoch sprechen die Daten eine klare Sprache. Bahn, Bus und Flugzeug sind im Vergleich zum Auto extrem sicher. Die Wahrscheinlichkeit, bei einer Autofahrt tödlich zu verunglücken, ist mehr als fünfzig Mal höher als bei diesen drei typischen Klassenfahrt-Verkehrsmitteln.[15] Beim Verletzungsrisiko ist die Relation zwischen Bus oder Bahn und Auto noch einmal deutlich dramatischer.

Der ökologische Fußabdruck

Welche Auswirkungen die Reise auf Klima und Umwelt hat, welche Ressourcen verbraucht und welchen ökologischen Fußabdruck eine Klassenfahrt hinterlässt, ist eine sehr komplexe Frage. Zum Glück! Denn das macht sie zu einem interessanten Projekt für die ganze Klasse.

Eine Klassenfahrt ist perfekt geeignet, Schülern das Prinzip des ökologischen Fußabdrucks vorzustellen und schon im Vorfeld gemeinsam für die anstehende Reise zu berechnen. Dafür gibt es online eine ganze Reihe von Tools (siehe Info-Box »Den ökologischen Fußabdruck berechnen«). Je nach Verkehrsmittel, Reisezeit und Route lassen sich so detailgetreue Modelle der bevorstehenden Fahrt erstellen und auch optimieren: Spart es Emissionen, wenn wir nachts fahren? Spricht die Umweltbilanz dafür, dass wir uns mit einer anderen Klasse zusammentun?

Den ökologischen Fußabdruck berechnen

Mit den folgenden Online-Tools lassen sich die ökologischen Aspekte von Klassenfahrten anhand verschiedener Parameter berechnen:

- https://germany.myclimate.org
  In diesem Rechner einer unabhängigen Öko-NGO lassen sich leider keine Busse wählen – für eine näherungsweise Bus-Ökobilanz deshalb einfach die Emissionen einer Bahnreise auf der gleichen Strecke mit drei Vierteln multiplizieren.
- http://www.ecopassenger.org
  Dieses Tool wurde von europäischen Bahngesellschaften entwickelt. Vermutlich deshalb kommen Fernbusse darin nicht vor. Dafür lassen sich gezielt einzelne Bahnverbindungen prüfen.
- http://www.klimanko.de
  Der umfangreichste, aber auch am wenigsten übersichtliche Rechner. Wer etwa den Dieselverbrauch des Reisebusses kennt, kann hier die Emissionen pro Fahrgast ausrechnen. Besonders empfohlen für Fahrten mit dem Mathe-Leistungskurs!

Wenn Sie die Themen nicht mit der ganzen Klasse diskutieren oder zum Unterrichtsgegenstand machen wollen, können Sie sich bei der Vorbereitung auch getrost auf den gesunden Menschenverstand verlassen. Die Faustregeln, die in der Reisebranche jeder kennt, haben größtenteils auch heute noch Gültigkeit:

Tipp: Faustregeln für die ökologische Verkehrsmittel-Auswahl:

- Fliegen ist und bleibt aus ökologischer Sicht eine Sünde.
- Schiffe und Fähren sind ebenfalls Dreckschleudern.
- Autofahrten zu vermeiden reduziert nicht nur Klimaschäden, sondern auch das Unfallrisiko.
- Busse und Bahnen liefern sich ein Kopf-an-Kopf-Rennen an der Spitze der Ökobilanz. Solange die Deutsche Bahn noch Kohle verstromt, liegen Reisebusse im Durchschnitt vorn, aber groß ist der Unterschied nicht. Sowohl der Bus

als auch die Bahn haben bei Klassenfahrten ökologisch auf jeden Fall einen deutlichen Vorsprung vor allen anderen Transportmitteln.

Übrigens stellt sich die Frage nach der Ökobilanz natürlich nicht nur bei der Wahl der Transportmittel, sondern auch bei Unterkunft und Verpflegung. Manche Unterkünfte geben heute schon den CO2-Ausstoß pro Übernachtung an. Jede fleischhaltige Mahlzeit verschlechtert zusätzlich die Ökobilanz der Klassenfahrt. Auch diese Faktoren können eingerechnet und nicht zuletzt auch optimiert werden.

Am Ende wird die finale Entscheidung immer das Ergebnis einer Abwägung von Preis, Sicherheit, Reisedauer und Ökobilanz sein. Hier ausgewogen zu handeln gehört zu den Fähigkeiten, die besonders für junge Bewohner eines Planeten am Rande des Ökokollapses unabdingbar sind. Deshalb ist das Praxisbeispiel Klassenfahrt prädestiniert, um gemeinsam zu diskutieren: Was können wir als Einzelne tun? Und wo hat unser individuelles Handeln Grenzen?

CO2-Emissionen der verschiedenen Verkehrsmittel[17]

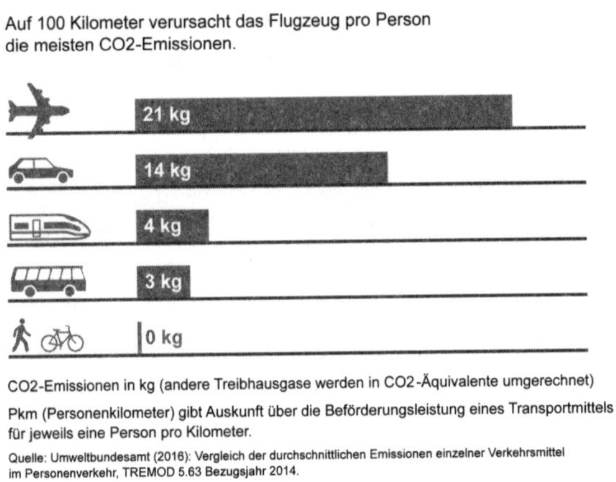

Abb. 2: CO2-Ausstoß verschiedener Verkehrsmittel

Verkehrsmittel kombinieren

Die richtige Auswahl des Verkehrsmittels ist bei einer gekonnten Klassenfahrt-Vorbereitung sozusagen die Pflicht; verschiedene Transportmittel möglichst intelligent zu kombinieren und damit die Logistik zu optimieren ist die Kür.

Bevor wir deshalb die Vor- und Nachteile und die idealen Einsatzzwecke der einzelnen Verkehrsmittel im Detail betrachten, sei darauf hingewiesen: Sinnvoll kombinieren ist fast immer besser, als die Planungsmöglichkeiten durch den Einsatz möglichst weniger Verkehrsmittel zu beschneiden, damit es nicht kompliziert wird.

Dabei sind den Möglichkeiten dank der ausgeklügelten Netzplanung und praktischen Online-Tools in vielen Städten heute kaum Grenzen gesetzt. Per Bahn in die Nähe des Ziels und von dort zur Unterkunft einen örtlichen Bus mieten – das ist noch Standard. In Florenz außerhalb der Stadt den Reisebus parken, die enorm hohen Parkgebühren einsparen und per Shuttlebus weiter ins Zentrum ist schon eher für Fortgeschrittene, aber unbedingt sinnvoll. Wie wäre es, bei der Verkehrsmittelwahl so richtig kreativ zu werden und ein Teilstück per Linien- oder Ausflugsschiff oder gar, mit sportlichem Zusatznutzen, per Draisine zurückzulegen? Ja, auch das ist mancherorts möglich! Ebenso wie mit der Seilbahn über den Fluss zu setzen oder den Berg zu überqueren. Je nach Ziel sind auch Pferdekutsche, Schlitten oder die Fortbewegung auf Schusters Rappen als Teil der Transportplanung denkbar – wenn man denn erst einmal auf die Idee kommt.

Die beste Verkehrsmittelplanung ist die, die

1. zur inhaltlichen Zielsetzung der Reise,
2. zum Programm in seiner Gesamtheit und
3. zu den regionalen Gegebenheiten und Besonderheiten passt.

Ein Beispiel für effiziente Transportplanung: Ist an den Aufenthaltstagen in Dresden eine Elbe-Schifffahrt geplant? Die Standardvariante ist in diesem Fall der Fußweg vom vorherigen Programmpunkt zum Anleger mit anschließender Schiffsrundfahrt, um dann an derselben Stelle wieder von Bord zu gehen und zu Fuß zum nächsten Programmpunkt zu laufen. Doch auf diese Weise ist schnell ein halber Tag weg.

Effizienter geht es, indem die Schiffstour Teil der Anreise wird. Mit dem Bus geht es also auf der Anreise gar nicht bis nach Dresden, sondern nur bis Pillnitz. Von dort erfolgt die Fahrt ins Elbflorenz mit dem Schiff. Der Bus mit dem Gepäck fährt parallel weiter und nimmt die Gruppe am Schiffsanleger in Dresden für die Fahrt zur Unterkunft wieder auf. Das lockert die Anreise auf und benötigt keinen halben Ausflugstag, sondern nur eine etwas längere Anreise durch den Wasserweg.

Derartige Kombinationen lassen sich an vielen Reisezielen sinnvoll realisieren, wenn man erst einmal den Dreh raus hat. In Köln geht es zum Beispiel vom Zentrum zum Zoo mit der Seilbahn und zurück mit der Straßenbahn – da wird schon der Weg zum Highlight. Warum lokale Highlights wie Seilbahnen und Schiffswege nicht nutzen, wenn es sie gibt? In Koblenz zur Burg Ehrenbreitstein kann man statt des Busses ebenfalls eine Seilbahn nehmen, genau wie vielleicht in Zukunft zwischen Frankreich und Deutschland, wenn das visionäre Projekt eines Freizeitparks irgendwann tatsächlich Realität werden sollte. Im Glantal im Südwesten Deutschlands ist sogar die Fahrt mit Draisinen möglich – da kommt zum Event-Faktor noch die sportliche Betätigung hinzu.

Auf Gruppen spezialisierte Fahrradvermieter bieten mitunter »One-way-Mieten« an, mit Abholung aller Räder der Gruppe am gewünschten Zielort. Damit lässt sich eine Streckenplanung mit überwiegend Bergab-Anteil absolvieren. So wird die Fahrradtour auch für die weniger sportlichen Schüler realisierbar und ermöglicht Bewegung ohne zu große Erschöpfung und langweilige doppelte Wegstrecken.

Tipp: Mit einer kreativen Verkehrsmittelwahl können Sie also nicht nur mehr aus der knappen Zeit machen, die Sie vor Ort haben, sondern auch die oft lästigen Transportwege auflockern und interessanter gestalten.

7. Immer erste Wahl? Der Reisebus

Bus ist Bus. Oder?

Einen Bus zu mieten ist keine Kunst, könnte man meinen. Weit gefehlt! Dabei kann so einiges schiefgehen. Das Offensichtliche, die Fahrzeugmarke oder die Ausstattung etwa, ist dabei allerdings gar nicht so entscheidend für das Gelingen der Tour, wie Klassenfahrt-Novizen oft annehmen. Von sehr großer Bedeutung ist dagegen, welcher Mensch ganz vorn links im Bus seinen Dienst verrichtet: der Fahrer.

Oft hat die Schule ihren angestammten »Hauslieferanten« in Sachen Bus: Jahrein, jahraus wird dasselbe Unternehmen beauftragt, und das über Generationen hinweg. Das ist meist das Busunternehmen um die Ecke, das die vielen kleinen und die manchmal größeren Fahrten, die im Schulalltag anfallen, zuverlässig und unkompliziert durchführt. Ob für die Fahrt zur Eisbahn, zur Theatervorstellung oder zum Sportwettkampf: Anruf genügt – Bus steht parat, wir kennen uns ja. Die Busse sind vielleicht keine Luxusausführungen, aber solide. Oft kennen sich Lehrer, Schüler und Fahrer längst persönlich.

Eine solche Zusammenarbeit ist oft über lange Zeit gewachsen und für alle Beteiligten unkompliziert und zielführend. Es macht durchaus Sinn, solche Beziehungen zu pflegen! Denn der Vertrautheitsfaktor sorgt für eine Konstante – Überraschungen gibt es auf einer Klassenfahrt genug.

Das heißt aber natürlich nicht, dass die Leistungen und das Preisgefüge des angestammten Busunternehmens nicht auch hin und wieder mal kritisch hinterfragt werden sollten. Und bei neuen Transportpartnern gilt sowieso: Augen auf! Denn da gibt es so einiges zu beachten; schon bei der Recherche.

Für jede noch so kleine Fahrt mehrere Angebote einzuholen ist oft nicht sinnvoll. Wenn es sich also nur um einen kurzen Ausflug oder eine Tagesfahrt handelt, müssen Sie es mit dem Preisvergleich nicht übertreiben. Damit machen Sie sich nicht nur unnötig viel Arbeit, sondern auch unbeliebt bei den Busunternehmen der Region. Denn für die sind Dutzende von Anfragen für Kurzfahrten, aus denen dann doch kein Auftrag wird, einfach nur nervig und unwirtschaftlich, denn die Bearbeitung kostet fast mehr, als die Fahrt in den Nachbarort einbringt. Deshalb werden solche Anfragen bald nicht mehr ernst genommen und nicht mehr beantwortet, wenn sie sich zu sehr häufen. Die wenigen Firmen, die sich tatsächlich auf einen »Bieterwettstreit« einlassen, haben es entweder bitter nötig, auf jede Anfrage zu antworten (kein gutes Zeichen), oder langen beim Preis kräftig hin – oder beides.

Geht es dagegen um die »richtige«, mehrtägige Klassenfahrt, macht es durchaus Sinn, neben ein, zwei auf Fernreisen spezialisierten Busunternehmen der Region auch den zuverlässigen Omnibusbetrieb zu fragen, der die Fahrten zum Schwimmbad erledigt. Manchmal erweist er sich durch die gewachsene Beziehung als die angenehmere und auch günstigere Option. Natürlich nur, wenn das Unternehmen über Busse für den Fernreiseverkehr und vor allem über Fahrer mit der Erfahrung für größere Reisen verfügt.

Vor einem Fehler möchten wir allerdings eindringlich warnen: Machen Sie die Entscheidung für oder gegen ein Busunternehmen nicht allein vom Preis abhängig! Zu behaupten, dass Geld bei einer Klassenfahrt eine untergeordnete Rolle spielt, wäre sicher realitätsfremd. Doch wenn es um den Transport geht, gibt es definitiv wichtigere Entscheidungskriterien als den Preis!

Allen voran natürlich: die Sicherheit! Dass der Bus als sicherste Wahl unter den Verkehrsmitteln für Klassenfahrten gilt, haben wir bereits festgestellt. Dennoch kennt jeder die Horrorgeschichten von abgefahrenen Reifen, defekten Bremsen und ganz besonders von eingeschlafenen Fahrern, die ihre Lenkzeiten überschritten und katastrophale Unfälle verursacht haben. Damit alle mit einem guten Gefühl losfahren und auch die Daheimgebliebenen ruhig schlafen können, sollten Sie deshalb einige grundlegende Sicherheitsaspekte durch Recherchen unter Kollegen und im Gespräch mit dem Busunternehmen in Erfahrung bringen.

Einige beruhigende Fakten zuerst: Reisebusse müssen alle drei Monate zum TÜV. Wenn sie nicht gerade uralt sind, verfügen sie auch über die gängigen Sicherheitssysteme wie Antiblockiersystem (ABS), Antischlupfregelung (ASR) und Fahrer-Assistenzsysteme. Allein die strengen Regeln des TÜV sorgen dafür, dass die meisten Busse in Deutschland, auch ältere Exemplare, gut in Schuss sind.

Natürlich gibt es schwarze Schafe unter den Busunternehmen, bei denen die Fahrzeuge schlecht gewartet sind und die auch sonst einiges schleifen lassen. Das sollte aber jeder Auftraggeber mit gesundem Menschenverstand sehr schnell erkennen können. Weicht das Unternehmen beim Erstkontakt konkreten Fragen aus oder ist schon die Auftragsabwicklung unprofessionell, ist auch die Wahrscheinlichkeit gegeben, dass man es mit der Sicherheit weniger genau nimmt als anderswo. Auch der erste Eindruck, wenn der Bus vorfährt, ist ein gewichtiger Indikator: Ein Busunternehmer, der seine Fahrzeuge nicht pflegt, muss sich kritische Fragen gefallen lassen.

Mit den Lenkzeiten der Busfahrer ist das so eine Sache. Der Gesetzgeber schreibt in recht komplizierten Regularien vor, dass der Fahrer nach spätestens viereinhalb Stunden eine Pause braucht und nach acht (bzw. einmal pro Woche maximal nach neun) Stunden so müde und unkonzentriert wird, dass er ohne Wenn und Aber Feierabend machen muss. Von den grundsätzlichen Lenk-, Pausen-, Schicht- und Ruhezeiten gibt es sehr genau festgelegte Ausnahmen, die eine längere Fahrzeit erlauben. Werden diese jedoch in Anspruch genommen, muss innerhalb wiederum sehr streng festgelegter Fristen ein Ausgleich erfolgen, also die Ruhezeit nachgeholt werden – ganz gleich, ob sich das irgendwie mit der Reiseplanung verträgt oder nicht.

Dass hinter dem Steuer eines Busses leibhaftige Menschen mit Stärken und Schwächen und mit guten und weniger guten Tagen am Werk sind, deren Leistungsniveau sich nicht von Fahrer zu Fahrer gleicht wie ein Ei dem anderen, wird vollkommen ignoriert. Menschen können auch schon nach einer oder zwei Stunden Fahrt müde werden, obwohl das in keiner Verordnung so vorgesehen ist! Wer schon einmal bei Schneesturm zwei Stunden lang *stop and go* auf einer überfrierenden Straße gefahren ist, weiß, wovon wir reden. Manche Fahrer kommen wiederum durch Adrenalin oder einfach nur an einem guten Tag zu ungeahnten Leistungshöhen. Ob angenehmes Reisewetter herrscht oder der Asphalt bei 35 Grad in der prallen Sonne kocht, ob die Scheibenwischer wegen Dauerregen dauerlaufen, ob die Gäste laut und anstrengend sind oder ruhig vor sich hin schlummern – das alles spielt natürlich in Verordnungen und Gesetzen keine Rolle. Lenk- und Ruhezeiten sind geregelt und von alldem völlig unabhängig. Es ist übrigens auch völlig egal, ob die Fahrten am Tag oder mitten in der Nacht stattfinden – es gelten immer die gleichen Fahrzeitenregelungen, ohne Wenn und Aber.

Ebenso spielt es in der Gesetzgebung keine Rolle, ob der Fahrer routiniert ist oder ob er nur ab und an längere Fahrten macht – oder womöglich noch nie gemacht hat. Vielleicht hat der Vater eines Schülers in jungen Jahren bei der Bundeswehr den Personenbeförderungsschein gemacht und seine Befähigung auch immer schön verlängert, ist aber nie in der Praxis als Busfahrer gefahren. Ob Sie es glauben oder nicht: Dieser Laie darf genauso mit einem geliehenen Doppelstockbus, den er vielleicht noch nie vorher gesehen hat, mit siebzig Schülern nach acht Stunden Anfahrt bei diesigem Regenwetter quer durch die Alpen und über den Brennerpass zum Abschluss noch den Südtiroler Jaufenpass mit seinen 23 anspruchsvollen Kehren runterkurven. Genauso wie ein erfahrener Berufskraftfahrer, der das seit 30 Jahren täglich macht und mit seinem Bus verwachsen ist, als wäre er eine Verlängerung seines Körpers. Wenn also dieser Vater meint, eine Klassenfahrt wäre die ideale Gelegenheit, Gebrauch von seinem Personenbeförderungsschein zu machen, denken Sie nicht einmal darüber nach – egal, wie viele Kosten das sparen würde. Und wenn Sie das Gefühl haben, dass das Busunternehmen Ihnen einen Aushilfsfahrer schicken will, der noch nie eine größere Tour mit 70 lärmenden Schulkindern gefahren hat: Fragen Sie nach!

Bei einer Klassenfahrt gibt es viele Anlässe, sinnvolle Kompromisse einzugehen. Der einzige Aspekt, wo das absolut nicht infrage kommt, ist die Sicherheit. Und der Bus, vor allem der Busfahrer sind entscheidende Sicherheitsfaktoren jeder Klassenfahrt.

Fazit: Beim Thema Busfahrt reicht es nicht, auf die Einhaltung der Regeln zu pochen, denn die haben selbst ihre Schwächen. Machen Sie sich selbst ein Bild, vertrauen Sie auf Ihren gesunden Menschenverstand, und schauen Sie lieber zweimal hin. Denn es geht um mehr als um den Weg von A nach B für Summe X. Es geht um die Sicherheit der Schüler und der mitreisenden Lehrer. Der Organisator einer Klassenfahrt trägt eine Verantwortung gegenüber den Eltern und der Schule. Denn die haben ihm nicht die Überwachung regelkonformer Verhaltensweisen aufgetragen, sondern ihr Vertrauen geschenkt.

Erfolgsfaktor Chauffeur

Wie aus dem vorigen Abschnitt ersichtlich, ist der Faktor »fahrendes Personal« ein mindestens genauso wichtiges Qualitätskriterium wie die Technik. Für das Omnibusgewerbe liegt darin eine große Herausforderung; es wird immer schwieriger, qualifiziertes Fahrpersonal zu finden. Reisebusfahrer ist ein nicht gerade üppig entlohnter Job mit ständig steigenden Anforderungen und hoher Verantwortung, bei dem nicht nur die gute Ausbildung, sondern vor allem auch die Erfahrung zählt.

Was macht einen »guten« Busfahrer aus? Woran können Sie erkennen, ob Sie es mit einem erfahrenen Profi zu tun haben?

Ein guter Fahrer fährt zunächst geschmeidig. Es ruckelt nicht, das Anfahren ist sachte, die Bremsvorgänge ebenso, die Kurvenfahrten nicht zu schnell. Gleichzeitig ist die Fahrt insgesamt zügig und flott – innerhalb der vorgeschriebenen Tempolimits und den Gegebenheiten angepasst, versteht sich.

Der gute Buslenker ist also eigentlich weniger ein Fahrer, sondern vielmehr ein galanter Chauffeur, dessen vorausschauender Fahrstil sich vor allem am Wohlbefinden der Gäste orientiert. Bei einem richtig guten Buspiloten ist es für den Gast kaum spürbar, dass der Bus überhaupt fährt. Es ist mehr ein Schweben, ein Dahingleiten über die Straßen. Dass eine solche Fahrweise noch dazu treibstoffsparend und verschleißarm ist, also auch das (übrigens sehr teure) Fahrzeug materialschonend behandelt, ist ein vom Inhaber des Unternehmens natürlich gewünschter Nebeneffekt. Eine gute Nachricht für Sie: Auch der Busunternehmer hat ein Interesse daran, dass Profis für ihn auf der Straße sind.

Nur werden genau diese Profis zunehmend rar – vor allem die hauptberuflichen Akteure. Viele verrentete Fahrer, besonders aus Nahverkehrsbetrieben, sind als Minijobber noch im Reiseverkehr aktiv. Manchmal sind auch Schichtzeit-Angestellte wie Berufsfeuerwehrleute, Polizisten oder auch Lehrer als Aushilfsfahrer nebenberuflich in der Busbranche tätig. Besonders bei mehrtägigen Klassenfahrten oder längeren Strecken ist es jedoch wichtig, dass der Fahrer Berufskraftfahrer ist, mit der gebotenen Erfahrung für lange Strecken, mit Ortskenntnis (die kein Navigationsgerät ersetzen kann!), mit Routine – und damit einem Höchstmaß an Sicherheit für Ihre Gruppe.

Aber Achtung: Auch ein noch so professioneller Fahrer ist noch längst nicht automatisch in der Lage, mit den speziellen Anforderungen einer Schülergruppe umzugehen. Zum Beispiel hat ein Busfahrer die Möglichkeit, die Vorfreude einer ganzen Gruppe (Lehrer eingeschlossen) schon in den ersten Minuten nach Abfahrt mit einem Stakkato an unpassenden verbalen und atmosphärischen Absonderungen vollständig und nachhaltig zu pulverisieren: »In meinem Bus wird sich anständig benommen! Wenn ich auch nur einen Fuß auf den Polstern sehe ... Kaugummis raus, aber sofort!« Um das zu vermeiden, müssen sich Lehrer, Schüler und der Fahrer zunächst einander behutsam annähern, die gegenseitigen Vorstellungen von Hierarchien im Bus, vielleicht sogar die jeweiligen Weltbilder abtasten und bestmöglich harmonisieren. Ein kurzes Gespräch zur gegenseitigen Vorstellung im Bus vor der Abfahrt kann da schon Wunder wirken.

Ist die Chemie zwischen Fahrer und Gruppe samt Lehrern im Vorfeld beeinflussbar? Grundsätzlich nicht wirklich, nein. Es kann aber durchaus helfen, die sensible Frage der Klassenfahrten-Tauglichkeit eines Fahrers im Voraus beim Busunternehmen oder beim Schulfahrtenveranstalter anzusprechen. Gute Veranstalter halten ohnehin ein Auge auf die Qualität des Fahrpersonals ihrer Vertragsbeförderer und erwarten oder verlangen eine Sensibilisierung der Fahrer, teils sogar eine Fortbildung im Umgang mit Schülergruppen.

Fazit: Der Chauffeur ist ein nicht zu unterschätzender Erfolgsfaktor einer Klassenfahrt mit dem Bus.

Sparen am Bus – eine gute Idee?

Natürlich ist beim Thema Busunternehmen auch der Preis heiß. Für Sie als Organisator ist er wahrscheinlich ein zentrales Entscheidungskriterium. Diese Prioritätensetzung möchten wir gern relativieren.

Betrachten Sie es einmal so: Bei einer mehrtägigen Klassenfahrt ist es eigentlich zweitrangig, ob der Bus ein paar hundert Euro mehr oder weniger kostet. Selbst 1000 Euro Preisdifferenz bedeuten bei 25 oder 30 Gästen einen Unterschied von 30 oder 40 Euro je Fahrgast. Je nach Sichtweise ist das absolut betrachtet viel Geld – aber ein Nichts, wenn es um die Sicherheit einerseits und um das grundsätzliche Gelingen der Reise andererseits geht. Was hat es mit Vernunft zu tun, wenn die ohnehin mehrere hundert Euro teure Fahrt an der Sicherheit des Busses oder an der Eignung des Fahrers scheitert?

Drängt die Budgetfrage trotzdem sehr, verweisen wir an dieser Stelle auf den Teil »Vorbereitung«, Kapitel 3, wo das Thema Budget behandelt wird: Vielleicht ist es bei knappem Budget sinnvoller, nicht so weit oder einen Tag kürzer zu reisen, als bei der Qualität des Busunternehmens zu sparen.

Safety first!

Die Sicherheit steht bei der Busfahrt natürlich über allem. Deshalb sollten Sie sich einiger Fallstricke bewusst sein, die häufig übersehen werden und die Sicherheit beeinträchtigen können – meist aus Kostengründen.

Kritisch hinterfragen lässt sich auch das Thema Nachtfahrt. Mit der lässt sich nämlich, so scheint es, einiges sparen – nämlich eine ganze Übernachtung, die stattdessen im Bus stattfindet und quasi im Fahrpreis inklusive ist. Und weil es so schön ist, kann das mit einer weiteren Nachtfahrt auf dem Rückweg gleich wiederholt werden. Die Nachtfahrt birgt zudem unstrittig ein geringeres Staurisiko und ist auch reizvoll, weil Menschen ganz allgemein und dabei auch Schüler im Speziellen nachts einfach müder sind als tagsüber – und damit auch weniger betreuungsintensiv.

Risiken und Nebenwirkungen der Nachtfahrt? Hier kommt der Beipackzettel des scheinbaren Allheilmittels für die Fahrtkasse: Was für Menschen im Allgemeinen ebenso wie für Schüler und alle anderen gilt, nämlich dass man nachts eher müde ist als tagsüber, gilt – Überraschung! – auch für Busfahrer. Das Risiko des Sekundenschlafs, Aufmerksamkeitsdefizite sowie reduzierte Konzentrations- und Reaktionsfähigkeit sind in der Nacht einfach deutlich wahrscheinlicher als am Tag. Da kann dem Einsatz hinterm Steuer noch so viel Schlaf und Ruhe vorausgegangen sein: Die Nacht hat einfach ihre Tücken. Der menschliche Schlaf-Wach-Rhythmus kann nur bedingt ausgetrickst werden. Daran können auch viel starker Kaffee oder die – auch im fahrenden Gewerbe durchaus verbreiteten – Wachmacher-Mittelchen oder Pillen für mehr Ausdauer und Fitness am Steuer nicht viel ändern.

Wenn die Fahrgäste die (Tor)tour dann endlich überstanden haben, ist aber spätestens bei der Ankunft die Luft raus. Jetzt ein dichtgepacktes Programm starten? Da werden Ihre Schüler Ihnen nach einer höchstwahrscheinlich alles andere als erholsamen Nacht im Bus eins husten. Für den Bus und dessen Fahrer ist am Morgen nach der Ankunft sowieso erst mal Feierabend. Kein Ausflug, keine Rundfahrt, kein Transfer. Damit blieben als Optionen für den ersten Tag nach der Anreise zwar noch Sightseeing oder ein Museumsbesuch mit öffentlichen Verkehrsmitteln. Vermutlich reicht der Schüler-Akku (und im Zweifel auch Ihr eigener) aber nur noch für Abhängen oder bestenfalls Shopping.

Auch organisatorisch hat die Nachtfahrt ihre Tücken: Zimmerbezug in Hotels oder Hostels ist meist erst nachmittags möglich. Ist die Herberge nach einem anstrengenden, nur mühsam durchwachten Tag endlich bezugsfertig, fallen alle nur noch todmüde ins Bett. Damit wären dann schon zwei Abende erlebnis- und damit ergebnislos vertan. Keine Begegnungen, keine interkulturellen Erfahrungen, keine Interaktion, kein nennenswerter Kontakt zu Land und Leuten. Schade!

Skifreizeiten bilden hierbei vielleicht die Ausnahme, wenn ein erfahrener Reiseveranstalter mit straffer, professioneller Organisation für die Beförderung Nachtfahrt-erfahrene Busunternehmen mit entsprechend routinierten Fahrern garantiert. Denn bei einer Skifreizeit stehen nach der morgendlichen Ankunft in den Bergen Aufgaben wie Skiverleih, Skipass und Gruppeneinteilung an, die auch leicht übermüdet durchaus zu leisten sind. Erfahrene Anbieter organisieren außerdem Frühstück und Bewegungsaktionen, vielleicht in Kooperation mit Schule oder Sportverein am Zielort in der örtlichen Turnhalle.

Die Rostlaube mit glatten Reifen soll ja immer noch vorkommen. Um den Einsatz unsicherer Fahrzeuge zu verhindern, sind Abfahrtskontrollen der Polizei ein probates Mittel und vor allem in Berlin sehr verbreitet. Pünktlich zur Abfahrt des Schulausflugs wird dafür die Polizei bestellt, die Bus und Fahrer unter die Lupe nimmt. Das klingt erst einmal gut, denn es dient ja der Sicherheit. Gleichzeitig wird damit aber auch die Profilneurose desjenigen bedient, der es vorschlägt. Selbst denken erübrigt sich dann auch, denn wenn die Polizei das Reifenprofil misst, den TÜV-Stempel sichtet, die Fahrerkarte oder Tachoscheibe kontrolliert und alles abnickt, kann die Reise ja sorgenfrei starten. Die Vorschriften sind erfüllt und die Verantwortung delegiert. Außerdem hat die Polizei montagsmorgens um acht ja nichts anderes zu tun.

Kritische Töne? Ja, verbunden mit einem weiteren Appell an den gesunden Menschenverstand. Denn wenn ein Bus, augenscheinlich uralt und noch dazu ungepflegt, mit milchigen Fensterscheiben, viel Rost, ohne Gurte, vielleicht zu wenig Gepäckraum, verbunden mit der Aufforderung, den Flur für die Taschen zu nutzen, mit schwarz oder weiß qualmendem Auspuff und einem keine Kompetenz, sondern aus trüben Augen Müdigkeit ausstrahlenden Fahrer vorfährt oder andere Verdachtsmomente hinsichtlich Sicherheit vorliegen, ist immer noch Gelegenheit zum Handeln. Die Polizei ist ja meist recht schnell vor Ort, wenn sie wirklich gebraucht wird. Wenn aber besorgte Eltern oder Lehrer lediglich ihren Kontrolleifer delegieren wollen, dann sind die Ordnungshüter der falsche Adressat, außer eben: bei belastbaren Verdachtsmomenten.

Wenn allerdings, wie etwa in Berlin, die Polizei aktiv diese Abfahrtskontrollen propagiert, ist das durchaus clever – zumal die Berliner Polizei fordert, die Kontrolle frühzeitig anzumelden. Das Erscheinen der Beamten wird aber ausdrücklich nicht garantiert. Gut so! Denn allein, weil man natürlich auch in der Busbranche um diese Abfahrtskontrollen weiß, wird speziell in Berlin vermutlich kaum mehr ein mangelhafter Bus auf Klassenfahrt starten.

Rolli im Bus. Na klar!

Im Flugverkehr schon lange alltägliche Praxis ist die Beförderung von Menschen mit Rollstuhl. Dafür sorgt eine gut abgestimmte Organisation von der Buchung über das routinierte Zusammenspiel von Bodenpersonal bis Crew. Auch die Bahnhöfe in Deutschland werden zunehmend barrierefrei ausgebaut, und die Fahrt mit Zügen der Deutschen Bahn ist für Rollstuhlfahrer immer seltener ein Problem. Auch im ÖPNV, dem Öffentlichen Personennahverkehr der Städte und Kommunen, ist die Entwicklung positiv. Im Jahr 2022 soll der ÖPNV in Deutschland komplette Barrierefreiheit bieten – so jedenfalls sieht es das Personenbeförderungsgesetz vor.

Der regionale Nahverkehr und vor allem die Reisebus-Branche tun sich aber immer noch etwas schwer: Leider können Sie nicht einfach davon ausgehen, dass für diesen Fall seitens der Busunternehmer Sorge getragen ist. Es gibt sie aber, die Reisebusse, die für die Beförderung von Gästen mit Rollstuhl ausgestattet sind. Allerdings werden Sie aktiv danach suchen müssen, und die Auswahl der infrage kommenden Busunternehmen wird von vornherein eingeschränkt sein.

Tipp: Das »Verzeichnis barrierefreier Reisebusse in Deutschland«, herausgegeben vom Bundesverband deutscher Omnibusunternehmen in Berlin, nennt mehr als vierzig Busunternehmen mit barrierefreien Reisebussen. Mit dabei sind auch Anbieter, die ihr Angebot auf gehöreingeschränkte Menschen ausrichten. Ein Busunternehmen in Bremen ist mit seinem »Rolli-Bus« speziell für das Thema Klassenfahrten und Jugendgruppenreisen aufgestellt.

Alle unter einem Blechdach

Dass zwei, manchmal drei Klassen einer Schule zusammen auf Klassenfahrt gehen, ist nicht ungewöhnlich. Synergien bei Planung und Organisation sprechen dafür. Vor allem aber reduzieren sich die Kosten je Teilnehmer deutlich, wenn sich der Pauschalpreis der Busanmietung anstatt auf zum Beispiel 25 zahlende Teilnehmer auf die doppelte Anzahl verteilt. Der Mietpreis für einen großen Bus mit 50 Plätzen ist nur unwesentlich höher als für die Variante mit 25 oder 30 Plätzen.

Was aber, wenn sich zwei oder gar drei Klassen ganz verschiedener Schulen, vielleicht sogar aus verschiedenen Orten, für die Fahrt in die gleiche Zielregion einen Bus teilen? Für Sie als Laien-Organisator ist es nicht empfehlenswert, diesen Aufwand aus eigener Kraft zu betreiben; es ist ein Weg voll besonderer Herausforderungen und Fallstricke. Einige Schulfahrtenveranstalter (mehr darüber lesen Sie in Teil IV) bieten diese Möglichkeit jedoch an und koordinieren mehrere Gruppen zur gemeinsamen Fahrt.

Das spart in erster Linie Geld, ist aber auch nicht ganz ohne. Denn in der Regel hat man kaum Einfluss auf den Umweg, der entsteht, weil die weitere Gruppe eingesammelt werden muss. Der kann mitunter erheblich sein. Zudem ist es keine ausgemachte Sache, ob die gemeinsam fahrenden Gruppen einigermaßen harmonisieren.

Selber fahren mit Kleinbussen?

Na sicher doch! Eine gute Idee, gerade bei kleinen Gruppen. Geht schnell und einfach und ist preiswert. Es braucht ja keinen teuren Fahrer, und die Miete für den Kleinbus ist günstig. Vielleicht kann er sogar kostenlos geliehen werden von einer Kirchengemeinde oder dem Jugendzentrum.

Acht junge Fahrgäste dürfen rein in den Kleintransporter, Gepäck passt auch noch irgendwie dazu, in den viel zu kleinen Gepäckraum hinten, gern aber auch unter, auf und zwischen den Sitzen, wenn es sein muss eben auch auf den Schoß der Fahrgäste. Der Fahrer braucht weder Mindestalter noch Erfahrung, geschweige denn eine besondere Erlaubnis für die Beförderung von Personen. Er muss sich nur hinter das Lenkrad schwingen, Musik an, möglichst laut – und los geht's! Ganz easy. Ist die Gruppe größer, dürfen es auch gern zwei oder drei Kleinbusse sein. Kolonne fahren macht noch mehr Spaß!

Ob der Fahrer den besonderen Herausforderungen eines solchen Projekts auch nur annähernd gewachsen ist, hinterfragt oft kein Mensch. Wer nur hinter dem Steuer seines Autos saß, kann vom völlig neuen Fahrgefühl eines Transporters sehr überrascht werden. Tritt dieser Moment erstmals in einer langgezogenen Kurve, durch ein Schlagloch bei flottem Tempo, wegen einer seitlichen Windbö oder bei Vollbremsung auf, kann es im gleichen Moment vorbei sein mit der schönen Fahrt. Wahlweise können es auch die bei ausgelassener Stimmung in Bewegung geratenen Fahrgäste sein, die den Kleinbus samt seiner wertvollen Fracht von der Straße fegen. Alles aber halb so wild, der Bus ist ja versichert.

Nur wer auch nachweislich Routine als Fahrer von beladenen Kleinbussen hat, sollte damit Jugendliche chauffieren. Sonst niemand. Der ist den besonderen Anforderungen eher gewachsen und achtet vermutlich auch auf ordnungsgemäß verladenes Gepäck und das für eine sichere Fahrt gebotene Verhalten seiner Fahrgäste.

Alternative Fernbus

Innerhalb nur weniger Jahre hat sich der Fernbus-Linienverkehr in Deutschland etabliert. Die leuchtend grünen Busse des (Stand 2018) unangefochtenen Marktführers sind von europäischen Autobahnen und aus den Städten nicht mehr wegzudenken; ein unglaublicher Erfolg dieses noch sehr jungen Unternehmens. Flixbus steht für Fernbus-Linienverkehr, wie Tempo für Papiertaschentücher und Nutella für … Na, Sie wissen schon.

Natürlich ist der Fernbus auch für Klassenfahrten interessant. Für Gruppen in Klassenstärke, also mit 25 bis 30 Fahrgästen, ist die Online-Buchung ein Klacks. Doch diese junge Option am Reisemarkt teilt sich auch einige der Nachteile mit anderen Linien-Verkehrsmitteln: Wie Bahn oder Flugzeug fährt der Fernlinienbus natürlich nicht am Schulstandort ab. Vielmehr muss der nächstgelegene Halt aufgesucht werden. Die Gruppe fährt zudem natürlich nicht allein im Bus, sondern gemeinsam mit anderen, meist erwachsenen Gästen. Je nach Strecke ist auch mit Umstiegen zu rechnen.

Am Ziel ist der Halt natürlich ebenfalls nicht an der Unterkunft, sondern an der Ziel-Bushaltestelle, oft an großen Bahnhöfen, Busbahnhöfen oder zentralen Verkehrsknotenpunkten der Städte. Die »letzte Meile«, also den Rest der Wegstrecke vom Ankunftsort bis zur Unterkunft, müssen Sie separat organisieren.

Dennoch: Der Fernbus kann eine sinnvolle Alternative sein. Besonders wenn sowohl Abfahrts- als auch Zielort größere Städte sind, zwischen denen Direktverbindungen bestehen, ist das junge Verkehrsmittel eine reizvolle Option.

Das Unternehmen Flixbus bietet auch Busse samt Fahrer zum Mieten auf einer eigenen Plattform an. Neben der Flixbus-Präsenz gibt es eine Vielzahl weiterer »Mietomnibus-Vermittler« im Netz. Die Nutzung einer solchen Plattform, bisweilen sogar gleich mit sofortiger Online-Preisberechnung, ist bequem und schnell, das Ergebnis aber anonym. Wenn Sie zusätzlich zu den herkömmlichen Busunternehmen derartige Plattformen in Ihren Preisvergleich einbeziehen, sollten Sie die Preise aber unbedingt kritisch mit den Angeboten der örtlichen oder regionalen Busunternehmer vergleichen, denn letztere sind oft günstiger – ganz abgesehen von dem Vorteil, dass Sie es dort mit Menschen aus Fleisch und Blut zu tun haben –, auch dann noch, wenn etwas schiefgeht. Lassen Sie sich also nicht von all der Marketing-Power großer Plattformen blenden: Gehen

Sie im Zweifel lieber dorthin, wo sich alle oben genannten Kriterien transparent überprüfen lassen und eine persönliche Beziehung besteht.

Flixbus-Fakten

Erst seit 2013 sind die Konzessionen, die den Bus-Linienverkehr auf langen Strecken in Deutschland zum Schutz der Bahn reguliert haben, Vergangenheit. Etliche Fernbus-Linienanbieter waren umgehend zur Stelle, um die neue Freiheit zu nutzen. Darunter sind Unternehmen mit langer Tradition wie die Bahn-Tochterunternehmen Berlin-Linienbus oder Deutsche Touring. Neue Player wie Megabus, MeinFernbus, Flixbus und viele andere kamen schnell hinzu. ADAC und Deutsche Post erfanden den quietschgelben »Postbus«.

Die Deutsche Bahn konterte die unliebsame Konkurrenz, die häufig quasi neben ihren Zügen auf paralleler Strecke fuhr, mit der Gründung einer eigenen, groß angelegten Fernbussparte, dem »IC-Bus«. Genauso wie die meisten anderen Akteure verschwand auch dieser Anbieter jedoch schnell wieder vom Markt.

Der Grund: Praktisch alle Wettbewerber verschwanden oder wurden von Flixbus geschluckt. Dadurch hat sich das Unternehmen in kurzer Zeit zum beinahe alleinigen Player am Fernbusmarkt mit mehr als 90 Prozent Marktanteil gemausert. Das Kapital großer, institutioneller Investoren floss in Strömen und beschleunigte das rasante Wachstum zusätzlich.

Mehr als 40 Millionen Menschen werden jährlich von Flixbus befördert (Stand: 2018). Dafür sind täglich mehr als 1000 Busse auf Straßen in ganz Europa unterwegs. Kein Einziger davon gehört dem Unternehmen. Die Fahrleistung wird ausschließlich von meist privaten Omnibusunternehmen erbracht, die als Subunternehmer des Fernbusriesen agieren.

Inzwischen erstreckt sich das Imperium sogar auf die Schiene: Der »Flixtrain«, ein Zug älteren Baujahres und ebenfalls gechartert, kommt wie die Busse konsequent in hellgrünem Design daher.

Die Expansion hält weiter an und umfasst inzwischen über Deutschland und Europa hinaus auch die USA.

8. Zug um Zug Bahnreisen

Fahrplan(ung) ist alles!

Vieles spricht für das älteste Massen-Verkehrsmittel in dieser Aufzählung: die Bahn. Umweltfreundlich, sicher, pünktlich, ist die Bahn noch immer eine vergleichsweise sichere Bank für viele Reisen.

Auch wenn sich beim Stichwort »pünktlich« möglicherweise Widerstand regt: Mehr als 90 Prozent aller Züge im Personenverkehr sind pünktlich![18] Das heißt, sie haben weniger als sechs Minuten Verspätung. Die geradezu reflexhafte Nörgelei über unpünktliche oder ausgefallene Züge ist natürlich nachvollziehbar – nervig ist es immer, wenn es einen trifft. Doch in Anbetracht der Statistik steht die Bahn weitaus besser da, als wir oft glauben. Und auch im Vergleich zu anderen Verkehrsmitteln: Staus und Behinderungen bei Autofahrten sind letztlich weitaus häufiger als Zugverspätungen.

Dennoch: Gerade auf einer Klassenfahrt mit der Bahn sind Störungen im Schienenverkehr meist folgenreich. Wenn die Sitzplatzreservierungen einer ganzen Gruppe Makulatur und die Fahrt samt Gepäck dann ohne garantierte freie Sitzplätze in einem anderen als dem geplanten Zug erfolgen muss, wird es sehr schnell sehr anstrengend.

Diese unstrittig vorhandenen Risiken lassen sich aber durch weitsichtige Planung reduzieren, indem Sie einige Grundregeln beachten.

Tipp: Klassenfahrten mit der Bahn sollten mit möglichst wenigen Umstiegen auskommen, die außerdem mit angemessenen Umsteigezeiten einhergehen sollten. Bei einer Reise von Dingsdorf in eine Metropole mit zig Haltepunkten ist eine Umsteigezeit von nur wenigen Minuten, die die Internetrecherche vielleicht automatisch vorschlägt, sehr ambitioniert. Mit jedem Umstieg steigt das Risiko, einen der vorgesehenen Züge zu verpassen, was dann für die weiteren Etappen zur Kettenreaktion führt. Die Fahrplanung sollte für Gruppen maximal ein, zwei Umstiege und Umsteigezeiten von mindestens zwanzig, besser dreißig Minuten oder mehr vorsehen.

Der Gruppen-Bahnpreis

Die Ermäßigungen für Gruppen bei Kauf eines Fahrscheins sind durchaus ansehnlich – aber nicht immer. Montagvormittags oder freitagnachmittags ist die Auslastung der Züge besonders hoch und die Rabatte für Gruppen eher dürftig; ebenso vor Feiertagen und manchmal auch aus unerfindlichen Gründen zur Unzeit auf einzelnen Strecken. Das kann an Großveranstaltungen im geografischen oder terminlichen Umfeld liegen oder an anderen Faktoren, die der Bahnkunde meist schlicht nicht erkennen kann. Kurz: Es ist oft einfach nicht vorhersehbar, welchen Gruppenrabatt es wann und wohin gibt. Ob ein attraktiver Preis für die Bahn als Verkehrsmittel spricht, ist daher eine Einzelfallentscheidung.

Die Internetrecherche auf dem Portal der Deutschen Bahn ist durchaus komfortabel und transparent, jedenfalls für Gruppen bis 60 Personen. Darüber hinaus hilft nur die individuelle Anfrage. Die Preisangebote gleichen oftmals einer Wundertüte und sind wirklich nicht immer nachvollziehbar. Da hilft nur: Versuch und Irrtum.

Probieren Sie einfach aus, welche Konstellation besonders günstig ist. Oft reicht es schon aus, den Termin oder den Abfahrtsbahnhof leicht zu modifizieren, also anstatt Stadtteilbahnhof-West den Hauptbahnhof einzugeben. Denken Sie dabei aber immer an die Anpassung der Umsteigezeit auf ein für Gruppen realisierbares Zeitfenster.

Bares Geld spart ein koordiniertes Vorgehen im Fall von Änderungen nach der Buchung. Bei Bahn-Gruppenfahrscheinen sind erforderliche Änderungen bis sieben Tage vor Abfahrt recht preiswert. Auch die Stornierung des gesamten Gruppenfahrscheins ist günstig. Ein Fall, der häufig eintritt, ist die Änderung der Teilnehmerzahl zwischen Buchung und Reisetag, etwa wegen Krankheit oder anderen kurzfristigen Ereignissen. Dafür berechnet die Bahn ein pauschales Entgelt je Vorgang, nicht etwa je stornierte Person. Daher sollten Änderungen der Teilnehmerzahl über die Zeit gesammelt und nur einmal, spätestens aber sieben Tage vor Abfahrt, final und somit zum einmalig anfallenden Pauschalkostensatz vorgenommen werden.

Weil die Buchung und Beförderung von Gruppen bei der Bahn ein recht komplexer Themenbereich, die Konfigurationsmöglichkeiten der Online-Buchung aber begrenzt sind, bieten sich die Reisezentren der Deutschen Bahn als gute Anlaufstelle für die verlässliche Planung direkt beim Experten an. Die Gruppenreise-Kompetenz des angetroffenen Beraters gilt es aber zu hinterfragen; bei Bedarf bestehen Sie auf einen versierten Kollegen als Ansprechpartner.

Kombination mit anderen Bahngesellschaften

Führt die Bahnreise in andere Länder Europas unter Einbeziehung ausländischer Bahnunternehmen, ist dennoch die Buchung der gesamten Fahrt bei der Deutschen Bahn AG sinnvoll. Aufwand und Risiken, den Gruppenfahrschein bis zur Grenze bei der deutschen und ab der Grenze bei der ausländischen Bahngesellschaft zu buchen, stehen in keinem Verhältnis zu einer eventuellen, kleinen Kostenersparnis.

Neben der bundeseigenen Deutschen Bahn AG gibt es in Deutschland eine – oft unterschätzte – Zahl an privaten Bahngesellschaften. Diese manchmal recht kleinen Anbieter sind oftmals Tochterunternehmen großer Verkehrsunternehmen, Verbünde oder Konzerne. Auch in diesen Fällen gilt: Selbst wenn ein Teilstück der geplanten Fahrtstrecke durch eine der »NE-Bahnen« (nichtbundeseigenen Bahnen) absolviert werden soll, ist dennoch die durchgehende Buchung bei der Deutschen Bahn AG sinnvoll. Nur wenn die gesamte Fahrtstrecke mit einer der »NE-Bahnen« erfolgen kann, macht es Sinn, sich direkt an ebendiese private Bahngesellschaft zu wenden. Für die Tour von München an den Schliersee zum Beispiel ist es durchaus sinnvoll, sich direkt an die auf dieser Strecke operierende Privatbahn zu wenden, nicht aber bei einer Fahrt etwa von Stuttgart zum selben Ziel.

Bahnunternehmen in Deutschland

Im Schienenpersonenfernverkehr (SPFV) ist der Anteil privater Bahngesellschaften zu vernachlässigen. Fast der gesamte Fernverkehr wird durch die Deutsche Bahn AG realisiert. Nur auf wenigen Strecken, so zum Beispiel von Köln nach Hamburg, haben sich bisher überhaupt private Anbieter versucht, sind jedoch regelmäßig gescheitert.

Anders im Schienenpersonen-Nahverkehr (SPNV). Dort bieten insgesamt mehr als 100 Eisenbahnverkehrsunternehmen ihre Leistungen an. Diese Verkehrsunternehmen gehören Ländern und Kommunen, ausländischen Eisenbahnunternehmen oder privaten Unternehmen, die ihrerseits meist Teile größerer Konzerne sind. Der Marktanteil liegt derzeit bei etwa einem Viertel, bei steigender Tendenz.[19]

Grundsätzlich kann bei einer Bahnreise-Klassenfahrt die Zusammenarbeit mit einem Reiseveranstalter sinnvoll sein, weil sie zur Entspannung der Organisatoren beiträgt und manches Risiko reduzieren kann. Zu beachten ist allerdings, dass nicht jeder Schulfahrtenanbieter Bahnreisen im Portfolio hat. Der Berater im DB-

Reisezentrum wird vermutlich den Schulfahrtenveranstalter der Deutschen Bahn empfehlen. Das ist zwar ein Tochterunternehmen der Bahn, aber letztlich genau wie jeder andere Veranstalter zum Erwerb der Gruppenfahrscheine bei der Bahn verdammt. Für Bahn-Klassenfahrten ist die Zusammenarbeit mit diesem Veranstalter deshalb nicht unbedingt vorteilhafter als die Wahl jedes anderen Schulfahrtenveranstalters, der ebenfalls Bahnreisen anbietet.

Die erste und die letzte Meile

Die meisten Schulen liegen nicht direkt an einem Bahnhof. Dadurch ist bei Bahn-Gruppenreisen fast immer die Kombination mit einem anderen Verkehrsmittel erforderlich, weil der Weg von der Schule zum Abfahrtsbahnhof und auch der Weg vom Zielbahnhof zur Unterkunft irgendwie bestritten werden will.

Für den Weg zum Bahnhof gibt es verschiedene Möglichkeiten; nicht immer muss es gleich der Charterbus zum Bahnhof sein. Werden die meisten Kinder an Ihrer Schule ohnehin von ihren Eltern mit dem Auto zur Schule chauffiert, kann der Chauffeur am Abreisetag einfach zum Bahnhof anstatt zur Schule fahren. Auch viele Schulbusse fahren ohnehin am nächstgelegenen Bahnhof vorbei. In diesen Fällen müssten die Schüler am Abreisetag statt an der Schule einfach nur am Bahnhof aussteigen.

Den Bustransfer am Zielort kann meist die Unterkunft organisieren – eine enorme Erleichterung, die Sie auf jeden Fall in Anspruch nehmen sollten. Meist genügt ein Anruf, möglichst zwei, drei Wochen vor dem Anreisetermin, um die Abholung zu organisieren. In der Regel lohnt sich diese Vorgehensweise, selbst wenn es etwas mehr kostet. Denn selbst ein Busunternehmen am Zielort zu suchen und dafür vielleicht ein paar Euro zu sparen lohnt sich für Ortsunkundige, gemessen am Aufwand, einfach nicht.

Relevanter ist die Frage: Braucht es am Zielort überhaupt einen

Transfer für die Kids? Vielleicht kann die Unterkunft stattdessen den Gepäcktransport organisieren, um die Hände für einen ersten, vielleicht durch einen Guide begleiteten Spaziergang durch die Stadt zur Unterkunft freizumachen. So kann der Weg gleich zum Sightseeing genutzt werden, und die Gruppe kann sich entspannt auf die neue Umgebung einstimmen.

Tipp: Liegt das finale Reiseziel ein Stück außerhalb einer sehenswerten Stadt (zum Beispiel, weil die Unterkunft im Vorort deutlich günstiger war), ist wahrscheinlich ohnehin ein Tagesausflug in ebendiese Stadt vorgesehen. In solchen Fällen ist es sinnvoll, die Besichtigung dieser Stadt gleich in die Anreise einzubauen. Meist ist das relativ simpel möglich: Gepäck am Bahnhof abstellen, die Stadt besichtigen und den Transfer zur Unterkunft so buchen, dass die Ankunft zum Abendessen erfolgt. Schon ist der zusätzliche Ausflug in die Stadt eingespart – und vor allem die dafür erforderliche Zeit und die zusätzlichen Kosten.

Wo aber das Gepäck am Bahnhof lassen? Viele Bahnhöfe, auch in mittelgroßen Städten, verfügen nicht über Gepäckschließfächer, geschweige denn über eine professionell organisierte Gepäckaufbewahrung. Selbst wenn abschließbare Fächer vorhanden sind, wird das für die Masse an Gepäck, die eine Gruppe nun einmal mitführt, recht teuer. Eine Alternative ist es, rechtzeitig im Reisezentrum oder beim Schalter des Zielbahnhofs anzurufen und die Möglichkeiten zur Gepäckaufbewahrung zu erfragen. Manchmal findet sich mithilfe der Mitarbeiter sogar eine inoffizielle Lösung, wenn es keine offizielle gibt. Vielleicht ist sogar, ganz einfach und unbürokratisch, das Abstellen der Taschen im Raum des Verkaufsschalters oder in einem Hinterzimmer des DB-Reisecenters möglich? Fragen kostet nichts.

Die größte Hürde dabei könnte es sein, eine Telefonnummer des Bahnhofs vor Ort in Erfahrung zu bringen. Bei solchen Recherchehürden hilft es, um die Ecke zu denken: einfach den Blumenladen oder den Kiosk im Bahnhof in der Suchmaschine ausfindig machen und dort freundlich darum bitten, den DB-Info-Schalter nebenan nach deren Telefon-Durchwahl zu fragen.

Generell ist bei der »letzten Meile« oft Kreativität gefragt – und ein bisschen Mut zu »blöden Fragen«. Letztlich haben die meisten Ansprechpartner, mit denen Sie es zu tun bekommen werden, selbst Kinder und sind grundsätzlich nicht abgeneigt, Ihnen eine Freude zu machen, wenn sie können. Auch ein kleines Trinkgeld, etwa als »Lagergebühr« für das Abstellen des Gepäcks in einem Geschäft neben dem Bahnhof, kann Wunder wirken.

9. Jetset für alle? Flugreisen

Nicht nur eine Frage des Budgets

Es klingt auch im Zeitalter der Billigflieger noch immer ein bisschen versnobt zu sagen: »Wir fliegen auf Klassenfahrt.« Dabei gibt es durchaus gute Gründe für die Flugreise. Weite Strecke, kleine Gruppe, wenig Zeit: In einer solchen Konstellation wird der Flieger sehr schnell zu einer sinnvollen Option. Handelt es sich beim Reiseziel dann auch noch um eine von den Airlines halbwegs preiswert bediente Strecke, sind die meisten Argumente gegen das Fliegen schnell entkräftet. Wenn, ja wenn man den ökologischen Aspekt mehr oder weniger ausblendet. (Mehr über die Ökobilanz von Klassenfahrten lesen Sie in Kapitel 6.)

Mit manchmal unglaublich geringen Ticketpreisen drängt sich das Flugzeug nicht selten als interessante Variante für zeitgemäße Klassenfahrten auf. Weniger eindeutig ist die Rechnung allerdings oft dann, wenn neben dem Ticketpreis die Gesamtkosten für den Transport vom Startpunkt zum finalen Reiseziel betrachtet werden. Zu den Transportkosten gehören neben dem Flugpreis nämlich auch:

- der Transfer zum Flughafen
- zusätzliche Gebühren für die Gepäckbeförderung (mittlerweile nicht mehr nur bei Low-Cost-Airlines)
- der Transfer am Zielort vom Flughafen zum endgültigen Bestimmungsort

Flugbuchung ist eine Wissenschaft für sich

Eine Unzahl an Flugportalen im Internet oder alternativ natürlich die Webseiten der Fluggesellschaften selbst buhlen um die Gunst der Kunden auf ihrer Suche nach dem günstigsten Ticketpreis von A nach B.

Häufig kommt in diesem Stadium, bei der ursprünglichen Internetsuche, erst einmal Freude auf, denn oft ist der reine Flugpreis günstiger als erwartet, nicht selten auch im Vergleich mit der fahrenden Konkurrenz.

Doch wie so oft steckt auch hier der Teufel im Detail. Die günstigsten Tarife sind meist nicht stornierbar, was im Airline-Sprech *»non-refundable«* heißt. Im Klartext: Sobald der Flug gebucht ist, wird bezahlt – und das Geld ist definitiv weg. Bei Stornierung, selbst Monate vor der geplanten Reise, gibt es für die besonders günstigen Tickets dieser Kategorie keinen Cent zurück.

Außerdem ziehen neben der Gepäckbeförderung manche Extras wie eine Platzreservierung, wenn die Gruppe zusammensitzen soll, der Check-in am Flughafen anstatt online, der Neuausdruck einer Bordkarte und weitere Services Extrakosten nach sich. Über den Wolken scheint nicht nur die Freiheit, sondern auch die Fantasie mancher Fluggesellschaften beim Erfinden immer neuer Extraleistungen grenzenlos zu sein. Besonders bei Umbuchungen wird es schnell teuer. Bei den Sitzplätzen wird teilweise mit unterschiedlichen Gebühren operiert – je nachdem, ob man vorn, in der Mitte oder hinten im Flugzeug sitzen oder mehr Beinfreiheit haben möchte.

Wenn aber nun so ein Ticket, sauber recherchiert, mit allen notwendigen Extraleistungen immer noch recht günstig erscheint, dann wird der Preis für eine Gruppe von zwanzig, dreißig oder noch mehr Personen doch wohl noch ein wenig günstiger sein? Denn ganz bestimmt gibt es bei den Fluggesellschaften ja einen Gruppenrabatt, wie bei jedem anderen Großraum-Verkehrsmittel auch, oder?

Leider falsch. Und je größer die Gruppe ist, desto falscher.

Jede Airline will möglichst viele Plätze eines Fluges zum bestmöglichen Preis verkaufen, also den »Yield« optimieren – ein Fachausdruck, der sich am besten mit »Ausbeute« übersetzen lässt. Das »Yield-Management« ist bestrebt, für möglichst viele Plätze eines Fluges einen möglichst hohen Ticketpreis zu erzielen. Möglichst kein einziger Platz im Flieger soll dabei leer bleiben, selbst wenn einige – möglichst wenige – Tickets dabei nur minimale Erlöse abwerfen. Andererseits sollen auch möglichst viele Tickets zu möglichst hohen Preisen an den Mann oder die Frau gebracht werden.

Ein Beispiel, wie sich das in der Realität auswirkt: Nach Tripolis in Libyen fliegt in der Regel nur, wer wirklich dorthin muss – also keine andere Wahl hat, als ein Ticket zu kaufen. In der Regel sind das Geschäftsleute, die dort beruflich zu tun haben – Touristen eher weniger. Und deswegen gibt es für Flüge nach Tripolis keine günstigen Tickets. Nie.

Auf der Strecke Köln–Berlin hingegen sind die Passagiere eine sehr heterogene Gruppe. Flüge gehen zudem praktisch stündlich, das Angebot ist damit riesig. Frühbucher sind auf dieser Strecke deswegen manchmal schon für den Preis eines durchschnittlichen Herrenhaarschnitts dabei. Der sachkundige Monteur für die dringend erforderliche Reparatur einer Spezialmaschine aber, der ja nicht Wochen im Voraus weiß, dass seine Dienste am Zielort gebraucht werden, und der deshalb erst kurz vor Abflug buchen kann, zahlt ein Vielfaches. Er muss nämlich zwingend genau diesen einen Flug nehmen und hat bei der Buchung keine Wahl.

Es wäre aus Sicht der Fluggesellschaft also Unsinn, einer größeren Gruppe, damit also für einen erheblichen Teil der nun einmal begrenzten Kapazität eines Fluges, einen besonders günstigen Preis zu geben. Denn damit wäre die Chance vertan, den Yield für diese Plätze vielleicht später noch zu optimieren.

Das »Yield-Management« treibt bisweilen seltsame Blüten. So sind Linienflüge, besonders auf kürzeren Strecken, zum Beispiel am Montagvormittag oder am Freitagnachmittag, teurer. Das rechnet sich für die Fluggesellschaften, denn Wochenendpendler müssen montags zur Arbeit und wollen freitags nach Hause. Sie bezahlen im Zweifel eher einen höheren Preis, als zu einem anderen Zeitpunkt zu fliegen. Ein weiteres Phänomen, das dem Yield-Management geschuldet ist: Ticketportale zeigen auf manchen Strecken am späten Abend oder am Wochenende, wenn die Sekretariate vielfliegender Geschäftsreisender Feierabend haben, günstigere Preise als während der üblichen Bürozeiten. Es gibt eine Vielzahl solcher oft schwer nachvollziehbarer Einflussfaktoren auf den Flugpreis, den Sie in genau dem Moment angezeigt bekommen, wenn Sie Ihre Internetsuche durchführen.

Generell ist es eine ganz schlechte Idee, eine Gruppenbuchung für 25 Personen online selbst vornehmen zu wollen. Denn das läuft dann etwa so ab: Bei den ersten zehn oder fünfzehn Plätzen, denn mehr nimmt das System in der Regel auf einmal nicht an, ist noch alles in Butter – die bekommen Sie vielleicht zu einem erfreulich günstigen Preis. Bei den nächsten zehn wartet schon die erste Überraschung auf Sie: Hoppla, die sind ja teurer! Spätestens bei den letzten fünf Plätzen vergeht Ihnen die Freude ganz, denn die werden sauteuer und der Durchschnittspreis, also Ihr umgelegter Reisepreis pro Person, ist komplett versaut. Damit nicht genug: Sie haben drei voneinander unabhängige Buchungen getätigt, keine zusammenhängende Gruppe. Wenn es jetzt zu einer Überbuchung seitens der Fluggesellschaft kommt, ist es für das Management dort ein Leichtes, eine der Teilgruppen einfach umzubuchen – auf einen späteren Flug, auf eine andere Airline, womöglich auf eine Umsteigeverbindung oder sogar mit zwischengelagerter Übernachtung. Im Extremfall läuft das darauf hinaus, dass aus einer Klassenfahrt unfreiwillig zwei getrennte werden – ein Desaster.

Verschaffen Sie sich deshalb gern vorab einen Überblick über die ungefähren Preise pro Person bei unterschiedlichen Airlines, um vergleichen zu können, aber nehmen Sie keinesfalls die Buchung selbst online vor.

Tipp: Nehmen Sie die Gruppenbuchung für eine Flugreise im Rahmen Ihrer Klassenfahrt unbedingt bei der Gruppenabteilung der Fluggesellschaft vor. Sie erstellt Ihnen ein individuelles Angebot passend zum tatsächlichen, konkreten Bedarf. Das gilt auch und besonders für die sogenannten Low-Cost-Airlines. Die Durchwahl zu dieser Abteilung ist nicht immer ganz einfach auf der Webseite zu finden, manchmal ist auch nur ein Kontaktformular vorhanden. ((Tipp Ende))

Das Flugpreis-Risiko, das mitunter aufwendige Prozedere und die drohende Rechtsunsicherheit, wenn etwas schiefgeht, lassen sich umgehen: durch die Wahl eines passenden Reiseveranstalters. Ob dieser Reiseveranstalter bei seiner Reiseausschreibung den zugrunde liegenden Flugpreis schätzt, ob er Erfahrungswerte fortschreibt oder ob er tatsächlich konkrete, belastbare Vereinbarungen mit den Fluggesellschaften hat, ist dann nicht Ihr Problem. Der Reiseveranstalter ist nun mal der Veranstalter im Sinne der gesetzlich definierten Grundlagen und damit Ihr alleiniger Ansprechpartner. Er haftet gegenüber Ihnen als Kunde und steht für Probleme jeder Art gerade – auch für die in der Gesamtreise enthaltenen Flugpassagen. Mehr über Klassenfahrten mit einem Reiseveranstalter lesen Sie in Teil IV.

Der Begriff »Reisebüro« klingt für viele heute schon fast anachronistisch. Sich im Dickicht der Tarife, Bedingungswerke und Möglichkeiten eines Gruppenfluges zurechtzufinden ist für den Laien aber, wie gesehen, nicht einfach – und so kann der privat bei immer weniger Menschen übliche Gang ins Reisebüro bei einer Klassenfahrt mit dem Flugzeug durchaus sinnvoll sein. Bombardieren Sie im Reisebüro nicht den erstbesten Expedienten (wie die Reiseverkäufer sich nennen) mit Ihren mitunter komplexen Fragen, sondern bitten Sie darum, mit einem Experten für Flugreisen mit Gruppen zu sprechen. Für eine fundierte Beratung in diesem Bereich ist Erfahrung nämlich absolut entscheidend.

Im Gegensatz zu Pauschalreisen erhält das Reisebüro für Flugbuchungen keine Provisionen, weswegen die Höhe der Buchungsgebühr vorher erfragt werden sollte. Das Geld dafür ist, gerade bei komplexen Konstellationen, aber in den meisten Fällen allemal gut angelegt.

Tipp: Bei Klassenfahrten im Allgemeinen lässt sich trefflich darüber diskutieren, ob die Organisation einem Reiseveranstalter übertragen werden sollte oder vielleicht auch nicht (siehe Teil IV). Ist eine komplexe Tour, mit Buchung von Unterkunft und Programm, als Flugreise geplant, sollte die Abwicklung auf jeden Fall einem bei Gruppenflugreisen erfahrenen Reiseveranstalter übertragen werden. Wird nur der Flug ohne weitere Reiseleistungen benötigt, beispielsweise bei Schüleraustauschen, ist das klassische Reisebüro mit Erfahrung bei Gruppenflügen ein sinnvoller Ansprechpartner.

Auf keinen Fall den Flug verpassen!

Der kritischste Moment einer Klassenfahrt mit Flugreise ist vor dem Abflug. Denn wenn die Gruppe aus irgendwelchen Gründen den Flug verpasst, wird es richtig teuer! Eine größere Gruppe, die ihren Flieger verpasst, auf einen späteren Flug oder eine alternative Route umzubuchen ist in der Praxis nämlich kaum möglich. Schließlich müssten auf dem fraglichen Alternativflug nicht nur ein paar, sondern gleich viele Plätze frei sein – und freie Plätze versuchen die Airlines mit allen Mitteln zu vermeiden. Wird der geplante Flug nicht erreicht, steht also sofort die gesamte Reise auf dem Spiel – von den Kosten ganz abgesehen, denn die werden Ihnen eher nicht erstattet.

Tipp: Bei Gruppen-Flugreisen sollten Sie die Anreise zum Flughafen unbedingt großzügig planen! Ein unvorhergesehener Stau, selbst eine nur kleine Panne, ein Auffahrunfall, ein verpasster Zuganschluss kann alles zunichtemachen. Wie von den Fluggesellschaften oft empfohlen zwei Stunden vor Abflug am Flughafen zu sein ist in jedem Fall sinnvoll, um noch Puffer für Eventualitäten zu haben.

Ist ein Bus für die Fahrt zum Flughafen gechartert, versäumen es viele Busunternehmen übrigens, in ihren Angeboten und Auftragsbestätigungen für Flughafen-Transfers in ihren Geschäftsbedingungen die Verantwortung für verpasste Flüge auszuschließen. Sollte Ihr Transporteur Sie also nicht pünktlich am Flughafen abliefern und Sie deshalb Ihren Flug verpassen, lohnt sich unter Umständen ein Blick ins Kleingedruckte.

Billigflieger sind billig – oder?

Wir alle kennen die Billigflieger aus der Werbung oder von privaten Reisen. Sie nennen sich »*Low-Cost*-« oder »*No-Frills*-Airline«, werden landläufig als Billigflieger bezeichnet und haben alle einige Gemeinsamkeiten. Dazu gehört der Verzicht auf Leistungen traditioneller Fluggesellschaften wie die Versorgung der Passagiere an Bord mit Speisen und Getränken. Die gibt es entweder gar nicht oder nur gegen Bezahlung.

Die wirklich entscheidenden Kostenvorteile entstehen aber an anderer Stelle. So unterhalten die Billigflieger kein komplexes Streckennetz, sondern konzentrieren sich auf Punkt-zu-Punkt-Verbindungen. Kein Flugzeug muss auf andere warten wie bei Airline-internen Zubringerflügen, kein Gepäck muss aufwendig von unterschiedlichen, am Drehkreuz-Airport ankommenden Flugzeugen umgeladen werden. Kein aufwendiges Tarifwesen mit Durchgangs- und Umsteigetarifen muss gemanagt, keine Kapazitäten von Zubringerflügen zu Langstreckenflügen müssen fortlaufend aufeinander abgestimmt werden. Überhaupt ist Gepäck Nebensache; am besten hat der Gast keins dabei, und wenn doch, zahlt er dafür zusätzlich. Die persönliche Kundenbetreuung verursacht ebenfalls geringe Kosten, denn sie ist auf das Allernötigste reduziert oder außerhalb des Flugzeugs gar nicht vorhanden. Wie auch, der Buchungsvorgang bis zum Check-in wird ja komplett im Netz abgewickelt.

Auch im Reiseablauf macht sich die Kostenersparnis um jeden Preis bemerkbar: Die Zeitspanne zwischen Ankunft und Abflug der Maschinen an einem Flughafen ist radikal kurz und optimiert. Nicht zuletzt sind Bezahlung und Arbeitsbedingungen der Crew, also der Piloten und Flugbegleiter, als »kostenoptimierte Beschäftigungsmodelle« gestaltet – um den Ausdruck »prekär« zu vermeiden.

Die Billigheimer bedienen viele der für Klassenfahrten relevanten Strecken und sind, wenn es zum Beispiel nach Rom, nach Barcelona oder Wien gehen soll, bei der Abwägung von Reisezeit und Kosten im Ergebnis häufig praktisch alternativlos. Doch die Risiken sollten immer bedacht werden: Wenn etwas schiefgeht, lässt sich im Falle der Billigflieger der schlimmste Ärger eigentlich nur bei einer Buchung über einen Reiseveranstalter halbwegs vermeiden. Die Buchung direkt bei der Fluggesellschaft wie auch beim Reisebüro, sofern dort nur die reinen Flüge gebucht werden, wirft Sie im Schadensfall darauf zurück, eventuelle Forderungen gegen die Fluggesellschaft direkt an diese zu richten. In der Realität bedeutet das oft, dass Sie Ihre Ansprüche in letzter Konsequenz vor irischen, skandinavischen oder ungarischen Gerichten durchsetzen müssten. Das führt dann vielleicht zu einer Reise mehr, als Sie eigentlich unternehmen wollten …

10. Zu Land, zu Wasser Klassenfahrt mit Fahrrad oder Schiff

Emissionsfrei mit Helm: die Radtour

Eine mehrtägige Tour auf zwei Rädern ist unter allen Fortbewegungsmitteln, die für eine Klassenfahrt in Frage kommen, sicher die abenteuerlichste. Zudem setzt eine Fahrradtour eine gewisse Fitness voraus, und zwar unter Berücksichtigung des kleinsten gemeinsamen Nenners: Was können alle Beteiligten, auch die weniger sportlichen, leisten? Doch wenn darauf Rücksicht genommen wird oder es sich ohnehin um eine sportliche Gruppe handelt, kann eine ausgedehnte Fahrradtour eine großartige Teamerfahrung sein, die neben dem hohen Erlebnisfaktor auch den Zusammenhalt stärkt.

Das häufigste Gegenargument ist die Gruppengröße – und muss es nicht sein. In der Tat ist es nicht ratsam, dass 25 oder mehr Schüler und Lehrer in einem einzigen Tross fahren; da sind Komplikationen vorprogrammiert, zumal selten die ganze Gruppe ähnliche Leistungsreserven hat. Doch auch mit größeren Gruppen lässt sich eine Radtour durchaus realisieren, indem die Klasse einfach in kleinere Teilgruppen von acht bis maximal zwölf Radlern aufgeteilt wird, die mit komfortablem zeitlichem Abstand zueinander fahren. Ein Begleitfahrzeug für den Gepäcktransport, bestückt mit Ersatzteilen sowie Flick- und Werkzeug, erhöht Komfort und Sicherheit und ist allemal günstiger einzuplanen als ein Reisebus oder andere Verkehrsmittel für Gruppen, sodass die Radtour auch eine der preisgünstigsten Varianten der Klassenfahrt ist.

Grundregeln

In den einzelnen Bundesländern gelten unterschiedliche Bestimmungen für Radtouren mit der Schulklasse. In einer übersichtlichen Broschüre hat die Berliner Initiative RADschlag die Regeln für jedes Bundesland aufgeführt.[20]

Die wichtigsten Verhaltensregeln für die Fahrradtour

- Alle Fahrräder sind verkehrstüchtig.
- Alle Fahrer tragen einen Helm.
- Ein Betreuer fährt jeweils am Anfang (darf nicht überholt werden) und am Ende (darf niemanden überholen) der Gruppe, beide mit Kleidung in Signalfarben oder Warnweste.
- Die weniger sportlichen Schüler fahren vorn in der Gruppe.
- Abstand halten – mindestens eine Fahrradlänge.
- Anhalten auf der Strecke nur im Notfall und nur nach einem vorher klar vereinbarten, eindeutigen und frühzeitigen Signal an die dahinter Fahrenden.
- Passendes Kartenmaterial und/oder eine Navigations-App für Radfahrer, wie zum Beispiel Naviki, Bikemap, Gpsies, Komoot oder auch Google Maps mitführen.

Streckenplanung

Bei der Planung ist besonders wichtig, die Etappenlänge angemessen zu wählen, damit weder Schüler noch Lehrer überfordert werden. Je nach Altersklasse sind etwa vierzig bis achtzig Kilometer täglich ein angemessenes Spektrum. Ein wichtiger Faktor bei der Streckenauswahl ist natürlich auch die Topografie. Manche ausgewiesenen Rad-Regionen mit perfekt ausgebauten Strecken für unterschiedlich erfahrene und fitte Radler relativieren die größten Tücken und bieten für jedes Niveau die richtige Tour.

In der Eifel mit ihrer recht ausgeprägten Täler- und Höhenlandschaft etwa führen viele einwandfrei ausgebaute Radwege über ehemalige Bahngleise. Diese Strecken sind nicht nur verkehrsfrei, sondern auch überwiegend flach mit höchstens leichten Steigungen – ein perfektes Terrain auch für Anfänger und weniger sportliche Gruppen.

Ist die Tour in Etappen gestaltet, sodass täglich ein neuer Übernachtungsort gebraucht wird, ist die Organisation recht aufwendig, da gleich mehrere Unterkünfte koordiniert und gebucht werden müssen. In der Klassenfahrten-Hochsaison in einer guten Unterkunft für nur eine Nacht die erforderlichen Kapazitäten zu finden ist mancherorts fast unmöglich.

Tipp: Auch wenn es keinen Flug zu buchen und keine zentrumsnahe Unterbringung zu sichern gilt: Gerade Radtouren wollen aufgrund ihrer Kleinteiligkeit möglichst akribisch organisiert sein!

Eine Alternative ist eine zwar etwas weniger spektakulär anmutende, aber auch attraktiv gestaltbare Standort-Radreise, mit Übernachtung stets am gleichen Ort und täglich unterschiedlichen Rundfahrten. Diese Variante macht es auch möglich, verschiedene Etappenlängen für unterschiedlich belastbare Teilgruppen zu gestalten und dem ein oder anderen weniger fitten Radler sogar Ruhetage zu ermöglichen.

Material und Transport

Die Materialfrage wird bei den meisten Radtouren durch Mieträder einheitlich für die ganze Gruppe beantwortet. Durch sie wird gewährleistet, dass alle Fahrräder verlässlich sicher und technisch auf der Höhe sind.

Alternativ können natürlich von einem Teil oder von allen Beteiligten auch die eigenen Räder genutzt werden. Dann ist ein professioneller Sicherheitscheck der Zweiräder jedoch unerlässlich. Dafür sollte ein gemeinsamer Kontrolltermin vorgesehen werden. Er sollte unbedingt frühzeitig vor der geplanten Tour stattfinden, sodass eventuell erforderliche Reparaturen noch rechtzeitig durchgeführt werden können.

Tipp: Den Sicherheitschecks kann vielleicht die örtliche Fahrradwerkstatt durchführen, die dann auch gern den Auftrag für notwendige Reparaturen entgegennimmt. Alternativ können Sie auch beim örtlichen Fahrradverein oder bei der Ortsgruppe des Allgemeinen Deutschen Fahrrad-Clubs e. V. (ADFC) anfragen.

Sind alle Räder startklar, ist eine Tages- oder Halbtagestour im Vorfeld der großen Reise sinnvoll, um Kondition und Verhalten der Schüler zu testen und die Vorbereitung optimieren zu können.

Für die Anreise zum Ausgangspunkt der Radtour ist ein Busunternehmen mit für die Gruppenstärke ausreichend bemessenem Fahrradanhänger ausfindig zu machen. In ausgeprägten Radregionen stellt das kein Problem dar. Findet sich am Schulstandort kein passender Anbieter, dann vielleicht am Zielort, der ja vermutlich in einer fahrradfreundlichen Region liegt? Eine Strecke müsste auch ein am Schulstandort gebuchter Bus ohnehin auf dem Hin- sowie auf dem Rückweg »leer« fahren. Für die Gesamtzahl der anfallenden Leerkilometer macht es daher keinen Unterschied, ob umgekehrt ein am Zielort gebuchter Bus die Gruppe samt Fahrrädern stattdessen an der Schule abholt.

Gleich am Schulstandort mit dem Fahrrad zu starten ist natürlich auch denkbar und aus ökologischer Sicht sinnvoll; so kann die Tour tatsächlich emissionsfrei gehalten werden. Auf Mieträder kann in diesem Fall ebenso verzichtet werden wie auf den Transport von Radfahrern und Rädern zum Ausgangsort des Radvergnügens.

Wer bei Städtereisen eine Stadtrundfahrt per Fahrrad integrieren möchte, wird in den meisten Großstädten fündig. Geführte Touren mit Leihfahrrädern lassen die Stadt hautnah und aktiv erleben und sind in Großstädten wie Berlin alltäglich. In manchen kleineren Städten mit hoher »Rad-Kompetenz«, wie Freiburg oder Münster, gibt es ebenfalls reichlich Angebote dieser Art. Doch auch im Ausland, etwa in Paris oder Rom, ist eine Stadtrundfahrt per Fahrrad durchaus realistisch und eine sehr reizvolle Alternative zur Rundfahrt mit dem Bus. Die Anbieter nutzen dabei weitestgehend verkehrsarme Routen, sodass auch bei größeren Gruppen die Sicherheit gewährleistet ist.

Alle Mann an Deck: Schiffsreisen

Klassenfahrten, die nur auf dem Wasser stattfinden, sind die ganz große Ausnahme. Infrage kommt eine solche Reise eigentlich nur, wenn die Schule unmittelbar an einem Fluss, einem größeren See oder am Meer liegt. Wenn das nicht der Fall ist, ist nämlich immer eine Anreise zum schwimmenden Verkehrsmittel auf anderem Wege notwendig.

Nicht gemeint sind mit einer »Schiffsreise« die vielleicht im Rahmen der Klassenfahrt erforderliche Fährüberfahrt nach England, Skandinavien oder zu einer Mittelmeerinsel; in diesem Fall ist das Schiff nur ein temporäres Transportmittel für einen Teilabschnitt der Anreise. Genauso wenig ist ein Ausflug oder eine Panorama-Rundfahrt auf einem pittoresken Flussabschnitt gemeint – sondern eine Klassenfahrt, die sich in der Hauptsache auf dem Wasser abspielt. Diese Reisen haben nur einen verschwindend geringen Anteil am gesamten Klassenfahrten-Markt, können aber eine sehr reizvolle Alternative sein.

Denkt man an Reisen auf dem Wasser, denkt man vermutlich an die Kreuzfahrt auf dem Meer oder auf den großen Flüssen wie Donau, Rhein, Elbe oder Mosel. Man denkt auch unwillkürlich an Seniorengruppen, deren oft betagte Klientel diese Art des Reisens sehr schätzt. Denn ohne Zimmer- beziehungsweise Kabinenwechsel bringt das Schiff seine Gäste ganz bequem zu gleich mehreren attraktiven Orten. An Klassenfahrt denkt man bei Flusskreuzfahrten aus gutem Grund eher nicht.

Es gibt sie aber, die Angebote für die Klassenfahrt auf Flüssen und Kanälen mit Unterbringung auf einem Motorschiff. Die Kajüten sind in der Regel eher einfacher ausgestattet, aber dennoch für das gemeinschaftliche Erlebnis sehr geeignet. Kapitän und Matrose, der in Personalunion oft auch als Smutje in der Kombüse für das leibliche Wohl sorgt, sind auf dem Boot vorhanden; die »Schüler-Mannschaft« unterstützt die professionelle Crew bei Arbeiten an Bord. Das Schwerpunkt-Reiseziel für diese Art der Schiffsreise sind die Niederlande, genauso wie bei den bekannten Charterboot-Fahrten auf dem Ijsselmeer. In der holländischen Provinz Friesland gibt es sogar Segelschiff-Charter für Klassenfahrten – eine fantastische Variante, die mit Sicherheit zu einer unvergesslichen Erinnerung für alle wird.

Tipp: Schiffstouren gehören zu den schönsten, aber auch zu den ungewöhnlichsten Formen der Klassenfahrt. Warum nicht? Nur Mut – und auf zu neuen Ufern! Besonders für aktive Gruppen und für das Training von Teamkompetenzen eignen sich Bootstouren hervorragend – besonders dann, wenn die Schüler in die Abläufe an Bord eingebunden werden.

Die Mecklenburger Seenplatte kann sogar mit Hausbooten von Gruppen in Eigenregie »erfahren« werden. Je nach Klassenstärke muss die Gruppe jedoch aufgeteilt werden, da die Hausboote meist für maximal etwa zehn bis zwölf Gäste vorgesehen sind, was vielleicht mehr Begleitpersonen als üblich erforderlich macht. Denn auf jedem Hausboot sollten möglichst zwei Erwachsene als »diensthabende« Betreuer präsent sein.

Recht exotisch werden Klassenfahrten auf dem Wasser, wenn eine

Nil-Kreuzfahrt in Ägypten zur Debatte steht. Das kommt natürlich eher selten vor, und wenn, dann eher für eine Berufsschulklasse von Auszubildenden in Tourismus-Berufen. Für diese besondere Klientel werden selbst Klassenfahrten auf hoher See auf einem der modernen, luxuriösen Kreuzfahrtschiffe manchmal Realität.

Teil III

Unterkunft

11. Wie man sich bettet
Die passende Unterkunft wählen

Die Ansprüche sind verschieden

»Voll blöd, gibt es denn gar keinen Pool?« Diese Reaktion bei der Ankunft in der Herberge ist nicht erfunden, sondern wurde so oder so ähnlich schon mehrfach von Lehrern kolportiert. Bei der Wahl der Unterkunft driften die Erwartungen von Schülern, Lehrern und Eltern schon mal ordentlich auseinander – aus ganz verschiedenen Gründen.

Eltern ist häufig in erster Linie die Sicherheit wichtig. Am liebsten wäre ihnen auf Klassenfahrt eine 24-Stunden-Videoüberwachung per Smartphone-App. Denn man weiß ja nie, ob die Lehrer auch richtig aufpassen, oder? Ebenfalls ist immer mehr Eltern ein ausgewogenes, möglichst gesundes Essen wichtig, am besten Bio oder regional – oder beides; gleichzeitig soll es aber so preiswert wie möglich sein.

Als Lehrer wünscht man sich vielleicht eine möglichst gut überschaubare Unterkunft, mit komfortablen Einzelzimmern für die Betreuer. Am besten findet sich eine Herberge ohne andere Gästegruppen im Haus, um die Risiken von gruppenübergreifenden Techtelmechteln und ebenfalls hormonell bedingten Hahnenkämpfen einzudämmen. Die Lage darf gern zentral, aber bitte ruhig sein, mit Haltestelle direkt vor der Tür. Das Essen muss vor allem schmecken, und preiswert sein muss es sowieso.

Die Ansprüche von Eltern und Lehrern unter einen Hut zu bekommen kann schon anspruchsvoll genug sein; wenn die der Schüler dazukommen, wird es richtig interessant. Denn die haben ganz andere Prioritäten: Schnelles WLAN in jeder Ecke des Gebäudes ist ein Muss. Diskotheken und Bars sollten möglichst direkt nebenan liegen. Möglichst viele weitere Jugendgruppen im richtigen Alter im Haus zu haben ist äußerst willkommen; das erhöht die Flirtchancen und ist ein Garant gegen Langeweile. Burger und Pommes sind auf jeden Fall ein Pluspunkt. Preiswert sollten auch die Lokalitäten in der Umgebung sein, damit das Taschengeld lange reicht; die Herberge darf gern etwas komfortabler sein, denn dafür zahlen schließlich die Eltern.

Aber worauf kommt es wirklich an? Zwei Faktoren wirken bei der Auswahl von vornherein einschränkend, nämlich die Größe der Gruppe und das Budget. Sowohl das Bio-Hotel mit gehobenem Standard als auch die heimelige Privatpension scheiden allein aufgrund dieser beiden Einschränkungen in der Regel aus. Beide würden auch nur sehr bedingt die Entwicklung interkultureller Kompetenz, das Kennenlernen anderer, den berühmten Blick über den Tellerrand und weitere, bei Klassenfahrten relevante Absichten fördern. Es ist sicher unstrittig: Unterkünfte mit ausdrücklichem Fokus auf jugendliche Gäste sind in der Regel die beste Wahl. Denn wo geht Begegnung mit anderen einfacher und sicherer als in einer Jugendunterkunft?

Je größer der Zielort und je höher die jugendtouristische Relevanz, umso größer ist in der Regel auch die Auswahl an zur Verfügung stehenden Unterkunftsvarianten.

Vorab sollte zuerst die gewünschte Verpflegungsart bestimmt werden. Ist Selbstversorgung angestrebt? Dann muss die Unterkunft das können und wollen. Soll es Vollpension, nur die Übernachtung mit Frühstück oder Halbpension mit Frühstück und Abendessen sein oder womöglich sogar tageweise mal so, mal so? Dann scheiden Unterkünfte, die das nicht leisten können, von vornherein aus. Oder die Programmplanung muss verändert werden.

Worauf es bei der Auswahl ankommt

An erster Stelle steht auch bei der Wahl der Unterkunft die Sicherheit. Daher ist es vollkommen legitim, das Augenmerk zunächst vor allem auf die Umsetzung sicherheitsrelevanter Aspekte zu richten. Egal ob es sich um die klassische Jugendherberge, ein Jugendhotel, ein Schullandheim auf dem Dorf, das große Hostel in der Metropole oder ein Plattbodenschiff handelt, die Sicherheit von Schülern und Lehrern muss bestmöglich gewährleistet sein.

Was leicht übersehen wird: Der Begriff »Sicherheit« geht im Zusammenhang mit der Unterkunft weit über die Einhaltung von Brandschutzvorschriften hinaus. Auch Kriterien wie Zugangskontrolle, Lebensmittelsicherheit und der Zustand der Einrichtung, der elektrischen Anlagen oder der Wasserversorgung sind zu beachten.

Auf den ersten Blick ist natürlich die Lage sehr wichtig – abhängig von der Zielsetzung der Fahrt und von den Rahmenbedingungen. Bleibt der Bus während der ganzen Tour dabei? Dann sind ein ruhiges Busfahrer-Einzelzimmer und ein sicherer Busparkplatz erforderlich. Wenn nicht, ist die Anbindung der Unterkunft an den ÖPNV von entscheidender Bedeutung; es sei denn natürlich, das gesamte Programm der Fahrt wird in unmittelbarer Nähe der Unterkunft absolviert. Das kann bei sport- oder erlebnispädagogisch geprägten Klassenfahrten ja durchaus der Fall sein.

In Großstädten sollte die Lage natürlich entweder sehr zentral oder alternativ eine bestmögliche Anbindung an den städtischen Nahverkehr gegeben sein. In manchen Städten wie Paris oder Berlin ist »zentral« gar nicht so leicht zu definieren. In solchen Städten ist die U- und S-Bahn-Nähe meist der wichtigste Indikator – mit vorheriger Prüfung der Entfernungen zu den Programmorten, die erreicht werden sollen. In Metropolen wie Hamburg, München oder Prag kann es günstiger sein, gut öffentlich angebunden ein wenig zentrumsferner zu buchen. Der ÖPNV der großen Städte ist in der Regel gut ausgebaut.

Tipp: Achten Sie in Großstädten auf eine gute Anbindung der Unterkunft durch *Züge* des ÖPNV (vor allem U- und S-Bahn). Ein Stadtbus wird zu Stoßzeiten nämlich nicht selten an einer an der Haltestelle wartenden 30-köpfigen Schülergruppe eher vorbeifahren.

Die Entfernungen zu unterschätzen ist ein grundsätzlicher Fehler in weitläufigen Städten. Vormittags Sachsenhausen und nachmittags Potsdam sind als Teil der Berlin-Klassenfahrt genauso illusorisch wie Prater und Schönbrunn an ein und demselben Tag in Wien. Die jeweiligen Apps oder Webseiten der Verkehrsbetriebe in der Zielstadt helfen dabei, solche Fehler von vornherein zu vermeiden und ein realistisches Programm aufzusetzen, in das die Unterkunft sich gut integriert.

Was Qualität eigentlich ganz grundsätzlich ausmacht, ist am schwierigsten zu werten, weil oft auch subjektiv empfunden.

Das schlechteste Hostel der Welt

Ein Hostel in Amsterdam fährt eine schräge Marketing-Strategie und hat damit durchaus Erfolg. Es wirbt damit, das »schlechteste Hostel der Welt« zu sein. Auf der Webseite finden sich Sätze wie diese: »Ehrlich gesagt nicht das beste, aber definitiv das denkwürdigste Hostel. Sie bekommen nur das, wofür Sie bezahlen. Und weil Sie nicht viel bezahlen, bekommen Sie kein Schwimmbad, keinen Zimmerservice, keine Honeymoon-Suite, kein Fitnessstudio, keine kleinen Flaschen Shampoo und keinen Pagen mit albernem Hütchen.« Auf Plakaten wirbt das Haus mit Bildern von zertretenen Zigarettenkippen auf dem Hotelflur und dem Hinweis, es könne noch schlimmer kommen. Ein anderes Plakat lautet: »Tut uns leid, dass wir Sie nicht willkommen heißen«. Wieder andere ziert ein Bild von Hundekot auf dem Fußboden, ergänzt um den Spruch »Mehr davon am Haupteingang.« Die in vielen Hotels üblichen Betthupferl auf dem Kopfkissen kann man in diesem Hotel nicht essen, denn die sind auf die Kopfkissenbezüge nur aufgedruckt. Und am Fahrstuhl hängt, in feinstem Messing ausgeführt und fest installiert, ein »Außer Betrieb«-Schild.

Jeder, der schon mal eine Klassenfahrt begleitet hat, weiß aus Erfahrung: Die Online-Recherche und die Einschätzung der Qualität aus der Ferne hat ihre Grenzen. Der Kollegenkreis gibt sicher bereitwillig Auskunft zu Erfahrungen mit bestimmten Unterkünften. Auch Schulfahrtenveranstalter sind eine gute Quelle für Beratung und Orientierung. Ist die Auswahl dann irgendwann auf wenige Unterkünfte fokussiert, ist ein persönlicher Besuch ein sinnvoller nächster Schritt. Viele Betriebe bieten das sogar aktiv an. Einerseits lernen sich das Team des Hauses und der künftige Kunde so persönlich kennen, andererseits können bei der Gelegenheit auch schon viele organisatorische Fragen frühzeitig geklärt werden.

Auch wenn ein Besuch vorab gar nicht möglich ist: Schon allein die Antwort der Unterkunft auf die Frage nach einer vorherigen Besichtigung gibt oft Aufschluss über die Service-Orientierung. Wird der Besuchswunsch von der Unterkunft nämlich strikt abgelehnt, muss man sich nach den Gründen fragen – und recherchiert vielleicht lieber noch weiter.

Erst wenn Qualität an konkreten, objektiv bewertbaren Kriterien festgemacht werden kann, werden ein fundiertes Urteil und der Vergleich verschiedener Alternativen überhaupt erst möglich.

Die unterschiedlichen Qualitätssiegel (siehe dazu auch Kapitel 5) sind eine wertvolle Orientierungshilfe bei der Auswahl der richtigen Unterkunft. Die Organisationen, die sie vergeben, hinterfragen alle wesentlichen Kriterien zu Sicherheit und Qualität im Detail. Wenn eine Unterkunft keinerlei Qualitätssiegel vorweisen kann, sollten die kritischen Rückfragen zu den folgenden Kriterien umso detaillierter und hartnäckiger sein.

Qualitätskriterien für Kinder- u. Jugendunterkünfte

Die nachfolgende Auswahl erhebt keinen Anspruch auf Vollständigkeit. Gute Unterkünfte verfügen aber in jedem Fall über:

- ein qualifiziertes, motiviertes Team von Hausleitung über Beratung, Reservierung, Rezeption, Küche, Reinigungskräfte bis Haustechnik
- eine Küche mit jugendgerechtem, qualitativ hochwertigem Speisenangebot (wertige Rohware, frische Zubereitung)
- einen Tafelwasser-Spender, ganztägig zugänglich und gratis
- ausreichende Geländer- und Brüstungshöhen, keine »Stolperfallen« (Hofpflaster), Fenster in den Obergeschossen nur kippbar, Treppenhäuser absturzsicher
- gepflegte, ordentliche und saubere Anlagen und Einrichtung
- Sport- und Freizeitanlagen wie Lagerfeuer- oder Bolzplatz, Kletterwand, vielleicht Beachvolleyball, Tischtennis oder Ähnliches
- Schlechtwetter-Alternativen wie Kicker, Billard, Kinoraum
- kostenfreies WLAN in allen Bereichen
- saubere, zweckmäßig eingerichtete Zimmer mit angemessener Sanitärausstattung
- Einzelzimmer für Lehrer und Busfahrer
- Aufenthaltsraum für Lehrer mit Computer/Internet, Telefon, gratis Kaffee/Tee
- Safe oder Schließfächer für Wertsachen oder die Fahrtkasse
- Informationsmaterial mit Notfallrufnummern, Anfahrtsbeschreibung, Hausordnung
- Konzepte zu Brandschutz, Arbeitsschutz- und Gesundheitsschutz der Mitarbeiter, Bau-, Nutzungs- und Gewerbegenehmigungen, allgemeine Geschäftsbedingungen, Entsorgungsgenehmigungen

Unterkünfte mit Balkonen sind übrigens nicht ideal, verleiten sie doch manche Jugendlichen zu wagemutigen Aktionen. Sind Schlafwandler in der Gruppe (vorher klären!), sollte deren Unterbringung möglichst im Erdgeschoss erfolgen – es sei denn, die Fenster der Obergeschosse sind mit Kippsperren versehen.

Brandschutz, Lebensmittelsicherheit und weitere Regularien

Betrachten wir nun einige der wichtigsten Auswahlkriterien im Detail – angefangen natürlich mit dem wichtigsten Aspekt, der Sicherheit.

Brandschutz

Zum Brandschutz gibt es in Europa einheitlich hohe Standards und entsprechende Vorschriften. Dazu gehört bei Unterkünften zunächst:

- die Prävention durch Aufklärung von Mitarbeitern und Gästen
- Bauweisen, die eine Verbreitung von Feuer, vor allem aber dem weitaus gefährlicheren Rauch verhindern
- die Verarbeitung schwer entflammbarer Baustoffe und Einrichtungsgegenstände
- das Vorhandensein von umfassender (und funktionierender!) Notbeleuchtung
- sinnvoll angeordnete Fluchtwege nebst lückenloser und beleuchteter Kennzeichnung
- eine zuverlässige Alarmierung durch eine intelligente, auf die Leitstelle der Feuerwehr aufgeschaltete Brandmeldeanlage
- die Sicherstellung von Orientierung im Brandfall für die Menschen im Gebäude bis hin zum eindeutig als solchen gekennzeichneten Sammelplatz

Alle diese Aspekte finden sich bei guten Unterkünften kompakt dokumentiert in einer gewissenhaft erstellten, individuellen Brandschutzordnung.

Der Feuerwehr muss die erfolgreiche Ausübung ihres Jobs im Brandfall auch ermöglicht werden. Dafür muss die örtliche Feuerwehr ihre angefertigte Gelände- und Grundrisspläne und in der Brandmeldezentrale des Gebäudes Zugang zu den sogenannten

»Feuerwehr-Laufkarten« haben. Denn in einem verqualmten Gebäude ohne Strom und Licht ist Orientierung sonst kaum möglich. Wie kommt die Feuerwehr in das Gebäude hinein? Gibt es einen Feuerwehr-Schlüsseltresor, der sich im Brandfall automatisch öffnet? Oder müssen die Brandbekämpfer im Fall der Fälle stattdessen zum rot lackierten »Drei-Kilo Generalschlüssel nach DIN 14900« greifen, der Feuerwehraxt nämlich? Auch muss den Helfern schon vor dem Anrücken bekannt sein, ob eine Hochspannung führende Fotovoltaikanlage auf dem Dach ist. In diesem Fall wäre ein Löschen des Dachstuhls mit Wasser nämlich lebensgefährlich.

Für viele ältere Gebäude gibt es zwar eine Betriebsgenehmigung, obwohl nur eine schon ältere oder gar keine Brandmeldeanlage, unzureichende Fluchtwege oder leicht brennbare Baustoffe im Bestand vorhanden zu sein scheinen. Das kann mit weit zurückliegenden, aber nach wie vor gültigen Genehmigungen zusammenhängen, für die unter Umständen ein Bestandsschutz gilt. In solchen Fällen gilt es, durchaus kritisch den aktuellen Sachstand zu erfragen. Wenn die Mitarbeiter daraufhin herumdrucksen oder offensichtlich nicht hinreichend informiert sind, ist das kein gutes Zeichen.

Die Forderung nach Erfüllung von Brandschutzauflagen, auch an Schulen oder öffentlichen Gebäuden, steht häufig in der Kritik, denn meist ist die Umsetzung mit hohen Investitionen verbunden. Dabei wird immer wieder als Argument angeführt, dass die Maßnahmen übertrieben seien. Das ist teils verständlich, denn oft ist die Notwendigkeit der geforderten Maßnahmen nicht sofort erkennbar. Am Ende eines Fluchtwegs durch ein Fenster aus vielleicht zwei Metern Höhe abzuspringen ist tagsüber, bei Helligkeit und unverletzt, vielleicht gefahrlos möglich und der Fluchtweg somit durchaus akzeptabel. Doch wie zumutbar ist ein Entkommen auf diesem Wege nachts, bei Nebel, Starkregen, Eisschlag, womöglich in eine Rauchwolke gehüllt und im schlimmsten Fall bereits verletzt? Deswegen muss da eine Treppe sein, wie aktuelle Brandschutzbestimmungen es durchaus zu Recht einfordern.

Auch Gebäude haben sich verändert. In Zeiten von Wasser- und Abwasserrohren aus Kunststoff, armdicken Kabelbünden und generell hohen Anteilen von Kunststoffen in Isolierungen und Verkleidungen stehen Gebäude im Brandfall binnen kürzester Zeit nicht nur in Flammen, sondern vor allem in giftigem Rauch. Auch diesen Veränderungen tragen die aktuellen Bestimmungen Rechnung.

Einen Aspekt lässt die Forderung nach besserem Brandschutz meist aber sträflich aus: das Verhalten der Menschen. Wer sich jemals in einem größeren Gebäude befand, wenn ein Feueralarm ausgelöst wurde, kann vielleicht bestätigen, dass die Sirenen oft niemanden wirklich interessieren. Das vermeintlich hohe, oft als übertrieben bezeichnete Niveau des baulichen und technischen Brandschutzes ist so fest in den Köpfen verankert, dass die Haltung: »Was soll denn schon sein, ist sicher ein Fehlalarm« zu laxem Verhalten verleitet. Hier täten Sensibilisierung und durchaus auch hin und wieder eine Übung für den Ernstfall not.

Tipp: In jeder Unterkunft sollten die vorgeschriebenen »Flucht- und Rettungspläne« gut sichtbar in den Fluren und in jedem Zimmer ausgehängt sein. Ein bewusster Blick darauf, gleich nach der Ankunft, verbunden mit dem Hinweis an die Schüler, die Informationen ebenfalls bewusst zu registrieren, gehört zum Umgang mit dem Thema Sicherheit und damit eigentlich zu den Pflichten jedes Betreuers.

Lebensmittelsicherheit

Das Konzept mit dem bedrohlich klingenden Namen HACCP (»Hazard Analysis Critical Control Points«, übersetzt etwa: kritische Kontrollpunkte zur Gefahrenanalyse) kommt ursprünglich aus den USA. Dort wurde es bereits Ende der 1950er-Jahre ersonnen und seit Mitte der 1980er-Jahre umgesetzt. Auf Grundlage von EU-Verordnungen ist HACCP[21] inzwischen auch in Europa zwingend umzusetzen. Dabei handelt es sich um einen Standard zur Sicherung der Lebensmittelqualität nach gesundheitlichen Maßstäben.

Manche Unterkünfte klagen darüber, die damit einhergehenden Standards einhalten zu müssen, weil deren Umsetzung so aufwendig sei. Da sind wir anderer Meinung: HACCP ist kein Hexenwerk und für Kinder- und Jugendunterkünfte ganz zu Recht Pflicht.

Sehr vereinfacht formuliert geht es bei der Einhaltung von HACCP darum:

1. kritische Punkte bei der Ver- und Bearbeitung von Lebensmitteln zu ermitteln (zum Beispiel die Warenübergabe vom Lieferanten an die Küche).
2. ein Verfahren zur Überwachung des jeweiligen kritischen Punkts einzuführen (im Beispiel etwa die Inaugenscheinnahme von Lieferfahrzeug und Fahrer auf Sauberkeit sowie die Prüfung der Einhaltung der Kühlkette durch Temperaturmessung).
3. festzulegen, welche Korrekturmaßnahmen bei Abweichung erfolgen (zum Beispiel die Lieferung zurückgehen lassen, wenn die Temperatur nicht stimmt).
4. zu überprüfen, ob das System auch funktioniert (misst das Thermometer auch wirklich?).
5. alle kritischen Punkte und deren Prüfung lückenlos zu dokumentieren.

Bei kleineren Unternehmen sind die Regeln etwas großzügiger: Hier genügen Reinigungspläne, Verifizierungsnachweise oder Personalanweisungen. Am Anfang stehen aber in gut geführten Küchen ohnehin Maßnahmen zur guten Hygienepraxis. Dazu gehören penible Sauberkeit, professionelle Schädlingsbekämpfung und vieles Weitere.

Gewiss ist es nicht praktikabel für Sie, die einzelnen Maßnahmen zur Lebensmittelsicherheit oder gar die Einhaltung von HACCP persönlich zu überprüfen. Dagegen ist es völlig legitim, die Unterkunft zu fragen, wie sie es mit HACCP hält, und die Reaktion zu bewerten. Wenn Sie die Unterkunft vorab besichtigen, sollte ein Blick in die Küche (betreten dürfen betriebsfremde Besucher die Küche allerdings nicht!) ebenfalls nicht zu viel verlangt sein.

Zugangskontrolle

Ein wichtiger Sicherheitsaspekt ist die Frage, wie Unterkünfte sicherstellen, dass nur ins Haus darf, wer auch ins Haus gehört – sowohl in Bezug auf fremde »Besucher« als auch in Bezug auf die Integrität der Mitarbeiter.

Betreiber von Jugendunterkünften müssen ihre Mitarbeiter besonders gut kennen und stellen sie auch auf die besonderen Bedingungen und Risiken der Arbeit mit Kindern und Jugendlichen ein. So muss jeder, der mit Kindern und Jugendlichen arbeitet, seinem Arbeitgeber ein »erweitertes polizeiliches Führungszeugnis« vorlegen.[22] In gut geführten Häusern gilt zudem die Anweisung, als Mitarbeiter niemals ein bewohntes Zimmer allein zu betreten, sondern, auch zum Eigenschutz, immer nur zu zweit.

Viele Häuser verfügen heutzutage über eine Videoüberwachung. Dabei geht es weniger darum, die Gäste und deren Verhalten zu beobachten, etwa um sie bei Vandalismus überführen zu können – auch wenn das sicher ein willkommener Nebeneffekt sein kann. Es geht vielmehr darum, potenzielle Übeltäter abzuschrecken. Denn mittels Überwachungsaufnahmen wäre nachvollziehbar, wer sich nach einem wie auch immer gearteten Vorfall zur fraglichen Zeit im Haus aufgehalten hat.

Eine Hausordnung sollte zudem regeln, dass hausfremde Besucher keinen Zutritt haben. Erst dadurch ist ein unbefugter Aufenthalt überhaupt erst als solcher definiert und kann effektiv sanktioniert werden – nämlich durch Ausübung des Hausrechts, also den Rausschmiss.

Aber nicht nur der Zugang von Menschen sollte geregelt sein, sondern auch der von alkoholischen Getränken. Die Hausordnung sollte also auch die Aussage treffen, dass ein Mitbringen alkoholischer Getränke nicht erlaubt ist. Zudem sollte das Jugendschutzgesetz nicht nur irgendwo aushängen, es muss von jedem Mitarbeiter auch stets umgesetzt werden. Supermärkte, besonders in der Umgebung von Jugendunterkünften, agieren diesbezüglich übrigens in der Regel sehr verantwortungsbewusst und kontrollieren das Alter der Käufer von alkoholischen Getränken und Tabakwaren strikt.

Größere Häuser definieren Sicherheitskonzepte in entsprechenden Handbüchern und richten Prozesse auf bestmögliche Sicherheit aus. Standards werden hier meist strikt überwacht, und Sicherheit ist ein zentrales Thema regelmäßiger Schulungen. Kleinere Unterkünfte sind hinsichtlich des Zugangs durch Fremde oder auch bei der Überprüfung der Zuverlässigkeit ihres Teams zwar auf den ersten Blick leichter kontrollierbar, vielleicht aber gerade deshalb auch ein leichteres Ziel – jedenfalls dann, wenn sie es mit den Standards nicht so genau nehmen, weil »man sich ja kennt«. Die Frage, wie die Zugangskontrolle in einer Unterkunft gelöst ist, ist deshalb vollkommen legitim.

Tipp: In größeren Unterkünften sind die Rezeptionen meist 24 Stunden am Tag besetzt. In allen Häusern, egal wo und welcher Größe, sollte eine telefonische Erreichbarkeit rund um die Uhr, sieben Tage die Woche gewährleistet sein. Speichern Sie die entsprechenden Telefonnummern am besten gleich bei der Ankunft in Ihrem Mobiltelefon ab.

High-Speed-WLAN: Priorität Nummer eins?

Es gibt so einige Überraschungen bei Ankunft, die einer gerade angereisten Gruppe schwer zu vermitteln sind: defekte Toiletten, Ausfall von Warmwasser nebst Heizung, eine Küche, die kalt bleibt … Alles Nachrichten, die eine Gruppe von Jugendlichen nicht eben begeistert aufnehmen wird.

Aber nichts davon kann auch nur annähernd mit dem Entrüstungsfaktor mithalten, den ein Ausfall des WLANs hervorruft.

Das schnelle WLAN, die drahtlose Internetanbindung mit zeitgemäßem Datenvolumen in jedem Zimmer und in jedem Winkel der Unterkunft, ist binnen weniger Jahre zu einem wichtigen, aus Schüler- und oft auch Lehrersicht sogar alles entscheidenden Qualitätskriterium in sämtlichen Beherbergungsbetrieben avanciert. Kein Wunder: Das Smartphone ist heute ein selbstverständlicher Begleiter, für viele Jugendliche gar Teil der Identität. Ohne Internetzugang geht nichts mehr. Nicht nur auf dem Land, auch in manchen Stadtlagen sind die zur Verfügung stehenden Bandbreiten aber leider immer noch nicht ausreichend, um zu Stoßzeiten für mitunter Hunderte Nutzer in einer Jugendunterkunft gleichzeitig die gewünschte Übertragungsleistung zu gewährleisten.

Seien Sie also darauf gefasst, mit dieser Frage konfrontiert zu werden. Klären Sie am besten schon vorab mit der Unterkunft, wie es um die Qualität des WLANs bestellt ist. Ist die Abdeckung im Haus nicht die beste, können Sie Ihre Schüler mindestens vorwarnen, sodass diese bei Bedarf ihre Guthaben für mobiles Internet aufladen oder sich anderweitig rüsten können – die Kids werden wissen, was zu tun ist. Und Sie?

Gegessen wird, was auf den Tisch kommt?

Natürlich spielt das Essen eine entscheidende Rolle beim Gelingen jeder Klassenfahrt – daran kann auch das Internetzeitalter nichts ändern. Selbst nach einer gelungenen Reise mit vielen Highlights, bei der außer dem Essen alles gelungen ist, bleibt dennoch das schlechte Essen in den Köpfen der Teilnehmer. Es macht also unbedingt Sinn, sich mit diesem Qualitätskriterium auseinanderzusetzen – auch im Sinne Ihres eigenen Wohlergehens.

Essen in Jugendunterkünften soll altersgerecht, ausgewogen und möglichst gesund sein; dabei außerdem abwechslungsreich, reichlich portioniert und vor allem: lecker! Das ist auch alles gar nicht so schwer, denn noch nie war es so einfach wie heute, gute Mahlzeiten zu überschaubaren Preisen zu realisieren – wenn qualifiziertes Personal am Werk ist, das weiß, was es tut. In den meisten Unterkünften ist das der Fall: Wirklich schlechtes Essen gibt es heutzutage kaum noch.

Woran man Qualität erkennt

Das Spektrum der Ernährungsphilosophien in den Unterkünften ist heute atemberaubend – da gibt es nichts, was es nicht gibt. Manche Unterkünfte legen Wert darauf, ihre Rohprodukte soweit möglich regional zu beschaffen. Das spart Transportwege, entlastet Verkehrswege und die Umwelt, fördert regionale Wirtschaftskreisläufe und sorgt für mehr Frische. Zudem ist es in der Regel kaum teurer als der Bezug beim Großhändler – und deshalb grundsätzlich der Unterstützung wert. Wenn Sie auf eine Unterkunft stoßen, die ausgewiesen mit regionalen Produkten kocht, ist das ein gutes Zeichen: Hier setzt man sich offensichtlich bewusst und professionell mit dem Thema Ernährung auseinander.

Im Gegenzug greift aber auch der Einsatz von Convenience-Produkten, Halbfertig-Produkten also, in den Küchen der Jugendunterkünfte immer mehr um sich. Das muss nicht zwingend schlecht sein, denn auch in diesem Bereich gibt es gute Produkte von qualitativ hochwertig arbeitenden Anbietern. Nur die so häufig beschworene Frischküche ist es dann aber eben nicht.

Tipp: Entscheidend für die Einschätzung des Essens in Jugendunterkünften sind letztlich immer die folgenden zwei Aspekte:

- eine gute Qualität der verarbeiteten Rohware
- die Kompetenz, aber auch die Kreativität der Küchenmitarbeiter

Diese Faktoren können Sie von dem, was die Küche verlässt, recht zuverlässig ablesen. Auch die Antwort auf die Frage »Auf welche Küche können wir uns bei Ihnen freuen?« wird Ihnen viel über die Einstellung der Unterkunft zum Essen verraten.

Beim Essen gilt, was auch bei der Unterkunft im Allgemeinen gilt: Höhere Qualität kostet meist auch mehr. Dem besten Koch gelingt es nicht, aus minderwertiger Ware ein gutes Essen herzustellen. Der Schlüssel zur Qualität ist also, nicht die billigste Rohware einzusetzen, sondern stattdessen eine gute. Das hat aber eben seinen Preis. Leider trifft der Umkehrschluss jedoch nicht mit Sicherheit zu: Sind die Mahlzeiten einer Jugendunterkunft im Vergleich recht teuer, ist trotzdem nicht garantiert, dass entsprechende Qualität darin steckt; die Wahrscheinlichkeit ist aber hoch.

Ist der Preis der Verpflegung dagegen ungewöhnlich günstig, sind die Rohstoffe zwangsläufig billig und von geringerer Qualität. Da spielt auch Masse nur bedingt eine Rolle. Selbst bei großen Betreiber-Organisationen muss letztlich jedes einzelne Haus vom Lieferanten angefahren werden, mit individuell konfektionierter Ware, sodass das Potenzial für Rabatte auch für die großen Player mit Tausenden Betten begrenzt ist. Trotz insgesamt großer Mengen ist die

Logistik, die Distribution, die Abwicklung kaum schlanker, also auch kaum kostensparender als anderswo.

Ernährungspräferenzen, Unverträglichkeiten und Allergien

Das Thema Ernährungsweisen allein könnte ein Buch füllen; zu vielfältig sind die Essgewohnheiten, aber auch die gesundheitlichen Aspekte des Essens heute. Herrschte vor einigen Jahren noch vielfach Verunsicherung, ist der Umgang mit den unterschiedlichen Essbedürfnissen der Menschen in den Küchen der Gemeinschaftsverpflegung mittlerweile Routine. Kein Hauswirtschafter und kein Koch erschrecken sich noch über Sonderwünsche, zumal einige davon kaum noch als selten zu bezeichnen sind: Vegetarisch, halal, gluten- und laktosefrei – all das ist heute für viele Küchen Standard, auch im Bereich der Jugendunterkünfte. Vegane Ernährung ist die einzige Variante, mit der sich die Küchenverantwortlichen bisweilen noch schwertun, doch auch das ändert sich zusehends.

Das Anwachsen von Unverträglichkeiten und Allergien ist ein Phänomen der jüngeren Vergangenheit. Auch in diesem Bereich ist die anfängliche Unsicherheit in den Küchen mittlerweile der Routine gewichen. Damit die Verantwortlichen in der Unterkunft sich darauf einstellen können, müssen sie allerdings auch zuverlässig wissen, was gewünscht oder unerwünscht ist. Die Abfrage nach besonderen Ernährungsbedürfnissen gehört also unbedingt zur Informationserhebung im Vorfeld der Reise dazu. Genauso wichtig ist selbstverständlich die zuverlässige Übermittlung dieser wichtigen Informationen an die Unterkunft.

Schwierig wird es, wenn einzelne Teilnehmer ihre Ernährungsgewohnheiten praktisch täglich ändern. Die Küchen vor allem kleinerer Betriebe sind darauf angewiesen, die Mengen benötigter Sondermahlzeiten im Vorfeld zu kennen und entsprechend herzustellen. Wollen plötzlich zehn Schüler zusätzlich halal, weil das leckerer aussieht als das Standardgericht, kann das problematisch werden.

Machen Sie Ihre Schüler in diesem Fall darauf aufmerksam, dass die Küche einer Jugendunterkunft kein *à la carte*-Restaurant ist.

Die Wahrheit über Internet-Bewertungsplattformen

Sicher haben auch Sie schon die wildesten Geschichten über das Schindluder gehört oder gelesen, das mit den Bewertungen auf Online-Plattformen getrieben wird. Vielleicht erwarten Sie unter dieser Überschrift deshalb Kritik an der grundsätzlichen Glaubwürdigkeit von Internet-Bewertungsplattformen. Natürlich liest man oft von geschönten, gar von Hoteliers oder anderen Betreibern gekauften Bewertungen – in der Übernachtungsbranche genauso wie in anderen. Tatsächlich gibt es Agenturen, die gute Bewertungen im Paket anbieten. Der Erfolg dieser Anbieter scheint jedoch fraglich, weil die Bewertungsplattformen selbst am energischsten dagegen ankämpfen – und das vermutlich erfolgreich.

Bevor Sie Online-Bewertungen grundsätzlich als gefälscht verurteilen, betrachten Sie es einmal so: Das Kapital einer Bewertungsplattform ist deren Glaubwürdigkeit. Wären Internetbewertungen massenhaft falsch, würde das Vertrauen in die Bewertungsplattformen relativ bald schwinden und die Nutzerzahlen einbrechen. Das Geschäftsmodell der Bewertungsplattformen wäre dahin. Die Plattformbetreiber leben nämlich davon, dass Nutzer ein Hotel oder eine Pauschalreise auf deren Plattform online buchen, die Seite also gern nutzen. Denn nur dann können sie Provision von den auf ihrer Seite vertretenen Unterkünften einnehmen. Hinzu kommt, dass gefälschte negative Bewertungen (etwa von der Konkurrenz) genauso vorkommen können wie gefälschte positive Bewertungen – es besteht also durchaus ein Eigeninteresse der Plattformbetreiber, das System »sauber zu halten«.

Bei einer der führenden Bewertungsplattformen zum Beispiel gibt es, laut deren eigener Angabe, über 60 automatisierte Prüfverfahren, die jede eingehende Bewertung auf Plausibilität hin untersucht. Welche Kriterien das sind, bleibt natürlich geheim.

So viel aber sei verraten: Misstrauisch machen die Prüfsysteme beispielsweise mehrere Bewertungen für einen Aufenthalt in verschiedenen Hotels zum gleichen Termin, abgesetzt vom gleichen Computer, der über seine sogenannte IP-Adresse eindeutig identifizierbar ist. Genauso wie die Bewertung von einem Computer, der in nur geringer Entfernung vom Hotel seinen geografisch feststellbaren Standort hat. Denn nur sehr selten beziehen Menschen Hotels in der Nähe ihres Computerstandorts, damit vermutlich in der Nähe ihrer Wohnung, um sie dann zu bewerten. Ein weiteres Kriterium könnten mehrere Top-Bewertungen in kurzer Reihenfolge nacheinander vom gleichen Rechner sein. Gleiches gilt übrigens für geballt erscheinende schlechte Bewertungen. Die könnten dann von einem missgünstigen Mitbewerber stammen.

Erzeugt die automatisierte Prüfung dieser Kriterien Misstrauen, geht der Vorgang zu einem Mitarbeiter, der die Sache prüft und auch schon mal die Buchungsbestätigung beim Urheber der Bewertung anfordert, bevor er die Rezension veröffentlicht. Ist eine geprüfte Bewertung dann online, bekommt sie auch der wehrhafteste Hotelier nicht mehr weg, auch wenn ihm die schlechte Bewertung vielleicht nicht in den Kram passt. Denn das würde wiederum die Glaubwürdigkeit der Plattform in Frage stellen.

Viel problematischer für alle Beteiligten sind die vielen unqualifizierten Bewertungen, die, weil anonym, ja auch Formulierungen jenseits von Höflichkeit und gutem Benehmen zulassen, auf manchmal kaum mehr nachvollziehbarem sprachlichem und inhaltlich niedrigem Niveau.

Tipp: Grundsätzlich sind die meisten Bewertungen im Internet also durchaus glaubwürdig – jedenfalls dann, wenn nicht nur eine Handvoll Rezensionen vorliegt, sondern eine gewisse Masse. Bei der eigenen Interpretation von Bewertungen sollte allerdings stets der gesunde Menschenverstand begleitend mitwirken.

12. Wie eh und je
Jugendherbergen, Schullandheime und Co.

Denkt man an Klassenfahrt, denkt man an Schullandheim und Jugendherberge. Traditionell führen natürlich auch viele Fahrten in Unterkünfte dieser Verbände. Manchmal hat man bei Gesprächen zum Thema gar den Eindruck, es gäbe sonst nichts. Dabei ist die Vielfalt der gemeinnützigen Unterkunftsbetreiber schier riesig.

Deutsches Jugendherbergswerk

Seit mehr als hundert Jahren gibt es die Häuser des Deutschen Jugendherbergswerks. Der Verband wurde 1909 von Richard Schirmann, einem Lehrer, in Altena (Nordrhein-Westfalen) gegründet – und zwar in einer Schule.

Schirmann wollte das Wandern bei Jugendlichen mit erschwinglichen Unterkünften fördern – seine Gründungsidee entsprach also einer Art »Bewegung« mit gesundheitlichen und kulturellen Aspekten. Daraus entstanden ist der in seiner Gesamtheit betrachtet heute wohl größte Bettenanbieter Deutschlands: Das Deutsche Jugendherbergswerk verfügt über fast 71.000 Gästebetten in derzeit 466 Häusern. Dort werden jährlich fast 10 Millionen Übernachtungen gezählt.[23] Dagegen wirken selbst die bekanntesten Hotelketten fast mickrig. Deshalb ist das Wort Jugendherberge auch schon seit Generationen so etwas wie ein Gattungsbegriff für Unterkünfte für junge Leute – wie Tempo es für Papiertaschentücher ist.

Im Gegensatz zu Tempo ist diese Quasi-Wortmarke allerdings nicht geschützt. Der Begriff »Jugendherberge« darf seit einem Gerichtsurteil aus dem Jahr 2009 von jedermann als Bezeichnung benutzt werden[24] – obwohl das Jugendherbergswerk große Anstrengungen unternommen hat, das zu verhindern. Wie sich in den darauffolgenden Jahren herausstellte, wäre das jedoch gar nicht nötig gewesen: Kaum ein kommerzieller Anbieter will den Begriff verwenden. Zu angestaubt scheint das Image der Jugendherbergen, als dass sich mit deren Namen Staat machen ließe. Viele denken dabei eben immer noch unweigerlich an Zwieback und Hagebuttentee, an Spül- und Tischdienst, an Gemeinschaftsduschen und an die Nachtruhe um zehn, über die strenge Herbergseltern achtsam wachen.

Dabei stimmen diese Vorstellungen heutzutage in den seltensten Fällen noch mit der Realität überein. Das Deutsche Jugendherbergswerk ist in vierzehn Landesverbände und hat somit keine einheitliche, straff geführte Organisationstruktur. Dennoch wird angestrebt, die Gästebetten, Tagungsräume und Programmangebote professionell zu vermarkten. Damit ist das Jugendherbergswerk, obwohl nach wie vor als gemeinnützig anerkannt, kaum mehr von kommerziellen Anbietern zu unterscheiden.

Die Häuser sind oft saniert oder sogar neu entstanden – in zeitgemäßem, modernem Design und technisch auf dem neuesten Stand. Schnelles WLAN ist meist genauso selbstverständlich wie Dusche und WC in jedem Zimmer. Viele Jugendherbergen stehen gut ausgestatteten und vor allem auch gut geführten Hotels in nichts nach, verfügen über Tagungsräume und die entsprechende Technik, hervorragende Küchen und freundliche, serviceorientierte Teams.

Noch gibt es einige unsanierte Häuser, vor allem in kleineren Orten auf dem Land. Für ihre Zukunft gibt es auf lange Sicht vermutlich nur zwei Optionen: entweder die baldige, in vielen Fällen auch schon geplante Sanierung mit Unterstützung von Kommune, Kreis oder Landesregierung (oder allen gemeinsam) oder als Alternative die Schließung.

Die von Herberge zu Herberge wandernden jungen Menschen sind heute jedenfalls eher Fabelwesen aus einer anderen Zeit. Auch den Herbergsvater in Filzpuschen und Norwegerpulli gibt es bestenfalls noch in der nostalgischen Vorstellung der Sozialromantiker.

Häufig kritisiert wird die finanzielle öffentliche Förderung bei Sanierungen und Neubauten von Jugendherbergen. Geld gab und gibt es nicht nur für die erhaltenswerten Jugendherbergen im historischen Gemäuer, sondern eben auch für Neubauten mit gehobenem Hotelstandard, die dann, darauf deutet einiges hin, auch noch mietfrei oder zu symbolischen Beträgen überlassen werden. Auch dass die schätzungsweise rund 20.000 Zimmer der Jugendherbergen, im Gegensatz zu anderen, auch den meisten anderen gemeinnützig betriebenen Unterkünften, vom Rundfunkbeitrag befreit sind, wirkt sich mit schätzungsweise mehr als 100.000 Euro in der DJH-Kasse aus – jeden Monat.

Dass in den Häusern des Jugendherbergswerks Seminare von DAX-Konzernen stattfinden, dass die Kinder vermögender Eltern oder Familien mit hohem Einkommen letztlich exakt in gleichem Maße profitieren wie finanziell benachteiligte Menschen, das wird von den Fördergebern geflissentlich ignoriert. Genauso wie der Schokoriegel im Automaten der Jugendherberge, der, anders als in gewerblich betriebenen Häusern, aus unerklärlichen Gründen umsatzsteuerbefreit verkauft werden kann. Besser wäre es, nicht das in Stein gebaute »Objekt«, also die Jugendherberge, sondern vielmehr das »Subjekt«, nämlich Kinder, Jugendliche und Familien, mit finanzieller Förderung zu unterstützen.

An den Jugendherbergen des Deutschen Jugendherbergswerkes beziehungsweise seiner Landesverbände führt bei Klassenfahrten oft kein Weg vorbei. Wenngleich die kommerziellen Anbieter oft bei Ausstattung, Technik und Lage vor allem in Großstädten manchmal mehr zu bieten haben, sind die Häuser des größten gemeinnützigen Anbieters in aller Regel empfehlenswert, gut ausgestattet und häufig an attraktiven Zielen gelegen. Vor allem in ländlicheren Zielgebieten und in der Nähe von prädestinierten Einrichtungen wie Naturparks sind sie oft sogar alternativlos.

Voraussetzung für die Nutzung ist jedoch immer die Mitgliedschaft im Deutschen Jugendherbergswerk. Das DJH ist ein eingetragener Verein, dessen Leistungen nur seinen Mitgliedern zugutekommen. Für Schulen, Vereine, Verbände, Institutionen und unter bestimmten Voraussetzungen auch Firmen ist die Beantragung der »körperschaftlichen Mitgliedschaft im DJH« schnell erledigt. Der Bewerbungsprozess ist recht einfach, unbürokratisch und auch nicht teuer. Die meisten Schulen haben bereits eine solche Gruppen-Mitgliedschaft; fragen Sie einfach im Sekretariat nach.

Schullandheime

Im Verband deutscher Schullandheime, der in 15 Landesverbände untergliedert ist, sind derzeit etwa 240 Häuser organisiert (Stand 2018) – bei vermutlich fallender Tendenz. Viele Schullandheime leiden unter einer zu geringen Belegung sowie an Sanierungsstau aufgrund begrenzter Mittel und wirken deshalb oft ein wenig »aus der Zeit gefallen«.

Dabei können sie mit ihren pädagogischen Programmangeboten, die sich vornehmlich an jüngere Schüler richten, durchaus punkten. Schullandheime wollen nicht nur Unterkunft, sondern ein schulergänzender Lernort sein.

Wann sind die Schullandheime eine gute Wahl? Sie empfehlen sich für die Durchführung von Projektwochen, aber auch für alle anderen Aufenthalte im Kontext von Schule bis hin zu Treffen von Schülervertretungen.

Die Trägerstruktur der einzelnen Häuser ist sehr unterschiedlich. Von Kommunen über Regionalverbände, Vereine und Stiftungen bis hin zu einzelnen Schulen. Letztere sind meist große Schulen in Großstädten, die selbst Träger »ihres« Schullandheims auf dem Land sind, um den Schülern Naturerlebnisse und unbeschwerte Klassenfahrten jenseits des gewohnten städtischen Umfelds bieten zu können.

Die beiden vorgenannten Verbände sind die bekanntesten unter den gemeinnützigen Hausbetreibern. Die Landschaft ist aber ausgesprochen vielfältig. Ausdrücklich ohne Anspruch auf Vollständigkeit seien darüber hinaus folgende Organisationen genannt:

- Landessportbünde der Bundesländer
- Christlicher Verein Junger Menschen (CVJM)
- Arbeiterwohlfahrt (AWO)
- Kirchen
- Kindererholungszentren (die »KiEZe« – ausschließlich in Ostdeutschland)
- Jugendburgen der Wandervogel- und Pfadfinderbewegung
- Kolpingjugend
- Naturfreundejugend Deutschland

Allein in den laut eigener Angabe »sozial und ökologisch authentischen« etwa 400 Häusern der Naturfreundejugend Deutschland finden jährlich 1,6 Millionen Übernachtungen statt.[25]

Selbst damit ist noch längst nicht Schluss: Zu den größeren Anbietern kommt eine unüberschaubare Vielfalt an Jugend- und Familienbildungsstätten, Seminar- und Tagungshäusern sowie exotischeren Genres wie Berghütten, Bauernhöfe, Heuhotels, Schiffe, Selbstversorgerhäuser in großer Zahl und viele weitere Einrichtungen. Einen Gesamtüberblick des riesigen Angebots liefern verschiedene Verzeichnisse im Internet. Die wichtigsten Quellen sind im Anhang dieses Buches aufgelistet.

Insgesamt werden in diesen Verzeichnissen bis zu 4.000 Unterkünfte mit Eignung für Klassenfahrten aufgelistet – überwiegend in Deutschland, aber auch im europäischen Ausland.

Zu den gemeinnützigen Häusern kommt die andere große Gattung der Unterkünfte, die sich für eine Klassenfahrt anbieten: die gewerblichen Anbieter mit Fachkompetenz für Kinder- und Jugendreisen. Um sie geht es im nächsten Kapitel.

13. Die Gewerblichen vom Fach Hostels und (Jugend-)Hotels

Der rasante Aufstieg der gewerblichen Herbergs-Konkurrenz

Was war vor 20 Jahren die Welt noch einfach: Da gab es noch eine klar gemeinnützig geprägte und dominierte Unterkunftswelt. DJH, CVJM, Kolping, Naturfreunde, Schullandheime und einige mehr – und alles andere fiel unter »ferner liefen«. Der Kontakt zu gewerblichen Unterkünften war überwiegend der Klassenfahrt nach Rimini oder Lloret de Mar vorbehalten. Dort logierte man, in Ermangelung von Alternativen, schon damals im Urlaubshotel.

Die Unterbringung von Schulfahrtengruppen erschien potenziellen Investoren besonders in Großstädten die längste Zeit über nicht lukrativ; bestehenden Hotels war diese Reisesparte suspekt oder schlicht zu anstrengend. Bestenfalls waren Schüler in der Nebensaison willkommen.

So war der Markt der Unterkünfte recht einseitig aufgestellt – bis Anfang der 2000er Jahre die Gründung und der rasante Aufstieg einiger der heute größten Hostel-Betreiber Europas alles durcheinanderwirbelte.

In Berlin gab es beispielsweise zur Jahrtausendwende nur etwa 4.000 Betten in Unterkünften mit der Hauptzielgruppe Jugendliche. Heute sind es mehr als 20.000, die meisten davon in gewerblich betriebenen Häusern. Eigentlich ist das erstaunlich, denn die wirtschaftliche Ausgangslage hätte nicht schlechter sein können. Keine der Privatinitiativen konnte aufgrund der etablierten Strukturen der großen Gemeinnützigen auf eine öffentliche Förderung hoffen, ebenso nicht auf Mittel der Lotterien oder andere Subventionen. Auch war jede Übernachtung voll zu versteuern, im Gegensatz zu den Unterkünften der gemeinnützigen Träger, die steuerbefreit sind. Weder »Zivis« (Zivildienstleistende) noch »Buftis« (Bundesfreiwilligendienst) oder »FSJler« (Freiwilliges soziales Jahr) konnten das Personalkosten-Budget entlasten.

Als noch immer junger Akteur am Markt haben die meist sehr modernen, voll auf die Bedürfnisse junger Reisender eingestellten Unterkünfte innerhalb kürzester Zeit eine innovative und an vielen Standorten führende Rolle übernommen. Der Trend hält an: Weiterhin entsteht jedes Jahr eine Vielzahl neuer, privat geführter Jugendhotels und Hostels in allen größeren Städten in Deutschland und ganz Europa, während gleichzeitig ein schleichender Rückzug der gemeinnützigen Betreiber aus der Schulfahrtenszene zu beobachten ist.

Was die Gewerblichen besser können – und was nicht

Um erfolgreicher zu sein, mussten die gewerblichen Akteure von Anfang an ein besseres Angebot haben. Diese Angebote waren und sind vor allem flexibler. Wie lange eine Gruppe bleiben wollte, entscheidet nicht der Herbergsvater, sondern der Kunde. Ebenso bestimmen die Gäste selbst, ob Vollpension, Halbpension oder nur Frühstück gewünscht ist. Die Erfüllung neu aufkommender Bedürfnisse wie Mehrbettzimmer mit eigenem Bad, ein modernes Design, Gäste-Internet und 24-Stunden-Services waren Innovationen vor allem der privaten Anbieter.

Schülergerechte Speiseangebote, Buffet zum Frühstück und Abwechslung beim Abendessen, eine Lehrer-Lounge oder der vermittelte Disco-Besuch entsprachen den Schüler- und Lehrerwünschen offenbar mehr als die Selbstbeschränkung auf den hauseigenen Pädagogen.

Durch modern organisierte Arbeitsabläufe, effizient geplante Gebäude und große Bettenanzahl konnten wettbewerbsfähige Preise bei optimierter Qualität angeboten werden. Diese attraktive Unterkunfts- und Servicequalität bei gleichzeitig flexibleren Angebotsformen lassen die gewerblichen Anbieter ihren Siegeszug im Schulfahrtenmarkt jedenfalls bis heute fortsetzen.

Was können die gemeinnützigen Unterkunftsbetreiber besser? Sie haben mitunter beeindruckende Standorte sowohl in Städten als auch in landschaftlich einmaligen Lagen. Das können die mittelalterliche Burg, ein ehemaliges Kloster oder ein Haus direkt an der Düne sein.

In manchen Lagen vor allem im ländlichen Raum, die für einen gewerblichen Betrieb nur bedingt attraktiv sind, haben die Gemeinnützigen darüber hinaus teilweise noch heute ein Monopol. Wenn Sie auf eine solche Region als Reiseziel festgelegt sind, können die gemeinnützigen Unterkünfte also auch heute noch unter Umständen alternativlos sein.

Mehr als Bett und Tisch: Unterkünfte als Full-Service-Akteure

Moderne »Jugendhotels«, wie die gewerblichen Häuser sich oft nennen, sind heute weit mehr als bloße »Bett-&-Brötchen-Anbieter«, wie sie von der gemeinnützigen Konkurrenz in der Vergangenheit manchmal despektierlich betitelt wurden.[26]

So arbeiten alle großen Hostelbetreiber mit Programmspezialisten zusammen, die vom Erlebnispädagogen über den Gedenkstätten- und Museumsdienst bis hin zur Schülerdisco ein für Alter, Budget und Bildungsschwerpunkt maßgeschneidertes Programm aufstellen können.

Falls nicht ohnehin bereits ein Schulfahrtenveranstalter einen Teil der Organisation übernimmt, braucht es oft die Hilfe und Unterstützung von Hostel oder Jugendhotel, um in der Hochsaison ohne langes Schlangestehen Zugang zu den Gedenkstätten oder Sehenswürdigkeiten zu bekommen, die auf dem Wunschzettel der meisten Gruppen stehen. Auch kennen sich die Mitarbeiter der Unterkünfte vor Ort in der Regel mit den Sonderbedürfnissen von Schulklassen aus. Sie sind in der Lage, Guides bereitzustellen, die genügend Erfahrung mit Schülergruppen haben. So können sie das jeweilige inhaltliche Ziel eines Fahrt-Bausteins erleb- und begreifbar machen. Die Gewerblichen können also durchaus effektiv auch aus pädagogischer Sicht zum Gelingen der Reise beitragen.

Die Bereitstellung von Lunchpaketen für Heerscharen von hungrigen Schülern oder wahlweise Mahlzeiten vom Buffet, alles inklusive Getränke, zeichnet ebenso ein gutes Hostel aus, genauso wie die Berücksichtigung aller denkbaren Allergien und Unverträglichkeiten. Jede gute Jugendunterkunft ist zudem in der Lage, einen Raum für Vor- oder Nachbereitungen zur Verfügung zu stellen – einschließlich Beamer und Flipchart oder den Fernseher für die Skikurs-Nachschau, in der Regel ohne Extrakosten.

Damit leisten die Gewerblichen vieles, das sonst nur Hotels zu bieten haben. Ihnen haben sie außerdem ihre fachliche Spezialisierung auf Jugendreisen voraus. Doch manchmal kann auch ein Hotel eine gute Wahl sein, weshalb wir uns auch mit dieser Kategorie gewerblicher Unterkünfte kurz beschäftigen wollen – obwohl diese Anbieter im Gegensatz zu Jugendherbergen, Schullandheimen und Jugendhotels oder Hostels nicht »vom Fach« sind.

Alternative Hotel: Geht nicht? Geht doch!

So ein Hotel, ein bisschen in die Jahre gekommen, ist für Jugendliche ja immer noch gut. Es muss ja nur preiswert sein, dann wird das sicher angenommen. Duschen sind ja auf jedem Zimmer, das ist im Vergleich zu manchen Jugendunterkünften mit Etagenduschen doch schon Luxus. Und ein Fernseher ist auch da. Dass der Teppichboden nicht ganz taufrisch ist, mit ein paar hartnäckigen Flecken, dass die Tapeten vergilbt, der Chrom an den Badarmaturen abgeblättert und ein paar Fliesen ausgebrochen sind, das wird doch die jungen Leute nicht wirklich stören. Und die paar Stammgäste, Bauarbeiter auf Montage, werden sich wohl auch von den Teenies nicht belästigt fühlen.

So denkt mancher Hotelbesitzer, wenn der Sanierungsstau überhandnimmt. Für Jugendliche, so die Vorstellung, reicht es immer noch. Und manchmal geht solchen Anbietern sogar jemand auf den Leim. Wer sich für ein, nun ja, etwas heruntergekommenes Hotel für die Klassenfahrt entscheidet, kann zwar Glück haben. Natürlich kann ein solches Haus gut gelegen sein, das nette Betreiberpärchen zuvorkommend und freundlich die Gäste empfangen, mit viel Liebe leckeres Essen zaubern und sich tolerant und serviceorientiert gegenüber Schülern und Lehrern zeigen. Das gibt es, sicher. Erwarten sollte man es aber lieber nicht. Stattdessen sollte man vorsichtshalber besser mit Dreck, mit beschädigtem, abgewohntem, ungepflegtem Inventar, mit mangelhaftem Brandschutz, nicht vorhandenen Fluchtwegen, unvollständiger Notbeleuchtung, Discounter-Aufbackbrötchen und Nudeln mit Tomatensauce im Wechsel mit Tomatensauce mit Nudeln rechnen.

Hotels mit Sanierungsstau sind für Klassenfahrten ungeeignet. Nicht zu verwechseln sind sie jedoch mit Hotels in manchen Regionen und Städten Europas, wo die Beherbergung von Klassenfahrten-Gästen aus gutem Grund vollkommen normal ist.

Tipp: Vorsicht vor älteren, klassischen Hotels, die mit ihrer Affinität für Jugendgruppen werben – oft handelt es sich um in die Jahre gekommene Häuser mit Sanierungsstau, aber ohne Spezialkompetenz für Jugendgruppen, die ihre Betten füllen müssen. Im Zweifel immer gründlich prüfen, vielleicht sogar mit einem Testbesuch.

Die Saison für Urlauber beschränkt sich in manchen Regionen Südeuropas auf die kurze Zeit von Mitte Juni bis Ende August. Im Frühjahr sowie im Spätsommer und Herbst ist in den Urlaubsregionen Kroatiens, an der Adria oder in der Toskana, am Gardasee oder an der Côte d'Azur nämlich nicht viel los. Außerhalb der Ferienzeiten müssen sich die Tourismusmanager mühen, die unzähligen Gästebetten in ihren Städten zu füllen, die oft vorwiegend vom Tourismus leben. Das tun sie auch: mit Saisoneröffnungsfahrten der Busreiseveranstalter oder mit Werbeverkaufsfahrten, die tatsächlich oft immer noch mit dem sprichwörtlichen Heizdeckenverkauf subventioniert werden. In der Vor- und Nachsaison gibt es außerdem Studienreisen der Volkshochschulen, Leserreisen von Zeitungen und Billigreisen vom Discounter, aus dem Kaffeeketten-Laden oder von der Tankstelle.

Und zwischen all diesen Reiseformen außerhalb des Mainstream-Tourismus der Hauptsaison ist in den Nebenzeiten auch noch eine Menge Raum für Klassenfahrten. Zum Glück, denn in vielen klassischen Urlaubsregionen gibt es oft nur wenige dezidierte Jugendunterkünfte. Zu kurz wäre deren Saison, vor allem am Meer. Stattdessen decken die vielen Hotels, Pensionen und natürlich auch Ferienparks und Apartmentanlagen diesen Bedarf. Diese Hotels und andere gewerbliche Unterkunftsformen stellen sich in der Nebensaison bestmöglich auf die jugendliche Klientel ein – und in der Regel funktioniert das auch sehr gut.

Die Vermarktung dieser Anbieter ist professionell; häufig bieten sich ihre Kapazitäten über die kommerziellen Schulfahrtenveranstalter an. Für passende Programmangebote wie Erlebnispädagogik oder jugendgerechte Guides und Touren werden Partner vor Ort einbezogen. Denn auch für Bootsführer, Surfschulen und andere vom Tourismus abhängige Betriebe bis hin zu Kellereien und anderen Erzeugerbetrieben, die Führung und Verkostungen anbieten, sind die saisonverlängernden Schulgruppen ein willkommenes Publikum.

Die Alternative Hotel ist in den klassischen Urlaubsregionen Europas also eine für alle Beteiligten sinnvolle Konstellation. Das Angebot an freien Betten und die Nachfrage an Klassenfahrten werden hier optimal zusammengeführt – und ermöglichen Schülern und Lehrern oft ein besonders komfortables Reiseerlebnis jenseits der üblichen Herbergsromantik.

Anders stellt sich die Situation in Paris, Rom, London, Barcelona, Venedig und anderen Metropolen dar, wo Hotels aus ganz anderen Gründen eine sinnvolle Alternative sein können. Dort ist das Angebot an Jugendunterkünften einfach zu gering, um der großen Nachfrage gerecht zu werden.

Diese Situation müsste eigentlich dazu führen, dass neue, jugendgerechte Unterkünfte entstehen. Weil aber auf knappen Baugrundstücken zu astronomischen Preisen Investoren mit »richtigen« Hotels oder Wohnblocks bessere Renditen erzielen können, entstehen eher wenige neue Jugendunterkünfte. Seit einigen Jahren entdecken zwar zunehmend die großen Hostel-Betreiber die Metropolen für sich und entwickeln auch hier und da trotz der hohen Investitionen eigene Projekte. Um den Bedarf wirklich zu decken, reicht das Angebot aber trotzdem bei Weitem nicht.

Das Ergebnis: In Europas Metropolen übernachten auch Jugendgruppen häufig in Hotels. Je nach Stadt ist die Struktur unterschiedlich: In französischen Metropolen, allen voran in Paris, sind es häufig die Low-Budget-Hotels des europäischen Marktführers Accor, die die meisten Klassenfahrten-Gruppen beherbergen. In Rom zum Beispiel hat sich rund um den zentralen Bahnhof Termini eine Ansammlung einfacher und damit günstigerer Hotels entwickelt, die häufig Jugendliche aufnehmen.

Einzig Berlin bildet unter den europäischen Metropolen eine Ausnahme: Dort ist das Angebot an jugendaffinen Unterkünften recht groß – allein schon deshalb, weil Europas größte Hostel-Betreiber ihren Ursprung in Berlin haben und dort mit etlichen großen Häusern vertreten sind.

Tipp: In klassischen Urlaubsregionen wie der Côte d'Azur, der Toskana oder am Gardasee sowie in den meisten europäischen Metropolen herrscht oft ein eklatanter Mangel an spezialisierten Jugendunterkünften. In diese Lücke springen viele Hotels mit günstigen Angeboten. Besonders für diese Reiseziele gilt deshalb: Hotel geht sehr wohl – und oft überraschend günstig!

14. Selbst ist der Schüler Selbstversorger-Unterkünfte

Selbstversorgung ist keine Sparmaßnahme

Selbst kochen klingt zunächst und vor allem nach: Geld sparen. Ein verständliches Motiv – in Bezug auf Selbstversorger-Klassenfahrten aber definitiv das Falsche. In der Regel stehen der Aufwand, der für eine Klassenfahrt mit Selbstversorgung zu betreiben ist, und die mögliche Kostenersparnis nämlich in keinem sinnvollen Verhältnis.

Sich für eine Unterkunft mit Selbstversorgung zu entscheiden sollte eher eine Frage der Einstellung sein – also vor allem auf die Zielsetzung der Klassenfahrt einzahlen. Gruppen, denen Gemeinsamkeit und Unabhängigkeit wichtig sind und denen es Spaß macht, beim gemeinsamen Kochen und anschließenden Essen den Tag Revue passieren zu lassen, und die am Ende sogar noch Freude an der verbindenden Kraft eines gemeinsamen Abwaschs haben, können in einem guten Selbstversorgerhaus die beste aller Klassenfahrten verbringen.

Aus dieser Beschreibung ergibt sich bereits: In der Regel werden es eher ältere, reifere Schüler sein, für die diese Form der Klassenfahrt infrage kommt.

Selbstversorgerhäuser für die unterschiedlichsten Gruppengrößen findet man vor allem auf einschlägigen Internetportalen, die im Anhang zu diesem Buch aufgeführt sind. Auch eine einfache Google-Suche für die Region liefert in der Regel reichlich Optionen. Das umfangreiche Angebot ist der Beweis: Die Nachfrage ist groß. Gerade in den favorisierten Klassenfahrten-Monaten Mai/Juni und September/Oktober kann die Verfügbarkeit daher ein echtes Problem sein.

Häufig sind die Selbstversorgerhäuser in die Jahre gekommene Gasthäuser und Pensionen, bei denen sich die für den Weiterbetrieb erforderlichen Investitionen nicht mehr gelohnt hätten. Manchmal wollten oder konnten die Eigentümer aus Altersgründen und mangels Nachfolgeregelung aber auch einfach nicht weitermachen – oder beides. Deswegen sind Selbstversorgerhäuser selten neu, sondern meist ein wenig »angestaubt«; mit einfacher Ausstattung und einer gewissen Patina, dafür aber oft auch mit dem gewissen Charme und abgesehen vom Alter der Einrichtung in einem guten Pflegezustand.

Bei der Entscheidung, welches Haus nun das richtige ist, sind vor allem Lage und Umgebung zu bewerten. Wichtig ist aber auch die Ausstattung der Küche, denn sie bildet das Herz einer jeden Selbstversorger-Reise. Sind ausreichend Equipment und die notwendigen, funktionsfähigen technischen Gerätschaften verfügbar?

Die Zimmer sind in aller Regel schon älter und vielleicht etwas rustikal. Solange die Sicherheit gewährleistet ist, werden sich überzeugte Selbstversorger daran kaum stören. Kritische Fragen zum Brandschutz, also zu Feuermeldern, Brandabschnittstüren in Fluren und Treppenhäusern und zu vernünftig konzipierten Fluchtwegen sind jedoch absolut legitim. Idealerweise gilt auch hier: Wer die Unterkunft vorher in Augenschein nimmt, ist auf der sicheren Seite.

Die Klassenfahrt als Selbstversorger kann sehr reizvoll sein – bei guter Vorbereitung. Eine enge Absprache mit dem Betreiber des Hauses ist absolut entscheidend, damit vor Ort keine unangenehmen

Überraschungen die Freude trüben. Empfehlenswert ist in jedem Fall, vorab zu klären, welche Grundausstattung mit Geschirr und Grundnahrungsmitteln oder Gewürzen im Haus möglicherweise schon vorhanden ist. Einige Anbieter scheuen sich auch nicht, vorab den Einkauf nach übermitteltem Einkaufszettel zu übernehmen, damit die Gruppe bei Ankunft gefüllte Kühlschränke und Regale vorfindet und am ersten Tag keine Zeit mit der Suche nach dem Supermarkt verschwenden muss.

Aus Kostengründen macht es in der Regel keinen Sinn, alle benötigten Lebensmittel und Utensilien mitzuschleppen. Bezahlt werden müssen die Nudeln so oder so, egal ob der Supermarkt in Wanne-Eickel oder in der Toskana liegt. Die Preisunterschiede sind im Rahmen des Gesamtbudgets in der Regel zu vernachlässigen. Nehmen Sie dennoch eine Ausstattung an Grundnahrungsmitteln von zu Hause mit, beachten Sie, dass dafür im Transportmittel entsprechend Gepäckraum nötig ist. Weil Konserven, Getränke und Kartoffelsäcke eine hohe Dichte aufweisen, kommen so schnell einige Zentner Gewicht zusammen. Klären Sie deshalb vor allem bei Busreisen unbedingt mit dem Busunternehmen ab, wo die Grenzen sind, damit Sie am Tag der Abfahrt keine Überraschung erleben.

Tipp: Damit die Selbstversorgung vor Ort reibungslos funktioniert, ist die Einkaufsplanung entscheidend. Recherchieren Sie unbedingt schon im Vorfeld, wann und wo in der Umgebung der Unterkunft sich Supermarkt, Wochenmarkt oder vielleicht sogar Landwirte mit Direktvermarktung befinden.

Ein Begleitfahrzeug (etwa ein kleiner Transporter) ist für Selbstversorger-Fahrten eine enorme Erleichterung – sowohl für den Transport von mehr oder weniger unverzichtbaren Utensilien als auch für den Einkauf vor Ort. Ist die Anfahrt weit, ist ein Mietwagen vor Ort eine gute Alternative. Im Süden Europas, vor allem in Spanien, sind Mietwagen in der Regel überraschend günstig, wenn sie frühzeitig gebucht werden. Da lohnt die weite und teure Anfahrt, meist auch noch mit Maut und Autobahngebühren verbunden, kaum. Eine erwachsene Begleitperson ist als Fahrer des Begleitfahrzeugs zudem auf Hin- und Rückreise gebunden.

Bungalows oder Apartments im Ferienpark

Eine Alternative zu Selbstversorger-Häusern können Bungalows oder Apartments in Ferienparks sein. Sie haben einige Vorteile – vor allem eine zentrale Infrastruktur, wie Bade- und Grünanlagen unter Glas, die den Aufenthalt wetterunabhängig komfortabel machen und Langeweile ausschließen sollen.

Die Parks verfügen meist über Badeparadiese mit Wasserrutschen, Palmen, Grotten und Liegeterrassen, dazu über Shopping- und Restaurantstraßen. Einige Parks haben neben »Aqua« auch ergänzend »Terra« zum Thema, mit kleinem Urwald und allerhand tierischen Bewohnern. Andere setzen auf ausgedehnte »Natur«, ein üppiges Wellnessangebot oder sportliche Aktivitäten. Viele der künstlichen Welten liegen an Gewässern, in idyllischen Höhen- oder in friedlichen Waldlagen. Allein schon die meist themenunabhängig vorhandenen, vor Wind und Wetter hinter Stahl und Glas zuverlässig von der Unbill des Klimas abgeschirmten Erlebnisbäder sind ein Garant für Vorfreude bei vielen Schülern.

Der größte Vorteil der Ferienparks liegt angesichts der typischen Klassenfahrtmonate im Frühjahr und Herbst auf der Hand: Drohende Wetterkapriolen verlieren hier ihren Schrecken.

Wie bei den Hotels in manchen Ferienregionen liegt es natürlich auch im Interesse der Ferienpark-Betreiber, die Saison zu verlängern, indem sie sich für Schülergruppen öffnen. Allein der europäische Marktführer, unter dessen Dach viele der bekannten Ferienpark-Marken geführt werden, hat beeindruckende 277 Reiseziele in seinem Portfolio. Dort wollen über 200.000 Betten in mehr als 44.000 Ferienhäusern und Apartments mit Gästen gefüllt werden – idealerweise das ganze Jahr über.[27] Nicht zuletzt aufgrund der Marketing-Power der Betreiber finden sich in den Katalogen der Schulfahrtenanbieter meist zahlreiche Vorschläge für Klassenfahrten mit Unterbringung in Selbstversorger-Apartments in fast allen Winkeln Europas.

Mit einem authentischen Erlebnis der Gastregion durch das Eintauchen in fremde Kulturen aber hat eine solche Klassenfahrt in der Regel eher wenig zu tun. Oft bleiben zudem die zuvor bestehenden Cliquen in den Bungalows eher unter sich, sodass sich auch der Austausch innerhalb der Klasse in Grenzen hält und der Sozialverhalten fördernde Faktor der Klassenfahrt eingeschränkt sein kann.

15. Airbnb-Feeling inklusive Gastfamilien

Heimat fern der Heimat?

»Live like a local« ist mehr als nur ein Trend. Für viele Menschen ist es fast schon eine Lebenseinstellung. Alle wollen den Touristenströmen, den Horden, die die bekanntesten Orte der Welt bevölkern, ausweichen. Tatsächlich aber wollen alle die gleichen Orte sehen, denn die sind nun einmal besonders: besonders schön, besonders spektakulär, besonders kunstvoll, besonders sehenswert eben oder manchmal auch einfach nur besonders bekannt.

Wollen Sie wirklich den Eiffelturm, das Kolosseum, den Big Ben, das Brandenburger Tor oder die Porta Nigra *nicht* sehen, nur weil alle anderen auch da sind?

Reisen wie ein Tourist und wohnen wie ein Einheimischer müssen sich aber nicht ausschließen. Mit Airbnb als unangefochtenem Marktführer hat sich ein komplexes System etabliert, mit dem Angebot und Nachfrage bei Unterkünften geschickt und durchdacht zusammengebracht werden.

Für Klassenfahrten sind Airbnb und andere smarte Vermittlerplattformen aber (noch) nicht wirklich ideal. Zwar sind hier und da auch Selbstversorgerhäuser in Schulklassengröße zu finden, aber nicht in nennenswerter Zahl. Eine Alternative mit Airbnb-Feeling ist aber die Unterbringung in Gastfamilien.

Wann eine Gastfamilie Sinn macht – und wann eher nicht

Lange bevor es Airbnb gab, gab es bereits Gastfamilien. Besonders für den Erwerb von Sprachkompetenz ist es ideal, auf Zeit gemeinsam unter einem Dach mit Muttersprachlern zu leben. Vor allem in England ist das Gastfamilien-System sehr verbreitet. Angebote gibt es vereinzelt auch für Frankreich; in Deutschland und anderen europäischen Ländern sind sie recht dünn gesät.

Klassenfahrten mit Gastfamilien-Aufenthalt führen also in aller Regel nach England. Die Tour in Eigenregie zu organisieren ist schwierig. Einige Schulfahrtenveranstalter (und zwar ausdrücklich nicht nur die großen, bekannten Marken) haben Klassenfahrten mit Gastfamilien-Unterbringung im Angebot. Alle Anbieter versprechen unisono die Unterbringung in »ausgesuchten Gastfamilien«. Wer nach welchen Kriterien wen aussucht, bleibt jedoch leider meist offen. Die Auswahlkriterien werden in den Katalogen selten ausführlich dargestellt, obwohl die Gastfamilien in England, jedenfalls bei Sprachreisen-Veranstaltern, den strengen Kriterien des »British Council« entsprechen müssen. Vor dessen Inspektoren haben die Reiseveranstalter auch den gebotenen Respekt. So sollten die erwachsenen Mitglieder jeder Gastfamilie zum Beispiel den obligatorischen »DBS Check«[28] nachweisen.

Es hilft aber nichts: Ohne Vertrauen in Erfahrungen und Expertise des Anbieters geht es nicht. Was nicht davor schützt, dass einzelne Schüler sich, bei aller Mühe der vor Ort verantwortlichen Agentur, in ihrer jeweiligen Familie sehr unwohl fühlen. Es ist ja auch nicht einfach: Toast mit Marmelade, vielleicht noch Cornflakes zum Frühstück – mehr kommt selten auf den Tisch. Für den Tag ist das Lunchpaket mit Toastbrot-Sandwich, Chips und süßem Riegel Standard, ebenso üblich ist Leitungswasser statt Mineralwasser zu den Mahlzeiten. So diese denn gemeinsam stattfinden, was häufig nur am Wochenende der Fall ist.

Sozialromantik ade! Die Gastfamilie als Kleingewerbe-Betrieb

Die privaten Gastgeber kommen aus allen Bereichen der Gesellschaft, genauso, wie es bei den Teilnehmern einer Klassenfahrt auch der Fall ist. Die Gastfamilien sind englische Realität und ein Querschnitt dessen, wie der durchschnittliche englische Teenager auch aufwächst, wenn er nicht gerade aus wohlhabendem Hause stammt.

Das ältere Ehepaar, die Kinder erwachsen und aus dem Haus, ist die klassische Gastfamilie. Ebenso finden sich häufig alleinstehende Damen, die mit Sprachreisen-Schülern oder eben auch jungen Menschen auf Klassenfahrt einerseits von Zeit zu Zeit etwas Leben im Haus haben wollen, zusätzlich aber eben auch: Einkommen. Wer glaubt, Gastfamilie zu sein sei nur etwas für Idealisten, der irrt meist.

Das soll nicht heißen, dass es den Gastfamilien nur um den Kommerz geht. Mitnichten. Im Rahmen ihrer – manchmal nur bescheidenen – Möglichkeiten sind sie meist sehr reizende und authentische Gastgeber.

Willkommen bei den Flodders – die Gastfamilie ohne Niveau

Wenn die Gastgeberin morgens nicht aufsteht, der junge Gast sich das magere Frühstück erst einmal selbst im Kühlschrank zusammensuchen muss, das hoffentlich überhaupt vorgefundene Toastbrot schon etwas älter und die Marmelade ebenso wie diverse andere Lebensmittel gerade leer sind und auch sonst so einiges im Haushalt nicht so funktioniert, wie man das erwarten würde – dann ist das zunächst einfach Pech. Gemeinsame Mahlzeiten sind in derlei Häusern ohnehin eher selten. Wenn gegessen wird, läuft der Fernseher – wie er eigentlich immer läuft. Die Zimmer sind klein, die Treppen steil, die sanitären Anlagen weder strahlend weiß noch geräumig, und Sauberkeit ist ein relativer Begriff.

Wenn es aber gar nicht geht, die Zustände unerträglich sind oder die Chemie zwischen Gastgebern und Gast überhaupt nicht stimmt, dann hilft nur: Schüler informieren Lehrer, Lehrer informieren den Reiseveranstalter, der wiederum informiert seine Gastfamilien-Agentur vor Ort. Die sucht das Gespräch, beschwichtigt wahrscheinlich und rät zum Durchhalten.

Bei grenzwertigen Gastfamilien gibt es eigentlich nur zwei Alternativen: entweder wirklich durchhalten, an der Aufgabe wachsen und im Anschluss einiges zu erzählen haben. Oder aber: auf Auszug und andere Unterbringung pochen, ohne Wenn und Aber und sofort.

16. Abgefahren? Zelt, Baumhaus, Zirkuswagen

Wer den Mut hat, sollte es wagen!

Es muss nicht immer die klassische Jugendunterkunft sein. Die Entscheidung für eher »einfache«, naturnahe Unterkünfte muss nicht unbedingt dem Budget geschuldet sein. Abenteuerlust oder die Freude am rustikalen Leben auf Zeit und im Einklang mit der Natur, sind gute Argumente für ein Zeltlager. Der Wunsch, die Reizüberflutung zu reduzieren und vorübergehend Konsumverzicht zu betreiben, lassen Gruppen auch gern ins Waldjugendlager mit einfachen Hütten ohne viel Komfort fahren. Die Vorstellung vom Gemeinschaftserlebnis in rustikaler Umgebung, mit Lagerfeuerromantik und Kakao aus Blechtassen zum Frühstück, ist doch schön? Mancherorts soll es sogar WLAN geben …

Wer sich für seine Gruppe so etwas vorstellen kann, der sollte es ausprobieren! Zu oft fehlt wohl der Mut, sich auf unbekanntes Terrain zu begeben und auf gewohnten Komfort zu verzichten. Das Wetterrisiko wird gern als Hürde angeführt. Vielleicht findet sich auch einfach kein Kollege, der sich die Nächte auf harten Zeltböden und Gemeinschaftsduschen am Morgen antun möchte. Doch die Überzeugungsarbeit, vor allem natürlich bei den Schülern, ist die Mühe allemal wert. Nur Mut! Viele Schüler sind im Nachhinein begeistert, weil das Leben mit der Natur und der Verzicht auf alltägliche Annehmlichkeiten für sie eine ganz neue Erfahrung ist.

Vielfältige Möglichkeiten

Manche Unterkunftsvarianten sind wirklich abgefahren: Auf Klassenfahrt kann man im ehemaligen Wasser- oder Leuchtturm, in Tipi-Zelten oder Baumhäusern, in Köhler-Hütten oder auch in mongolischen Jurten wohnen.

Auch ein »schwimmendes Dorf«, also Hütten über dem Wasser mit einem Schäferwagen für die Lehrer, ist im Angebot.

Ein riesiges tropisches Badeparadies in der größten freitragenden Halle der Welt bietet Übernachtungen im Safari-Zelt im Sand, inmitten eines künstlichen Urwalds mit ebenfalls künstlichem Sandstrand – beheizt, wohlgemerkt! Das alles gibt es in Deutschland.

Auch Schiffe aller Art dienen als fahrbares oder auch statisches Quartier, vom Plattbodenboot über Segelboote, Hausboote bis hin zu Motorseglern an den Mittelmeerküsten. Die Übernachtung in Zirkuswagen, alten Eisenbahnwaggons, Bauwagen und, vor allem in Südeuropa, in Mobilheimen auf Campingplätzen sind weitere Ideen, die sich tatsächlich umsetzen lassen.

Teil IV

Schulfahrten-Veranstalter

17. Einmal mit Profis arbeiten! Schulfahrten-Veranstalter und was sie leisten

Was ist ein »Schulfahrten-Veranstalter«?

In allen anderen Segmenten des Reisemarkts sind sie eine Selbstverständlichkeit, bei Klassenfahrten noch immer nicht allen bekannt: professionelle Reiseveranstalter, die genau auf diese Art von Reise spezialisiert sind.

Ein Schulfahrten-Veranstalter ist ein Unternehmen, das einerseits die Kunden von Klassenfahrten, also Lehrer oder auch Eltern, mit den speziellen Leistungsträgern vernetzt, die zum Gelingen erforderlich sind. Dabei fügt der Veranstalter einzelne Reiseleistungen zu Paketen zusammen und steht für dieses Leistungspaket in seiner Gesamtheit ein. Andererseits organisiert ein solcher Veranstalter auf der Grundlage eines Vertrags mit seinen Kunden auch die gesamte Vorbereitung und die vereinbarte Durchführung der Klassenfahrt.

Damit übernimmt der Veranstalter einen großen Teil der Arbeit und vor allem der Verantwortung für den Erfolg der Klassenfahrt und gewährleistet die sichere, auch: rechtssichere Realisierung der Tour.

Tatsächlich gehört – neben der Entlastung für die verantwortlichen Lehrer oder Eltern – die Rechtssicherheit zu den zentralen Unterschieden zwischen einer selbst organisierten Klassenfahrt und der Zusammenarbeit mit einem Reiseveranstalter. Wer nämlich letztlich in welchen Fällen »Reiseveranstalter« im Sinne der geltenden Gesetzgebung und im Sinne der seit 2018 geltenden EU-Pauschalreiserichtlinie ist, darüber lässt sich im Einzelfall trefflich streiten – es sei denn, es ist ein professioneller Reiseveranstalter im Spiel. Dann ist die Frage, wer denn nun der Reiseveranstalter ist, nämlich eindeutig geklärt: der Profi, der diese Rolle bereits im Namen trägt.

Wozu eigentlich ein Profi?

Die Vorteile einer solchen Zusammenarbeit gehen jedoch oft weit über die Aspekte Entlastung und Rechtssicherheit hinaus. Professionelle Veranstalter können zum Beispiel Kapazitäten in Unterkünften anbieten, die eigentlich keine mehr haben. Denn die Veranstalter treffen bisweilen »Kontingentvereinbarungen« mit den Unterkünften, die dann auch garantiert zur Verfügung stehen. Die Unterkunft reserviert dem Veranstalter im Rahmen dieser Vereinbarungen zu bestimmten Terminen oder sogar durchgehend für eine gesamte Saison einen fest definierten Teil ihrer Bettenkapazitäten. Der Veranstalter kann diese Kapazitäten dann exklusiv für seine Kunden nutzen. Manche Häuser überlassen sogar ihre gesamten Kapazitäten einem Veranstalter, übertragen diesem also den gesamten Vertrieb.

Natürlich ist es Ansichtssache, ob man die Dienste eines der vielen Klassenfahrten-Anbieter beansprucht oder die Fäden in der Hand behält und das »Gesamtprojekt Klassenfahrt« vollständig selbst organisiert. Vertreter der Do-it-yourself-Klassenfahrt begründen ihre Wahl oft damit, dass für sie eine »Reise von der Stange« nicht in Frage kommt. Sie legen Wert auf eine individuelle, passgenau auf die vorher definierten Bedürfnisse und Ziele abgestimmte Fahrt. Doch genauso wie die angestrebte Individualität bei einer selbst organisierten Fahrt auch bei viel Erfahrung nicht automatisch gewährleistet ist, genauso steht der Reiseveranstalter nicht zwingend für lieblose Massenware. Die meisten Veranstalter können durchaus Konzepte nach Maß bieten und werben sogar genau damit.

Keine Frage: Wer alles selbst macht, hat natürlich auch über jeden Aspekt und jeden Schritt der Reise die Kontrolle. Klassenfahrt-Veteranen mit viel Erfahrung haben es natürlich leichter. Anfänger hingegen sehen oft rot, wenn sie feststellen, was die Organisation einer Klassenfahrt neben Elternabend, Informationsbriefen und Geldflüssen hinaus noch so alles beinhaltet. Selbst mit Checklisten und Vordrucken und all der Hilfestellung aus diesem Buch muss jedem Hobby-Touristiker klar sein: Eine Klassenfahrt komplett selbst zu organisieren ist eine Menge Arbeit.

Doch die viele Arbeit ist nur ein Grund, warum viele sich lieber an einen Profi wenden. Auch wer Bedenken ob der vielen Fallstricke und Unsicherheitsfaktoren bei Organisation und Rechtssicherheit hat, legt das Projekt Klassenfahrt gern in professionelle Hände. Risiken gibt es schließlich genug. Um nur einige zu nennen: Ist das Busunternehmen tatsächlich richtig ausgewählt und die Fahrtstrecke realistisch geplant, um alle Vorschriften zu Lenk- und Ruhezeiten auch wirklich einzuhalten? Taugt der Bus technisch, und ist der Fahrer für die besonderen Anforderungen einer Klassenfahrt geeignet? Ist der Bahn-Gruppenfahrschein korrekt bestellt? Sind die Flüge richtig gebucht? Stimmen alle Namen, alle Passdaten? Was ist mit den Visa, auch die der Kinder mit ausländischen Pässen? Was ist bei einem plötzlichen Streik zu tun? Ist in der Unterkunft alles geregelt? Stimmen die gebuchte Bettenzahl und die Zimmeraufteilung? Werden Lebensmittelunverträglichkeiten und Allergien zuverlässig berücksichtigt? Steht das Programm? Sind Schifffahrt, Guides, Besichtigungen, Eintritte, die Kanutour und der Hochseilgarten jeweils zum richtigen Tag und zur richtigen Zeit für die richtige Anzahl von Teilnehmern gebucht? Sind die gebuchten Guides überhaupt für Kinder bzw. Jugendliche geeignet, oder wird der pensionierte Altphilologe am Ende ausgebuht? Passt das gesamte Programm eigentlich zur Zielsetzung der Fahrt, und ist die Mischung aus Pflichtprogramm und Freizeit stimmig?

Wenn Ihnen schon bei dieser Aufzählung schwindlig wird, lohnt es sich allemal darüber nachzudenken, einen Profi ins Boot zu holen.

Über allem schwebt zudem die Frage, wie es bei der gesamten Reise mit der Sicherheit bestellt ist. Von der Beförderung über die

Unterbringung bis zur Eignung der Programmpartner kann nämlich viel passieren. Dazu gehören nicht nur Unfälle, sondern auch das Risiko von Übergriffen verbaler, körperlicher oder auch sexueller Gewalt – um die *Worst-case*-Szenarien ganz offen anzusprechen. Um diese vielfältigen Risiken zu minimieren, darf der selbst organisierende Lehrer sich auf alle von ihm beauftragten Partner nicht einfach nur verlassen. Vielmehr müssen Leistungsfähigkeit und Vertrauenswürdigkeit aller Beteiligten belastbar dokumentiert und nachvollziehbar sein, damit der Organisator im Fall der Fälle bestmögliche Rechtssicherheit hat.

Ein weiterer Aspekt ist die Aktualität der eigenen Recherche – sowohl in puncto Sicherheit als auch bezüglich inhaltlicher Fragen und der Eignung der gewählten Partner vor Ort. Denn gerade in der Touristik ändern die Dinge sich manchmal sehr schnell. Durch Inhaber- oder nur Personalwechsel, vielleicht auch durch wirtschaftliche Probleme und plötzlichen Sparzwang kann sich die Qualität eines Anbieters oder einer Leistung von einem Jahr aufs nächste massiv ändern: Plötzlich sind statt Profis Hilfskräfte mit der Durchführung von Programmpunkten betraut, oder das Essen in der Unterkunft schmeckt nicht mehr.

Ein Reiseveranstalter hat für derlei Entwicklungen vor Ort feine Antennen. Jede Gruppe, die mit dem Veranstalter reist, ist ein sensibler Seismograf dafür und gibt dem Veranstalter die Möglichkeit, auf Veränderungen zu reagieren. Die Lehrer werden negative Entwicklungen vor Ort dem Reiseveranstalter ungeschminkt und unmittelbar zur Kenntnis bringen – Sie würden das auch tun, richtig? Der Veranstalter wiederum wird die gewonnenen Erkenntnisse kaum ignorieren, denn die Qualität der Reisen ist sein wichtigster Erfolgsfaktor.

Wenn also fürs Selbermachen die notwendige Sachkenntnis, die gebotene Leidenschaft oder beides fehlen oder vielleicht auch einfach nur die Zeit, um sich um alles selbst zu kümmern – dann ist die Beauftragung eines professionellen Schulfahrten-Veranstalters eine sinnvolle Lösung, um den Schülern dennoch eine perfekt organisierte Klassenfahrt bieten zu können, die für immer in guter Erinnerung bleibt.

Die Historie der Schulfahrten-Veranstalter

Bis weit in die 70er-Jahre hinein haben, jedenfalls in der alten Bundesrepublik, Lehrer ihre Klassenfahrt meist in Eigenregie organisiert. Es gab, abgesehen von Busunternehmen mit Veranstaltertätigkeit und einiger weniger Spezialisten nur sehr wenige professionell agierende Unternehmen für dieses Reisesegment. Für Lehrer in den heutigen neuen Bundesländern war ohnehin das staatliche Reisebüro der DDR bzw. Jugendtourist, das Reisebüro der FDJ, Ansprechpartner für Schulausflüge.

Erst in den 80er-Jahren, mit dem Aufkommen von Klassenfahrten nach Osteuropa, wie zum Beispiel nach Prag, wurden zunehmend Gruppenreiseveranstalter konsultiert. Grund dafür waren mangelnde Kontakte und die schwierige Kommunikation mit Unterkünften jenseits des »Eisernen Vorhangs« und die Notwendigkeit der Erledigung von Visa-Formalitäten. Auch die Teilnehmerzahlen der Klassenfahrten von Schülern aus der Bundesrepublik in die DDR stiegen in den 80er-Jahren kräftig an. Dazu trug die finanzielle Förderung durch das Gesamtdeutsche Institut in Bonn bei, auch die DDR unterstützte die Tendenz wegen der Möglichkeit zur positiven Selbstdarstellung, vor allem aber, weil Klassenfahrten aus der BRD auch dem Zwangsumtausch unterlagen und daher zur Devisenbeschaffung maßgeblichen Beitrag leisten konnten. Für die Abwicklung waren westdeutsche Reiseunternehmen involviert, die Begegnungen in der DDR organisierte das Reisebüro der FDJ.

Mit der Wiedervereinigung bot sich die großartige Chance, einen bislang abgeschotteten Quellmarkt für Schulfahrten praktisch neu zu erschließen. Großer Nachholbedarf einerseits traf auf kaum vorhandene Erfahrung zum Thema Klassenfahrten. Denn für Schulen und Lehrer der ehemaligen DDR war es kaum denkbar, eine Klassenfahrt in Eigenregie zu organisieren. Der Gang zum Reiseveranstalter war praktisch alternativlos.

Ein bis dahin vor allem in der Organisation von Gruppenreisen für Erwachsene aktives Unternehmen aus Süddeutschland hat zum Beispiel, neben anderen, die Chance frühzeitig erkannt und sich in den neuen Bundesländern zügig und effizient etabliert, mit gleichzeitiger Gründung von Tochterunternehmen beziehungsweise Übernahme bestehender Unternehmen in den neuen Bundesländern.

Die Wahl zwischen *Do it yourself* und Schulfahrten-Veranstalter ist keine Entweder-oder-Entscheidung. Als Organisator einer Klassenfahrt können Sie relativ individuell entscheiden, wie viel und welche Verantwortung und Arbeitsschritte Sie selbst übernehmen wollen und können – und an welchen Stellen Sie sich von einem Profi unterstützen lassen.

Masse statt Klasse – oder Klasse durch Masse?

Ein bekannter Süßwarenhersteller, der bei Lehrern vermutlich nicht weniger beliebt ist als bei Schülern, produziert, hübsch eingeschlagen in lilafarbenes Papier, Millionen Tafeln Schokolade. Jeden Tag! Stellen Sie sich vor, davon wäre auch nur eine einzige Tafel schlecht: Die Konsequenzen für das Unternehmen wären katastrophal.

Ein großer Schulfahrten-Veranstalter, mit jährlich Hunderten, vielleicht sogar Tausenden Klassenfahrten, hätte bei Defiziten zu Qualität oder Sicherheit ähnliche Auswirkungen zu befürchten. Die mit Massenproduktion, bei Schokolade wie bei Klassenfahrten, fast zwingend einhergehenden möglichen Konsequenzen aus mangelhafter Leistung sorgen also fast schon zwingend für ein hohes Qualitätsniveau. Ansonsten würde es den betroffenen »Produzenten« recht schnell aus dem Markt katapultieren. Die Kunden würden einen Anbieter mit mangelhafter Leistung gnadenlos abstrafen.

Geht also Masse zu Lasten von Klasse, also von Qualität und Individualität? Das Geschäft großer Veranstalter ist natürlich häufig geprägt von Standardisierung der Prozesse und Abläufe. Das verträgt sich zwar nicht mit Individualität, heißt aber nicht zwangsläufig, dass die Klassenfahrt »von der Stange« schlecht sein muss. Veranstalter sind meist sehr bemüht, auf Sonderwünsche ihrer Kunden einzugehen. Das wiederum hat aber auch Grenzen, nämlich immer dann, wenn die Berücksichtigung sehr individueller Kundenwünsche mit den Standards des Veranstalters nicht in Einklang zu bringen ist.

Reiseveranstalter müssen den Arbeitsaufwand für die Abwicklung jeder Klassenfahrt im Blick behalten. Wenn dieser Aufwand aus dem Ruder zu laufen droht, wenn also der Ertrag aus einer Klassenfahrt den dafür kalkulierten Arbeitsaufwand übersteigen könnte, dann muss der Veranstalter seinem Kunden eben Grenzen setzen. Dann können Fälle wie der folgende von vornherein vermieden werden – und nein, der ist nicht so fiktiv, wie Sie vielleicht glauben!

Auf Tour mit der eierlegenden Wollmilchsau

Ute Steuer, Klassenlehrerin einer 8. Klasse, hat ein echtes Schnäppchen für ihre Gruppe gefunden. Fünf Tage mit Busfahrt, Übernachtungen in einer recht gut bewerteten Unterkunft, Vollpension, mit Kanutour, Nachtwanderung und GPS-Rallye – ein dicht gepacktes Programm. Die An- und Rückreise ist gemeinsam mit einer weiteren Gruppe vorgesehen. Das, so hat es der Reiseveranstalter erklärt, wirkt sich günstig auf den Reisepreis aus. Reisetermin ist Anfang Oktober, vor den Herbstferien. Im November wäre es deutlich günstiger, aber auch für den Termin im Oktober ist der Preis wirklich der Hammer. Das zeigt auch der Vergleich mit anderen Angeboten.

Die vom Reiseveranstalter vorgegebene Abfahrtszeit ist aber nicht die bequemste und verlangt sehr frühes Aufstehen. Das will Frau Steuer unbedingt geändert haben. Und der Umweg, um die mitfahrende Gruppe abzuholen, ist auch nicht ideal. Das müsste doch auch mit einem zusätzlichen Transferbus gehen, der diese zweite Gruppe zu einem Treffpunkt an der Strecke bringt, oder? Schließlich hat der Reiseveranstalter bestimmt Busse wie Sand am Meer auf dem Parkplatz. Die Kanutour Anfang Oktober ist bezüglich des Wetters ein gewisses Risiko. Die sollte bitte, bis zum Tag vor dem geplanten Termin, abgesagt werden können – natürlich ohne Stornokosten. Die begleitete Nachtwanderung müsste bitte unbedingt am Dienstag sein, nicht wie im Programm aufgeführt am Mittwoch. Und bitte nicht um halb neun, sondern um zehn Uhr; warum sollte das auch ein Problem sein? Die GPS-Rallye gegen ei-

nen Besuch im Erlebnisbad zu tauschen ist sicher auch machbar. Und eines der warmen Abendessen sollte lieber ein warmes Mittagessen sein, dafür an dem Tag gern abends kaltes Essen. An welchem Tag das gewünscht ist, kann sicher vor Ort entschieden werden? Und an einem anderen Tag bitte noch Lunchpakete, aber nur für die Hälfte der Gruppe, weil die ein anderes Programm hat. Die anderen nehmen dann das Mittagessen.

Übrigens, wie wäre das eigentlich, wenn wir statt fünf Tage auf vier Tage verkürzen? Dann wird der Preis doch logischerweise um ein Fünftel günstiger, oder? Entscheiden wollen wir das aber erst im Sommer … Genauso wie die Teilnehmerzahl.

Es gehört nicht viel Fantasie dazu zu erkennen, dass der Wunschzettel dieser Lehrerin ein wenig gekürzt werden muss: Auch die Möglichkeiten kommerzieller Anbieter haben ihre Grenzen. Der günstige Preis kommt natürlich nicht von ungefähr: Er rührt daher, dass bestimmte Kapazitäten bei Partnern vor Ort als Kontingente fest gebucht und langfristig eingeplant sind – und deshalb günstiger sind als üblich. Wenn nun an allen Ecken und Enden des Pakets Änderungen vorgenommen werden, ist die ursprüngliche Kalkulation bald hinfällig, und die Reise zu diesem Preis und in dieser Konstellation schlicht nicht mehr realisierbar.

Viele Schulfahrten-Veranstalter sind dennoch überraschend flexibel. Manche Unternehmen bieten zum Beispiel die Möglichkeit, dass der Auftraggeber sein bevorzugtes Busunternehmen als Wunschbeförderer ins Spiel bringt. Manche ermöglichen auch eine favorisierte Unterkunft am Zielort, falls es, wie in größeren Orten oder Regionen mit verschiedenen Übernachtungsvarianten, mehrere Alternativen gibt. Auch auf andere Sonderwünsche gehen die Veranstalter in den meisten Fällen bestmöglich ein – aber das hat eben seine Grenzen.

Jeder Sonderwunsch, jedes an der Fahrt geänderte Detail erhöht das Risiko, dass etwas schiefgeht – und eventuell auch die Kosten.

Die im Programm immer für mittwochs vorgesehene Nachtwanderung für eine Gruppe, die erst in einigen Monaten reisen wird, ausnahmsweise auf Dienstag zu verschieben, klingt harmlos. Tatsächlich löst es aber eine komplexe Kommunikationskette aus.

Das geht dann nämlich vielleicht so: Der für die Fahrt verantwortliche Lehrer denkt sich »keine große Sache« und informiert seinen Ansprechpartner beim Schulfahrten-Veranstalter über den Änderungswunsch. Der schickt ihn per E-Mail an die Unterkunft, die Leiterin der Unterkunft sagt es dem für die Nachtwanderungen zuständigen Betreuer oder vielleicht auch dessen Lebensgefährten, weil der Betreuer selbst gerade nicht erreichbar ist.

Der vergisst es erst mal. Dieses Risiko entsteht übrigens mit jedem Akteur in der Kommunikationskette immer wieder aufs Neue. Menschen vergessen eben manchmal etwas oder machen einfach hin und wieder Fehler.

Noch ist das aber kein Problem: Der für die Programmgestaltung in der Unterkunft verantwortliche Mitarbeiter ist nämlich sehr gewissenhaft und erinnert ein paar Tage später daran. Es sei denn, er kriegt zwischenzeitlich die Sommergrippe oder macht sich auf in seinen Jahresurlaub. Dann wird er den Vorgang hoffentlich an einen Kollegen weiterreichen, der wiederum gleichsam gewissenhaft sein muss. Endlich, der Nachtwanderungs-Betreuer bestätigt die Änderung. Hoffentlich guckt er auch in der betreffenden Woche rechtzeitig in seinen Kalender und denkt an diese Termin-Ausnahme. Am üblichen Mittwoch wäre es nämlich zu spät.

Zur Nachtwanderung gehört immer ein Lagerfeuer, das muss vorher aufgebaut werden. Macht der Hausmeister der Unterkunft. Der muss von der Änderung erfahren und muss noch dazu, genau wie der Lagerfeuer-Betreuer, in seinen Plan oder Kalender schauen, wenn es so weit ist. Oder er muss es an seinen Stellvertreter delegieren, falls er an dem Tag einen Zahnarzttermin haben sollte.

Für die Vorbereitung des Stockbrots, wahlweise der Marshmallows mit Schokolade und Keksen, ist die Küche der Unterkunft zuständig. Wer sonst? Auch die muss also informiert werden, damit in der betreffenden Woche am Dienstag die Zutaten vorhanden sind anstatt wie sonst am Mittwoch. Außerdem muss natürlich zuverlässig das Küchenteam erinnert werden, die Lagerfeuer-Kulinarik ausnahmsweise für den Dienstagabend vorzubereiten.

Blöd, wenn sich dann, Monate später, wenn es so weit ist, herausstellt, dass alle Beteiligten zwar zuverlässig die Planänderung bedacht haben, aber kein Holz da ist. Das geht in der Vorwoche aus, wird zuverlässig und auch rechtzeitig bestellt, allerdings mit Lieferung wie üblich am Mittwoch der Folgewoche. Reicht ja. Lagerfeuer ist ja schließlich immer mittwochs …

Wenn ein Veranstalter von konkreten Änderungen also vehement abrät, dann hat seine Wehrhaftigkeit meist auch einen vernünftigen Grund. Vertrauen Sie den Profis!

Tipp: Vertrauen Sie bei der Ausgestaltung des Programms auf die Expertise des Profis und akzeptieren Sie dessen Grenzen – dann steht einer erfolgreichen Zusammenarbeit nichts im Wege.

Vielleicht denken Sie sich: Warum die Kartoffeln im Supermarkt kaufen, wenn es auch direkt beim Bauern geht? Schließlich kann jeder die Unterkünfte, Busunternehmen und sonstigen Partner vor Ort auch selbst koordinieren.

An diesem Punkt stellt sich die grundsätzliche Frage: Wer bezahlt eigentlich die Dienste eines Schulfahrten-Veranstalters? Denn natürlich muss der Klassenfahrten-Veranstalter seine Mitarbeiter bezahlen. Er muss für Personalentwicklung und Fortbildung sorgen, um die Qualität des Teams und die damit verbundenen Leistungsversprechen garantieren zu können. Gute Mitarbeiter verlangen zu Recht nach zeitgemäßen, attraktiven Büros, deren Miete samt Nebenkosten erwirtschaftet werden muss. Dazu kommen regelmäßige Investitionen und die Wartung in eine heutzutage umfangreiche

EDV-Ausstattung. Kataloge wollen konzipiert, gestaltet, produziert und versandt, Webseiten betrieben werden.

Die Pflege der Partner in den Zielregionen, der regelmäßige Besuch der Vertragsunterkünfte, die Präsenz auf Messen, all das verursacht Kosten. Oft kümmern sich die Veranstalter sogar um Busfahrer-Weiterbildungen.

Gute Schulfahrten-Veranstalter engagieren sich im Jugendreise-Fachverband, schärfen damit ihren Blick, tauschen sich aus, erkennen Trends und Entwicklungen frühzeitig und gestalten diese mit. Von alledem profitieren am Ende die Partner des Veranstalters, vor allem aber: der Kunde.

Das alles ist nicht gratis zu haben. Steuern gezahlt werden müssen im Übrigen auch, nicht zuletzt will und muss der Schulfahrten-Veranstalter wie jedes andere wirtschaftlich geführte Unternehmen: Gewinne erwirtschaften. Moderate, zumindest.

Wer nun bezahlt eigentlich die Klassenfahrten-Veranstalter für das, was sie da so alles tun? Es sind genau diejenigen, denen der Veranstalter Arbeit und Aufwand abnimmt, also die Unterkünfte, die Bus- oder Bahnunternehmen und die sonstigen, vielfältig am Gelingen einer Klassenfahrt beteiligten Leistungsträger. Weil der Veranstalter für sie Werbung macht und damit deren eigenen Marketing-Aufwand entlastet. Diese Präsenz auf der Webseite und im Katalog eines Veranstalters hat durchaus einen großen Wert. Die Unterkunft, der Programmanbieter und alle anderen müssen nicht erst vom Kunden gefunden werden. Für das erfolgreiche Suchen, Finden und letztlich Buchen sorgt der Reiseveranstalter.

Der Veranstalter stemmt aber nicht nur einen Teil der Bereiche Werbung, Marketing und Vertrieb, sondern sorgt noch dazu für schlanke, unbürokratische Prozesse in der gesamten Abwicklung. Für den Leistungsträger heißt das: ein und derselbe Ansprechpartner, man kennt sich, spricht die gleiche (Fach-) Sprache und hat gegenseitiges Verständnis für die Belange des jeweils anderen. Rahmenverträge sorgen dafür, dass nicht für jede Anfrage eines Lehrers

Angebote erstellt, Beratungsgespräche oder Verhandlungen zu Details geführt werden müssen. Gar nicht selten gibt es sogar Online-Schnittstellen zwischen den Reservierungssystemen von zum Beispiel Reiseveranstalter und Unterkunft. Damit kann der Veranstalter ohne Umwege, bequem, sofort und ohne jedwede Verzögerung auf die Kapazitäten des Partners zugreifen und verbindlich buchen, mit Sofortbestätigung.

Der Veranstalter berät also die gemeinsamen Kunden und übernimmt den gesamten Abwicklungsprozess bis hin zur – manchmal komplexen – Abrechnung. Nicht zuletzt zahlt er die in Anspruch genommenen Leistungen zügig und zuverlässig.

Der Reiseveranstalter erhält dafür besondere Konditionen, Rabatte oder Provisionen, die dem Endkunden so nicht eingeräumt werden können. So sorgen also in erster Linie die Leistungsträger für die notwendige Wertschöpfung beim Reiseveranstalter, weswegen das beim Reiseveranstalter gebuchte Paket nicht teurer sein muss als die vom Kunden selbst veranlasste Buchung aller Einzelleistungen. Ob eine Buchung also direkt zwischen Kunde und Leistungsträger abgewickelt wird, ist vor allem eine Frage der Arbeitsteilung.

Kaum jemand käme auf die Idee, die Daseinsberechtigung von Schulbuchverlagen ernsthaft zu bezweifeln, obwohl auch Verlage ganz unstrittig Wirtschaftsunternehmen mit Gewinnerzielungsabsicht sind. Die Erzeugung, Herstellung und der Vertrieb von Schulbüchern ist nämlich alles andere als ein gemeinnütziges Projekt. Es ist ein knallhartes Geschäft. Ebenso wie das Geschäft der Hersteller von Schulmobiliar oder das von Bauunternehmen, die Schulen bauen oder sanieren.

Das alles heißt natürlich nicht, dass ein Veranstalter immer oder für Ihren konkreten Fall erste Wahl sein muss. Klassenfahrten mit überschaubarem organisatorischem Anspruch, wie die jedes Jahr gleich ablaufenden Kennenlerntage, sind natürlich problemlos ohne Veranstalter zu stemmen, wie auch der Neuanstrich des Klassenzimmers ohne Hinzuziehung eines Malerbetriebs machbar ist. Die energetische Sanierung des Schulgebäudes oder die Ertüchtigung der Brandmeldeanlage hingegen würden die Eltern einer Klasse wohl kaum in Eigenregie stemmen …

Tipp: Je mehr Grundparameter einer Reise – Entfernung, Verkehrsmittel, Unterbringung, Verpflegung, Programm – den organisatorischen Anspruch aufgrund von speziellen Bedürfnissen oder Wünschen verkomplizieren, desto ratsamer ist die Einbeziehung eines professionellen Veranstalters für Teile der Organisation oder die gesamte Reise.

Typen von Schulfahrten-Veranstaltern

Das Spektrum der Schulfahrten-Veranstalter ist vielfältig. Neben den großen und bundesweit oder regional besonders bekannten Unternehmen, die die meisten Lehrer auf Anhieb beim Namen nennen können, tummeln sich aber auch kleine, manchmal stark spezialisierte Anbieter.

Das Busunternehmen als Paketanbieter

Busunternehmern operieren häufig als Reiseveranstalter. Viele bieten ihre Dienste dabei Gruppen aller Art an, vom Vereinsausflug bis zur anspruchsvollen Studienreise einer Volkshochschule; manche richten sich aber auch ganz speziell an Lehrer und deren Klassen.

Wenn ein Busunternehmen als Veranstalter auftritt, bedeutet das: Es stellt nicht nur den Transport sicher, sondern bucht auch die Unterkunft, stellt ein Programm zusammen und bietet dieses Gesamtpaket dem Lehrer als vollständige Reise an. Die Motivation für den Unternehmer liegt in erster Linie darin, seinen Bus in Arbeit zu bringen, also sein Kerngeschäft zu fördern.

Der Busunternehmer hat aber neben der Marge für die zusätzlichen

Leistungen, die über seine üblichen Einnahmen für die Beförderung hinausgeht, noch einen weiteren Vorteil von der Eigenschaft als Veranstalter. Bei einem Paketpreis für Bus, Unterkunft und Programm ist der im Paket enthaltene Anteil für den Bus nämlich nicht mehr eindeutig ersichtlich. Damit ist der Preis für die reine »Busgestellung«, wie seine Kernleistung im Fachjargon heißt, für den Kunden nicht mehr direkt mit den Angeboten anderer Busunternehmer vergleichbar: Er ist nicht als Einzelleistung aufgeführt, sondern geht im Gesamtpaket auf. Diese Intransparenz kann für das Busunternehmen durchaus hilfreich sein, weil über Busangebote leider häufig nur anhand des Preisvergleichs entschieden wird (siehe dazu auch Kapitel 7).

Viele Busunternehmen haben für ihre Veranstalter-Tätigkeit eigene Gruppenreisen-Abteilungen, die sich um die Angebote, die Auftragsabwicklung und die Buchung aller Komponenten kümmern. Im Fokus stehen dabei meist Gruppenreisen für Erwachsene. Klassenfahrten bilden selten den Schwerpunkt, doch auch diesen Fall gibt es. Manche Busunternehmen machen es sich auch einfach und buchen das gewünschte Klassenfahrten-Paket ohne Busgestellung ihrerseits bei einem darauf spezialisierten Schulfahrten-Veranstalter, anstatt es selbst zu organisieren. Für die Beförderung wird natürlich der eigene Bus eingesetzt.

Große Schulfahrten-Veranstalter

Trotz des breiten Spektrums von Anbietern gibt es nur eine gute Handvoll wirklich großer Klassenfahrten-Veranstalter. Jedes dieser Unternehmen wickelt jedes Jahr Tausende Klassenfahrten ab, teilweise mit insgesamt sechsstelligen Teilnehmerzahlen. Manche dieser Anbieter beschäftigen mehr als hundert Mitarbeiter.

Diese Unternehmen verfügen ihrer Größe entsprechend natürlich über hohe Marketingbudgets und erfreuen sich daher bei Lehrern recht großer Bekanntheit. Verlässliche Daten zum Marktanteil dieser Veranstalter am Gesamtvolumen der Klassenfahrten in Deutschland gibt es zwar nicht; die Vermutung liegt aber nahe, dass ein Löwenanteil der professionell organisierten Fahrten auf das Konto dieser Akteure geht.

Manche der großen Schulfahrten-Veranstalter gehören sogar zu den fünfzig umsatz- und teilnehmerstärksten Tourismusunternehmen in Deutschland.[29] Obwohl viele Lehrer die Namen und Kataloge dieser Firmen kennen dürften, sind sie außerhalb der Schullandschaft dennoch eher unbekannt. Von den großen, marktbeherrschenden europäischen Tourismus-Konzernen wie TUI, Thomas Cook oder DERTour wurde das Thema Klassenfahrten bislang eher stiefmütterlich behandelt. Diese »Nische« scheint trotz ihrer Größe nicht so recht in die Wertschöpfungsketten und zur Strategie dieser Unternehmen zu passen; die wenigen Versuche namhafter Anbieter sind gescheitert. Zu speziell, mit zu vielen Eigenarten und Besonderheiten scheint das Klassenfahrten-Thema den Konzernen zu sein, weswegen auch die in der Tourismusbranche in den letzten Jahren um sich greifende Konzentration, durch Übernahmen und Kooperationen, in der Schulfahrtenbranche noch nicht angekommen zu sein scheint. Die großen Unternehmen sind deshalb weiterhin relativ stabil voneinander abgegrenzt und bestehen nebeneinander weiter.

Kleine Spezialisten

Wie in jedem Markt ab einer gewissen Größe gibt es auch am Markt der Klassenfahrten-Veranstalter Nischenanbieter, die sich in speziellen Segmenten bewegen und statt durch Masse vor allem durch ihre Spezialisierung erfolgreich sind.

Manche Anbieter legen den Schwerpunkt ihres Angebots auf einzelne Städte als Reiseziel, wie etwa Berlin, oder bieten Fahrten vor allem in bestimmte Länder an. Ebenso gibt es Spezialisten für Segeltörns auf dem niederländischen Ijsselmeer, für Klassenfahrten mit Gastfamilien-Aufenthalt oder auch mit dem Schwerpunkt Erlebnispädagogik in allen Facetten. Es gibt sogar Akteure, die mit besonders guten Kontakten zur Politik werben und darauf spezialisiert sind, Besuche politischer Institutionen auf Bundes- oder Europaebene zu ermöglichen.

Trotz ihrer Spezialisierung ist es oft nicht leicht, diese Anbieter online aus der Menge der Offerten herauszupicken; zu groß ist oft die Marketing-Power der großen »Universal-Anbieter«. Oftmals kaufen diese im Falle spezieller Wünsche der Kunden die entsprechenden Programmanteile dann aber ihrerseits bei den kleineren Spezialisten ein.

Halb und halb? Geht auch!

Lehrer oder Begleitpersonen, die nur bei einem Teilaspekt der Reiseorganisation Unterstützung suchen und andere Teile der Reise selbst bestreiten wollen, scheuen sich oft, auf einen professionellen Klassenfahrten-Veranstalter zuzugehen – in der Regel grundlos. Die Veranstalter sind Wirtschaftsunternehmen und in der Regel auch an Teilleistungen interessiert, solange diese sich mit den notwendigen Kosten-Nutzen-Erwägungen vereinbaren lassen.

Vielleicht wollen Sie ja bei der Programmgestaltung vor Ort die Dienste eines Profis nutzen, die Abwicklung mit dem Busunternehmer aber selbst erledigen, da Sie diesen schon von anderen Touren (oder aus Ihrem Tennisverein) kennen? Vielleicht brauchen Sie umgekehrt eher Hilfe beim Transport, möchten aber das erlebnispädagogische Programm vor Ort ganz individuell direkt mit dem dortigen Anbieter koordinieren, weil Sie sehr genaue Vorstellungen von der Zielsetzung der Reise haben?

Beides ist ohne Weiteres möglich – genauso wie beinahe jede andere Kombination und jeder Ausschluss von Teilleistungen. Ein Gespräch mit dem gewählten Veranstalter über Ihre Vorstellungen und Bedürfnisse sollte ganz selbstverständlich dazu führen, bestimmte

Reiseleistungen auszunehmen und selbst zu bewerkstelligen, ohne dass Ihnen etwas »aufgeschwatzt« wird.

Nur eines sollte keinesfalls in Frage gestellt werden: die formale Rolle des Veranstalters als ebensolcher. Auch wenn einzelne Reiseleistungen nicht Bestandteil seines Leistungspakets sind, sollte der Anbieter immer für seine Haftungspflichten einstehen – denn hierin liegt einer der wichtigsten Vorteile der Zusammenarbeit mit einem professionellen Veranstalter.

Qualität hat ihren Preis

Die Angebote verschiedener Schulfahrten-Veranstalter unterscheiden sich häufig nicht sonderlich stark voneinander. Sicherlich bieten manche Anbieter besondere Serviceleistungen, was einen etwas höheren Preis rechtfertigen kann. Andere sind bisweilen Eigentümer von Unterkünften oder eigenen Bussen, die sie als Veranstalter vermarkten, wodurch sie möglicherweise einen kleinen Kostenvorteil erzielen. Letztlich aber müssen alle Veranstalter ihre Leistungen einkaufen und bezahlen. Es mag Unterschiede bei den Einkaufskonditionen geben, sehr groß sind diese aber vermutlich nicht. Die Kostenstrukturen der Unternehmen sind ebenfalls ähnlich.

Tipp: Wenn mehrere Reisevorschläge mit – und das ist wichtig: vergleichbaren! – Leistungen auf dem Tisch liegen, eines davon aber hinsichtlich des Preises völlig aus dem Rahmen fällt, sollte Ihnen das zu denken geben. Zaubern können nämlich auch Schulfahrtenveranstalter nicht. Vergleichen Sie aber niemals Äpfel mit Birnen!

»Schwarze Schafe« gibt es überall. Warum sollte das bei Schulfahrten-Veranstaltern anders sein? Einige Akteure treten immer wieder neu negativ in Erscheinung und sorgen für Schlagzeilen – sei es durch Qualitätsmängel oder durch Insolvenzen, bei denen Schulen beziehungsweise nachgelagert die Eltern der teilnehmenden Schüler finanziellen Schaden erleiden, weil Anzahlungen oder gar komplette Reisen im Voraus bezahlt, dann aber nicht durchgeführt wurden.

Die gute Nachricht: Dieses Risiko ist vermeidbar! Jeder Reiseveranstalter muss eine sogenannte »Insolvenzversicherung für Reiseveranstalter« vorweisen können. Der Abschluss dieser Versicherung ist nicht freiwillig; es handelt sich vielmehr um eine Pflichtversicherung, ähnlich wie bei der Haftpflichtversicherung fürs Auto.

Die Insolvenzversicherung für Reiseveranstalter

Schon seit 1994 ist für jeden Reiseveranstalter eine »Insolvenzversicherung« Pflicht. Diese Versicherung sorgt dafür, dass im Falle der Insolvenz des Veranstalters dem Kunden möglichst kein finanzieller Schaden entsteht. Denn Reisen werden meist im Voraus bezahlt. Neben einer Anzahlung bei Buchung ist der restliche Reisepreis meist zwei oder drei Wochen vor Abreise fällig. Würde nun der Reiseveranstalter in die Pleite schlittern, nachdem der Kunde bezahlt hat, aber bevor die Reise losgeht, sorgt die Insolvenzversicherung dafür, dass der Kunde sein Geld zurückbekommt.

Auch wenn die Gruppe schon unterwegs ist, kann das beauftragte Busunternehmen, eine gebuchte Unterkunft oder eine Fluggesellschaft zahlungsunfähig werden und von heute auf morgen den Betrieb einstellen. Auch kann eine Unterkunft auf Zahlung vor Ort bestehen, weil der Reiseveranstalter mit seinen Zahlungen säumig ist. Vielleicht kann mit dem Bus die Rückreise nicht mehr durchgeführt werden, weil das Unternehmen just während der Zeit der Reise zahlungsunfähig wird und damit die Kreditkarte zum Tanken gesperrt oder gar der Bus beschlagnahmt wird. Und was ist, wenn die gebuchte Fluggesellschaft den Rückflug nicht mehr durchführt? Auch in solchen Fällen sorgt die Insolvenzversicherung des beauftragten Reiseveranstalters für die Übernahme von Mehrkosten der Rückreise. Meist hilft die Versicherung auch mit, die bisweilen für Gäste schwierige Situation organisatorisch zu meistern, und organisiert benötigte Übernachtungen oder die Rückreise.

Um Ansprüche an die Insolvenzversicherung auch tatsächlich dokumentieren zu können, braucht es den »Sicherungsschein«: ein von der jeweiligen Versicherung konkret für den Reiseveranstalter ausgestelltes Dokument. Deswegen sollten Kunden von Reiseveranstaltern spätestens Zug um Zug mit der Anzahlung auf die Übergabe des Sicherungsscheins achten. In der Praxis wird der Sicherungsschein meist bereits mit der Reisebestätigung zugesandt, oft auch auf elektronischem Weg als PDF-Dokument.

Tipp: Ob ein Reiseveranstalter (oder auch Unterkünfte, die ebenfalls häufig als Reiseveranstalter agieren; immer dann nämlich, wenn neben Übernachtung und Verpflegung im Paket auch Programme, Bustransfers o.ä. angeboten werden) diese Insolvenzversicherung auch tatsächlich hat, ist schnell geprüft. Den Link zu einer entsprechenden Datenbank im Internet finden Sie unter www.kursbuch-klassenfahrt.de. Wenn Ihr Anbieter in dieser Datenbank nicht aufgeführt ist: Finger weg!

Auch jenseits der grundsätzlichen Sicherheits- und Vertrauensfragen mutet die Wahl des passenden Anbieters oft an wie eine Wissenschaft für sich. Deshalb widmen wir uns im nächsten Kapitel den wichtigsten Kriterien für die Auswahl eines Schulfahrten-Veranstalters.

18. Schöne, bunte Katalogwelt Den passenden Partner finden

Viel Werbung hilft, nützt aber nichts

Pünktlich zum Schuljahresbeginn nach den Sommerferien sind sie zuverlässig in den Lehrerzimmern zu finden: die bunten Kataloge der Klassenfahrten-Veranstalter. Mit Titelfotos von geschniegelten, glücklich dreinblickenden Kindern und Jugendlichen, gern mit den Wahrzeichen europäischer Metropolen im Hintergrund. Lehrer sieht man auf den Katalogtiteln eher selten – warum eigentlich? Ohne die Namen und Firmenlogos der verschiedenen Veranstalter auf den Katalogtiteln wären diese oft geradezu austauschbar.

Wie und warum bekommt man diese Kataloge eigentlich? Die Veranstalter schicken sie in der Regel an ihre gesamten Adressbestände, also an die Sekretariate der Schulen, zu Händen des Schulleiters oder auch direkt adressiert an bestimmte Lehrer der Schule. Personifiziert adressiert kommen die Kataloge dann, wenn ein Lehrer schon einmal mit dem Herausgeber des Katalogs verreist ist oder bereits Kontakt bestand, vielleicht aufgrund einer früheren Anfrage. Manche Veranstalter schicken ihr Werbematerial allerdings auch einfach wahllos an jede Schuladresse, derer sie habhaft werden können. Und das dürfen sie auch, solange es ihnen nicht untersagt wurde, denn Schulen sind öffentliche Einrichtungen und ihre Adressen kein Geheimnis.

Manche der Kataloge haben den Umfang von Telefonbüchern, manche eher Heftcharakter. Allen gemeinsam ist eine Vorstellung des jeweiligen Unternehmens, in der Regel mit Hinweis auf die langjährige Erfahrung und die Kompetenz der Mitarbeiter. Die werden mal als Beratungsprofis, mal als Länder- oder Zielgebietsexperten und manchmal sogar mit Foto und Namen vorgestellt, um eine persönliche Beziehung zu Ihnen als potenziellem Geschäftspartner herzustellen. Einige Veranstalter verweisen auf Zertifikate, die ihre Qualität dokumentieren (siehe dazu auch Kapitel 5) oder auch auf Mitgliedschaften in Reiseverbänden.

Neben den gedruckten Medien machen Schulen und Lehrer auch vermehrt Bekanntschaft mit dem digitalen Arsenal der Werbewirtschaft. Wundern Sie sich auch manchmal, warum Sie mit Werbe-E-Mails bombardiert werden und warum Facebook und andere soziale Netzwerke Ihnen Werbeanzeigen für Klassenfahrten ausspielen, obwohl Sie in Ihrem privaten Profil nicht einmal preisgeben, dass Sie Lehrer sind? Das ist die Kraft der Algorithmen: Facebook weiß trotzdem, was Sie letzten Herbst getan haben – zum Beispiel, dass Sie auf Klassenfahrt mit der 10d waren.

Auch abgesehen von den Finessen des Online-Marketings ist die ganze Vielfalt schon verwirrend: Welcher der vielen Veranstalter ist denn nun der preiswerteste, erfahrenste, qualifizierteste, kurz: der Beste – und zwar für Sie? Mit welchem Schulfahrten-Veranstalter sollten Sie in Zukunft auf Reisen gehen?

Kriterien für die Auswahl

Zunächst die gute Nachricht: Wahnsinnig viel falsch machen können Sie mit keinem der bekannteren Veranstalter. Grundsätzlich machen die Profis in den meisten Fällen einen guten Job, bemühen sich aktiv um Ihre Gunst und wollen bei ihren Kunden einen bestmöglichen Eindruck hinterlassen. Immerhin leben sie davon.

Um unter all den meist Guten nun den Besten zu finden, aber auch um die Warnsignale nicht zu übersehen, die auf einen weniger qualifizierten Veranstalter hinweisen, gilt es dennoch einiges zu klären, bevor Sie sich entscheiden. Entscheidend ist für Ihre Auswahl nämlich, was genau Sie überhaupt von Ihrem Partner brauchen, welche Parameter für Ihre Fahrt entscheidend sind und welche Servicetiefe zu Ihren Anforderungen passt.

Tatsächlich passt nicht jeder Anbieter automatisch zu jedem Lehrer. Der erfahrene Klassenfahrten-Veteran als Auftraggeber, der sich mit Reisen im Allgemeinen und Schulfahrten im Speziellen bestens auskennt, hat sicherlich ein anderes Anforderungsprofil als sein eher unerfahrener Kollege, der gerade zum ersten Mal den Hut aufhat. Er ist an intensiverer Unterstützung interessiert und braucht sogar bei organisatorischen Aspekten Hilfe, die dem erfahrenen Kollegen eher als Bevormundung erscheinen würde.

Es gibt Veranstalter, deren Service auf Wunsch bis zur Vorbereitung des Elternabends und der Formulierung individueller Elternbriefe reicht. Auf Wunsch wird Ihnen sogar während der gesamten Reise ein unterstützender Betreuer zur Seite stehen. Was der entspannten älteren Kollegin bei ihrer siebzehnten Skifreizeit mutmaßlich eher auf die Nerven gehen würde, kommt anderen vielleicht gerade recht!

Wer das Programm vor Ort selbst organisieren will und sich möglicherweise vor Ort schon gut auskennt, dem reicht ein einfaches Pauschalpaket, mit An- und Rückreise plus Unterkunft. Derjenige wird eher bei einem Anbieter fündig, der viele solcher Pakete anbietet. Wenn Sie dagegen möglichst zuverlässige, qualifizierte Rundumbetreuung wünschen, werden Sie schon beim Blick in den Katalog schnell merken, welche Anbieter sich dafür besonders eignen. Manche der Unternehmen werben erkennbar vor allem mit der tiefgehenden Ortskenntnis ihrer Mitarbeiter. Die wissen, was Sie dann nicht wissen müssen: welche Museen an welchen Wochentagen freien Eintritt gewähren, wie die horrenden Einfahrtgebühren in die Innenstadt durch geschickte Logistik reduziert oder umgangen werden können und wie und wo der Bus sicher und bezahlbar geparkt werden kann. Spätestens beim telefonischen Erstkontakt werden Sie schnell merken, ob die Mitarbeiter die nötige Erfahrung im Umgang mit Ihren Unsicherheiten als Organisator haben und bereit sind, Ihnen geduldig auf jede noch so seltsam klingende Frage zu antworten.

Der nachfolgende Praxistipp hilft Ihnen, den Veranstalter herauszufiltern, der am besten zu Ihrem Anforderungsprofil passt.

Welche Kriterien zeichnen einen guten Schulfahrten-Veranstalter aus?

Klären Sie bei Ihrer Vorrecherche anhand von Katalogen und Webseiten sowie im telefonischen Vorgespräch mit dem Veranstalter folgende Fragen:

- Hat er grundsätzlich Erfahrung in der Organisation von Reise- und Aufenthaltsprogrammen nach den Vorstellungen des Auftraggebers?
- Verfügt er über die verpflichtende Insolvenzversicherung für Reiseveranstalter und eine Reiseveranstalter-Haftpflichtversicherung?
- Kann er fundierte Zielgebietskenntnisse vorweisen, die zudem aktuell sind und nicht Jahre zurückliegen?
- Kann er persönliche Kontakte zu Programmpartnern vor Ort benennen?
- Wählt er die Beförderungsunternehmen, die er beauftragt, nach einem transparenten Kriterienkatalog aus und überprüft er Fahrzeuge und Fahrer regelmäßig? Werden bei der Strecken- und Routenplanung die Einhaltung von Lenk- und Ruhezeiten des Fahrpersonals zuverlässig berücksichtigt und realistisch geplant?
- Wählt er Unterkünfte nach belastbaren, transparenten Kriterien (siehe dazu Kapitel 11) aus und überprüft diese regelmäßig selbst oder durch Vertragspartner? Orientiert er sich zusätzlich oder alternativ am Vorhandensein von Qualitätsmanagementsystemen für Jugendunterkünfte (siehe dazu Kapitel 5)?
- Macht der Veranstalter in Katalogausschreibungen und vorgelegten Angeboten verständliche und eindeutige Angaben
  - zu den vorgesehenen Reiseleistungen, mit genauen Informationen zu Beförderung, Unterkünften von Schülern und Begleitpersonen (Lage, Bettenzahl je Zimmer, Sanitärausstattung, Aufenthaltsräume, Sport- und Freizeiteinrichtungen), Verpflegung und zum Programm (Eintritte, Führungen, Programminhalte),

Fortsetzung nächste Seite

Fortsetzung: Welche Kriterien zeichnen einen guten Schulfahrten-Veranstalter aus?

- zu Reiseversicherungen
- zu den Kosten – einschließlich einer transparenten, unmissverständlichen Darstellung, welche konkreten Leistungen im Reisepreis enthalten sind und welche nicht?

- Weist der Veranstalter rechtlich einwandfreie »Allgemeine Geschäftsbedingungen« aus, etwa mit klaren Aussagen zu Zahlungs- und Stornierungsbedingungen?
- Liegen frühzeitig (spätestens acht bis zehn Tage vor der Abreise) ausführliche Reiseunterlagen vor, die folgende Informationen enthalten:
  - vollständige und detaillierte Informationen zu Programm und Ablauf, mit allen Zeiten, Abfahrtsorten und Routen
  - alle Kontaktdaten von Busunternehmen, Unterkünften und Ansprechpartnern vor Ort sowie Notfall-Telefonnummern
  - alle Tickets und Voucher (Gutscheine) für die gebuchten Leistungen
- Gewährleistet der Veranstalter eine Erreichbarkeit rund um die Uhr während der Reise sowie ein sinnvolles Notfallmanagement?
- Werden eventuell vorhandene weltanschauliche, religiöse oder politische Auffassungen vom Veranstalter nicht verschwiegen, sondern offen und transparent dargelegt?

Über diese Kriterien hinaus bieten viele Qualitätsanbieter:

- ein wirkungsvolles Schutzkonzept zur Vermeidung von sexueller Gewalt während der Reise
- Aufklärung über aufsichts- und jugendschutzrechtliche Bestimmungen im Zielland der Reise
- sinnvolle und leicht nutzbare Instrumente zur Evaluation der Reise

Generalist oder Spezialist?

Möglicherweise gibt es über diese generellen Kriterien hinaus in Ihrem Fall spezielle Anforderungen an die Reise, die Sie zu einem bestimmten Reiseveranstalter hinführen.

Großgruppen

So hat nicht jeder Veranstalter ausreichende oder fachlich passende Ressourcen für die qualifizierte Organisation von Reisen sehr großer Gruppen. Tatsächlich gibt es Schulfahrten mit vierstelligen Teilnehmerzahlen – etwa wenn eine komplette Schulgemeinschaft auf Tour geht. Solche Großreisen sind beispielsweise im Jubiläumsjahr der Schule oder zu besonderen Ereignissen für die Schulgemeinschaft durchaus eine Überlegung wert.

Die Anforderungen an Logistik und Unterkunftsplanung sind bei solchen Projekten sehr anspruchsvoll. Nicht zuletzt sind die Geldsummen erheblich, die dabei bewegt werden. Führt die Reise aus dem Euro-Raum hinaus, ist deshalb beispielsweise die Absicherung von Währungsrisiken geboten – Spezialwissen, das nicht jeder Anbieter hat. Eine Armada an Bussen, vielleicht ein Sonderzug oder Flugzeuge im Vollcharter sind für den Transport erforderlich. Die Unterbringung derlei großer Gruppen ist selten in einer einzigen Unterkunft möglich und muss aufwendig koordiniert werden.

Die fachmännische Begleitung eines solchen Projekts durch Mitarbeiter des Reiseveranstalters während der gesamten Reise ist ebenso sinnvoll wie ein speziell auf die Anforderungen der Großgruppe zugeschnittenes, individuelles Krisen- und Notfallkonzept. Auch dieser Teil der Organisation erfordert spezifisches Know-how und demnach einen Reiseveranstalter, der genau das hat.

Sportfreizeiten

Spezifisch sind auch die Anforderungen bei Sport- und besonders Skisportwochen, mit intelligenter An- und Rückreiselogistik, die den Skitransport angemessen berücksichtigt. Dazu gehört auch die vernünftige Transferorganisation von der Unterkunft ins Skigebiet vor Ort. Ski- oder Snowboard- und Ausrüstungsverleih zu jugendgerechten Konditionen ist die Pflicht; gut organisiert ist es die Kür.

Spezialisten für spezielle Unterkünfte

Auch für nicht ganz alltägliche Unterkunftswünsche gibt es Veranstalter mit speziellen Kontakten und Erfahrungen. In den Broschüren sehr vieler Reiseveranstalter wird zum Beispiel die Unterbringung in Gastfamilien in England zwar selbstbewusst angepriesen. Doch gerade bei dieser Unterkunftsvariante gibt es besondere Herausforderungen, die bei Weitem nicht jeder beliebige Veranstalter verlässlich beherrscht.

Schon die Auswahl geeigneter Gastfamilien verlangt hohe Sensibilität und sehr spezifische Kenntnisse. Bei Schwierigkeiten mit der Gastfamilie, die immer wieder vorkommen, ist zudem eine sehr straff organisierte, engmaschige Betreuung vor Ort notwendig.

Fachmedien: Informationsquelle oder Werbefläche?

Die Verbandslandschaft für die Zielgruppe der Lehrer ist vielfältig. Neben den großen Verbänden und Gewerkschaften behaupten sich viele spezialisierte Gruppierungen – vom Verband der Realschullehrer über die Verbände für Deutsch- oder Geschichtslehrer bis hin zu den verschiedenen Schulleitervereinigungen.

Entsprechend umfangreich ist die Medienvielfalt dieser Verbandslandschaft. Viele dieser Organisationen informieren in Zeitschriften oder anderen Medien ihre Mitglieder regelmäßig über verschiedene für die Zielgruppe relevante Themen. Dazu gehört natürlich auch das Themenfeld Klassenfahrt. Die redaktionelle Bearbeitung des Feldes reicht von Beiträgen zu außerschulischen Lernorten im Allgemeinen bis hin zum Thema MINT-Klassenfahrt[30] im Speziellen.

Allerdings sind, da ihre Zielgruppe sehr genau definiert ist, auch die Anzeigenplätze in diesen Medien sehr attraktiv für einschlägige Anbieter. So wird dort von Lernmitteln und Büchern bis hin zu besonders günstigen Bankdarlehen für Beamte eine Vielzahl von

Produkten und Dienstleistungen beworben – Klassenfahrten eingeschlossen.

In den Werbeanzeigen präsentieren sich zum Beispiel Jugendunterkünfte oder auch ganze Städte und Regionen als Reiseziele. Vor allem aber finden sich die bunten Anzeigen der Schulfahrten-Veranstalter in diesen Heften zuhauf. Neben Anzeigen enthalten die Magazine bisweilen mehrere Seiten umfassende Beihefter mit einem ganzen Strauß an Angeboten und Reiseideen als Appetitmacher für die nächste Klassenfahrt.

Neben solchen Beilagen in Verbandsmedien gibt es außerdem vollständig werbefinanzierte Magazine, die ihre redaktionelle Ausrichtung ausschließlich dem Thema Klassenfahrt widmen – letztlich nur, um ihren Anzeigenkunden den passenden Rahmen zu liefern.

In all diesen Medien erscheinen teils auch »PR-Beiträge«, die zwar als redaktionelle Inhalte daherkommen, tatsächlich jedoch bezahlte Auftragsarbeiten sind. In derartigen Beiträgen, welche die Grenzen zwischen redaktionellen Inhalten und Werbung verschwimmen lassen, werden zum Beispiel die Attraktivität eines Reiseziels oder die Qualitäten eines Reiseveranstalters text- und bildreich in den höchsten Tönen dargestellt. Ähnliches gilt für die Inhalte auf extra für Lehrer entwickelten Internetportalen.

Ob die Zeitschriften und Internetportale für Lehrer nun sinnvolle Informationsquellen zum Thema sind, darüber ließe sich trefflich streiten. Letztlich stellen sie ihren Werbekunden bezahlte Anzeigenplätze zur Verfügung. Objektive Informationsquellen sind bestimmte Inhalte in diesen Medien nur dann, wenn die Grenze zwischen redaktionellen und werblichen Inhalten klar gezogen wird.

Nichtsdestotrotz können diese Medien, bei angemessen kritischem Konsum, durchaus informativ sein. Immerhin kann letztlich auch eine transparente Werbeanzeige zum richtigen Anbieter führen.

Spicken ausdrücklich erlaubt!

Das Informationsmaterial der Klassenfahrten-Veranstalter, deren Kataloge und Webseiten also, sind ein Fundus für Ideen und Anregungen. Wer sich mit den Prospekten eingehend beschäftigt und die Unterlagen mehrerer Anbieter durchforstet, wird sehr schnell sehr viel über Unterkünfte und Programme lernen und einen Überblick gewinnen, welche Veranstalter und Partner über gefragte Kompetenzen in bestimmten Feldern verfügen.

Die Lektüre kann vor allem auch jenseits jeder Werbewirkung dazu dienen, über die Zielsetzung der Fahrt, das passende Reiseziel und die richtigen Programminhalte Klarheit zu gewinnen. Ergänzt um eigene Vorstellungen und Ideen, kann die Beschäftigung mit den Katalogen der Schulfahrten-Veranstalter hilfreich und gewinnbringend sein, um – flankierend zu diesem Buch – ein regelrechter Klassenfahrten-Spezialist zu werden.

Die Auswahl eines Reiseveranstalters, vielleicht auch die bewusste Entscheidung für eine selbst organisierte Reise oder für eine Kombination wird durch die Recherche in jedem Fall leichter.

Tipp: Legen Sie die jeweils aktuellsten Ausgaben der Veranstalter-Kataloge an einem festen Ort im Lehrerzimmer zentral ab, denn sie eignen sich jenseits ihres Werbezwecks hervorragend als Recherchematerial für zukünftige Klassenfahrten.

Lehrerzimmer: Influencer Eins Punkt Null

Eine unstrittig erstklassige Informationsplattform, um den passenden Klassenfahrten-Veranstalter zu finden, ist das Lehrerzimmer Ihrer Schule. Nirgendwo sonst werden Sie im selben Ausmaß vertrauenswürdige und objektive Informanten antreffen. Denn Lehrer, die Zielgruppe der Veranstalter, sind ihnen gegenüber naturgemäß unverhohlen kritisch und wollen Ihnen als Kollege natürlich ersparen, dieselben Fehler zu machen, die sie selbst schon gemacht haben.

Viele Schulen dämmen die Klassenfahrt-Prospektflut ein, indem aus den Reihen des Kollegiums derjenige mit der größten Erfahrung und einem Faible für das Thema identifiziert und zum Verantwortlichen für Klassenfahrten-Material erklärt wird. Dieser Kollege verwaltet und ordnet das gesamte eingehende Informationsmaterial zentral und achtet auf die Aktualität. Er strukturiert und archiviert auch die Evaluation der gesamten Klassenfahrten-Aktivitäten der Schule. Dank der von ihm gebildeten und gepflegten Strukturen entsteht nach und nach eine stetig anwachsende, profunde interne Wissensdatenbank. Zudem ist der »Schulfahrten-Beauftragte« als jederzeit ansprechbarer Spezialist zu allen Fragen rund um das Thema Klassenfahrt ein zentraler Partner besonders für Klassenfahrten-Novizen.

Tipp: Falls es in Ihrer Schule noch keinen »Schulfahrten-Beauftragten« gibt, regen Sie im Kollegium an, ein solches »Amt« zu schaffen. Es sollte von einem Kollegen ausgefüllt werden, der viel Erfahrung mit Klassenfahrten, eine Affinität für das Thema und Freude daran hat, eine Wissensdatenbank einzurichten und zu betreuen.

Google ist kein Maßstab

Googlen Sie mal das Schlagwort »Klassenfahrt«. Mit den mehr als 3,5 Millionen Suchergebnissen können Sie sich dann eine ganze Weile beschäftigen. Ganz oben in der Hierarchie der Ergebnisse, wie bei jedem anderen Thema auch: bezahlte Ads.

Aber wer sucht schon nach »Klassenfahrt«? Ein bisschen spezifischer wird Ihre Suchanfrage ganz gewiss sein, wenn Sie gerade auf der Suche nach Inspiration oder auch konkreten Angeboten sind. Leider ändert das jedoch nur sehr bedingt etwas an der Qualität der Ergebnisse, jedenfalls auf den vorderen Plätzen: Wer nach »Klassenfahrt in den Teutoburger Wald« oder auch völlig sinnfrei nach »Teutoburger See Klassenfahrt mit Tagesausflug nach Moskau« sucht, wird ungeachtet der spezifischen Suchwort-Kombinationen zunächst auf die Webseiten der größeren Klassenfahrten-Veranstalter verwiesen werden.

Der Grund: Die Seiten der bekannten Anbieter haben die höchste »Sichtbarkeit« im Netz, weil sie aufgrund ihrer hohen Zugriffszahlen von Google priorisiert werden und zudem meist professionell suchmaschinenoptimiert sind. So erzielen sie zuverlässig Top-Platzierungen bei jeder Google-Suchanfrage, die irgendein verwandtes Schlagwort wie »Klassenfahrt«, »Schulfahrt«, »Gruppenreise« oder dergleichen enthält.

Nicht zuletzt buchen viele Klassenfahrten-Veranstalter außerdem bezahlte Anzeigen bei Google, die pro Klick abgerechnet werden – selbst wenn der Suchende, der sich auf die Seite klickt, am Ende gar nichts kauft oder bucht. Eine Google-Platzierung auf den vorderen Rängen bei Google ist also keinesfalls als Qualitätskriterium zu werten, sondern lediglich als Zeichen großer Marketing-Bemühungen.

Tipp:
Beachten Sie folgende Grundregeln für eine erfolgreiche Google-Suche:

- *Ganze Sätze* können zielgenauere Ergebnisse liefern. So kann es besser sein, statt »Klassenfahrt Teutoburger Wald« einzutippen: »Wo finde ich erlebnispädagogische Programme im Teutoburger Wald?« Außerdem hilft es, die Sätze so zu formulieren, wie sie vielleicht auch andere Nutzer verwenden würden.
- *Suchbegriffe verbinden* mit OR (oder) und AND (und) liefert unter Umständen bessere Ergebnisse als die lose

Eingabe der Begriffe. Beispiel: Sauerland AND Hostel OR Jugendherberge.

- *Platzhalter verwenden* ist optimal, wenn dem Nutzer ein Teilbegriff zur Suche fehlt. Der * steht dabei als Platzhalter. So führt die Suche nach »Museum in * kostenlos« oft eher zum gewünschten Ergebnis, weil automatisch Städte mit aufgeführt werden, in denen es kostenlose Museen gibt.
- *Suchoptionen nutzen* (meist unterhalb der Suchworteingabe zu finden), um die Liste der Treffer einzugrenzen. So können Ergebnisse etwa auf für eine Region relevante Begriffe oder auf deutschsprachige Internetseiten beschränkt werden.
- Eine *bestimmte Webseite* zu durchsuchen geht ganz einfach durch Eingabe des Suchbegriffs, gefolgt von »site:« und der URL der Webseite nach dem Doppelpunkt. So können Sie zum Beispiel die Seite eines Reiseveranstalters nach einem bestimmten Begriff durchsuchen. Beispiel für die Eingabe bei einer Suche nach dem Schlagwort »Amsterdam«: Amsterdam site:reiseveranstalter-xy.de

Teil V
Durchführung

19. Weniger ist mehr
Gepäck, Equipment und Proviant

Früher war weniger Gepäck

Bald ist es so weit: Die Klassenfahrt naht. Spätestens eine Woche vor Abfahrt bekommen Schüler und Eltern alle Informationen, die sie für die bevorstehende Fahrt brauchen – meistens in einem letzten Elternbrief vor der Tour. Eine Beispiel-Vorlage dafür finden Sie unter www.kursbuch-klassenfahrt.de.

Ein Thema dieses Informationsschreibens ist die Sache mit dem Gepäck: Was muss auf jeden Fall eingepackt werden, und was sollte bitte zu Hause bleiben? Mit der richtigen Gepäckphilosophie lässt sich nicht nur die Anreise vereinfachen, sondern auch unterwegs viele potenzielle Dramen vermeiden.

Auf den ersten Blick scheint das Gepäck eine sehr individuelle Angelegenheit zu sein. Tatsächlich gibt es jedoch einige wichtige Empfehlungen, auf die auch Eltern nicht immer von selbst kommen werden. Universelle Empfehlungen sind zwar schwierig, da die Packliste stark von Reiseziel und Programm abhängt, doch einige »*Must-haves*« gehören in jeden Klassenfahrten-Koffer – genauso wie einige »*No-Gos*« in keinem Fall Platz finden sollten.

Ein Phänomen ist bei Klassenfahrten erstaunlich häufig zu beobachten und sorgt zuverlässig für Verwunderung und Unverständnis bei Erwachsenen: der große Schalenkoffer, der mit auf Klassenfahrt geht. Entgegen landläufiger Meinung sind es auch keineswegs nur die Mädchen, die auf einem monströsen Gepäckstück sitzend auf den Bus warten. Auch für die Jungs hieven die Väter manchmal ein erstaunliches Gepäckvolumen aus dem Kofferraum des Autos. Was da so alles drin ist, wissen häufig auch die Eltern nicht; tendenziell werden es aber vor allem Klamotten sein.

Die meisten Jugendlichen haben auch eine sehr gute Erklärung für die Größe des Gepäckstücks parat: Schließlich war im Infobrief doch vom »Pullover für kühle Abende«, von der »Regenjacke«, von »festem Schuhwerk« und von der »Kopfbedeckung« die Rede, wahlweise gegen Sonneneinstrahlung oder Kühle, je nach Reiseziel und Reisezeit. Da ist es doch naheliegend, besser gleich mehrere Pullover mitzunehmen, einen dickeren und einen dünneren. Falls einer der Pullis schmutzig wird, natürlich auch jeweils ein Ersatzstück, zumal der grüne Pulli ja nun wirklich nicht mit der blauen Hose kombiniert werden kann. Die Regenjacke war nicht näher spezifiziert – warm oder luftig? Also wurden natürlich beide Varianten eingepackt. Trekking-Schuhe wurden für die Reise extra angeschafft. Weil die aber noch nicht eingelaufen sind, müssen natürlich ersatzweise bequeme Turnschuhe mit. Außerdem die Sneakers für unterwegs, die High Heels für die Disco, die Badelatschen fürs Schwimmbad und ein weiteres Paar Sneaker für die Unterkunft. Mützen gehen schnell verloren, also lieber zwei, die brauchen ja auch nur wenig Platz. Fünf Tage dauert die Reise, also fünf T-Shirts und sonstige Oberteile, zu jedem davon eine passende Hose, die Jogginghose nebst Schlabberpulli für abends, Sport- und Schwimmsachen jeweils in zwei Ausführungen und Klamotten zum Schlafen. Zur Sicherheit von alledem noch ein Satz als Reserve. Nicht zuletzt: fünf Paar Socken, plus Sport- und Wandersocken und natürlich fünf Mal Unterwäsche, auch wenn es bei fünf Tagen eigentlich nur vier Nächte sind.

Und das ist nur die Kleidung. Der Fahrradhelm, Bücher, Glücksbringer-Kuscheltier, Knabbereien und vor allem die Wagenladung Hightech, die heutzutage mit auf Reisen geht – vom Tablet bis zum Laptop, vor allem aber die mobilen Lautsprecher sowie Ladegeräte und Akkus für sämtliche Geräte.

Den Schülern all das komplett zu verbieten ist heute unrealistisch. Doch wo die Grenze ziehen?

Wie viel, wie groß, wie schwer? Klare Kante für alle!

Wie man heute richtig packt, wissen vor allem Menschen, die häufiger Flugreisen unternehmen. Die Airlines mit ihren Gepäck-Richtlinien und teils horrenden Extrakosten für Übergepäck haben die Generation der Flugreisenden umerzogen: Moderne Kosmopoliten sind Gepäck-Minimalisten. Die großen Koffer bleiben zu Hause auf dem Dachboden, das kleine Gepäck reicht.

An der Konsequenz der Fluggesellschaften können wir uns für die Klassenfahrt ein Beispiel nehmen: Was die können, können Sie als Organisator auch: klare Kante beim Gepäck!

Letztlich sind klare, nachvollziehbare Regeln eine Entlastung für alle Reiseteilnehmer – und auch für die professionellen Partner. Abgesehen davon, dass der Platz in den Mehrbettzimmern der meisten Jugendunterkünfte begrenzt ist: Auch für Busfahrer ist es kein Vergnügen, zentnerschwere Gepäckstücke in den Gepäckraum zu hieven und die Kolosse unter Missachtung aller Empfehlungen der Rückenschule formschlüssig und damit fachgerecht, sicher und platzsparend zu stapeln – und sich danach, wenn in Summe mehrere Hundert Kilo bewegt wurden, mit zitternden Muskeln schweißgebadet hinters Steuer zu setzen.

Die Kapazität eines Busgepäckraums ist zudem einfach begrenzt – sowohl beim Volumen als auch bei der Tonnage. Die Tonne ist in dem Zusammenhang tatsächlich die relevante Maßeinheit. Das mag übertrieben klingen, doch bei fünfzig Gästen mit jeweils zwanzig Kilogramm Gepäck ist sie schon erreicht, die Tonne – und das ist bei größeren Gruppen absolut keine Seltenheit. Busse mit zwei Achsen haben je nach Hersteller und Ausführung in der Regel eine maximal erlaubte Zuladung (Fahrgäste, Gepäck und alles andere) von etwa vier bis fünf Tonnen. Bei nur 70 Kilogramm Durchschnittsgewicht der 50 Fahrgäste plus Gepäck ist dieses Maß schnell erreicht. Dazu führt so ein Reisebus ja auch noch Wasservorräte für Toilette und Bordküche, Getränke für die Gäste, Reinigungsmaterial und Werkzeug mit.

Deshalb sind Busse schneller an ihrer Überladungsgrenze, als die meisten sich vorstellen können. Und bei Verkehrskontrollen vor allem an Autobahnen wird genau das mit mobilen Waagen auch überprüft. Im Falle eines Unfalls sowieso, denn Überladung ist ein erhebliches Sicherheitsrisiko – und dann kann eine überschrittene Grenze für den Veranstalter, den Fahrer und nicht zuletzt den Auftraggeber zu einem veritablen Problem werden.

Gepäck ist auch eine Sicherheitsfrage

Neben der Fehleinschätzung, dass in so einem riesigen Bus Platz für unendlich viel Gepäck ist, ist es auch eine Fehleinschätzung, dass der Gastraum des Busses reichlich Platz für weiteres Gepäck böte, das man unterwegs griffbereit haben möchte. Und all die Lebensmittel und Getränke bei einer Selbstversorger-Tour können ja auch auf freien Sitzplätzen oder in den Fluren des Busses untergebracht werden, vielleicht auch auf den Treppenstufen des hinteren Türausstiegs, oder?

Niemals, gar nicht, auf keinen Fall und unter gar keinen Umständen! Wenn der Busfahrer das nicht unmissverständlich klarmacht – was er in den allermeisten Fällen tun wird –, achten Sie als Begleitperson bitte selbst darauf: Ungesichertes Gepäck im Gastraum kann von einer Sekunde auf die nächste zum tödlichen Geschoss werden!

Schon bei einem stärkeren Abbremsen, von einer Vollbremsung oder gar einem Unfall ganz zu schweigen, erzeugt loses Gepäck im Gastraum ein horrend hohes Verletzungsrisiko für die Insassen. Ist bei einem Notfall die Bustür dann noch durch Gegenstände blockiert, ist nicht nur ein wichtiger Notausgang blockiert, der etwa bei Feuer überlebenswichtig ist; an einem blockierten Ausgang können sich bei einer Panik auch Dramen abspielen, weil Menschen in ihrer Angst übereinandertrampeln.

Hier gilt dasselbe wie im Flugzeug: Außer einem Handtäschchen oder einem kleinen, leichten Rucksack hat kein größeres, ungesichertes Gepäckstück etwas im Gastraum zu suchen – auch wenn der Busfahrer es nicht so genau nimmt.

Ein teures Geschenk des Himmels

Dass Übergepäck neben dem Sicherheitsrisiko noch ganz andere Folgen haben kann, zeigt der Bericht eines Busunternehmers: »Gestern geriet einer unserer Busse auf der Rückfahrt nach Deutschland im benachbarten Ausland in eine Polizeikontrolle. Die mobile Waage zeigte an: Überladung! Da war natürlich erst mal ein saftiges Bußgeld fällig.

Das größere Problem war aber: Mit Überladung durfte der Bus nicht weiterfahren! Was also tun? Wie durch ein Wunder kam genau im richtigen Moment ein Kleintransporter des Weges, der an der Kontrollstelle hielt und uns bereitwillig aus der Patsche half: Für nur ein paar Hundert Euro brachte der Fahrer uns das Übergepäck bis zur Grenze – die nur zehn Minuten entfernt war.

Und nett war der Fahrer! Im Gespräch unterwegs stellte sich übrigens heraus, dass er der Schwager des Polizisten war, der uns kontrolliert hatte. Nein, wie klein doch die Welt ist!«

Empfehlungen gegen den Gepäckwahn

Klare Vorgaben zum Gepäck helfen allen Reiseteilnehmern, sich von unnötigem Ballast zu befreien und gleichzeitig den Anforderungen der Beförderungsunternehmen zu entsprechen.

Tipp: Unsere Empfehlung für angemessenes Klassenfahrten-Gepäck:

- Ein Gepäckstück mit maximaler Gesamtkantenlänge (Summe aus Höhe plus Breite plus Tiefe des Gepäckstücks) von höchstens 150 cm und einem Gewicht von nicht mehr als 15 Kilogramm ist eine klare Regel, die für jede Klassenfahrt mehr als ausreichend Spielraum beinhaltet.
- Für die Fahrt in jedem Verkehrsmittel geeignet ist darüber hinaus ein Handgepäckstück wie eine Umhängetasche oder ein kleiner Rucksack von maximal drei Kilo Gewicht – das reicht für Reisedokumente, Lesestoff, Proviant und die unverzichtbare Kleinelektronik.

Ein Großteil des Gepäckvolumens wird sicherlich von *Kleidung* beansprucht werden. Auch *Elektronik* nimmt, wie bereits erwähnt, bei vielen eine Menge Raum ein. Geht unterwegs dann etwas verloren oder kaputt, ist der Katzenjammer oft groß.

Tipp: Um das Risiko von Verlusten und Schäden unterwegs zu begrenzen: Raten Sie Ihren Schülern, die Elektronik – wenn irgend möglich – auf das Smartphone zu begrenzen. Die meisten Geräte können heute ohnehin praktisch alles.

Oft hilft gegen Gepäckexzesse auch der Hinweis, dass die Klassenfahrten in eine zivilisierte, gut erschlossene Region mit ganz normaler Infrastruktur führt – Geschäfte für den *täglichen Bedarf* sind also vorhanden. Wenn wirklich etwas Dringendes fehlt (etwa ein Toilettenartikel), kann es auch vor Ort besorgt werden.

Falls Sie es mit lesenden Schülern zu tun haben: Auch ein zweites *Buch* mitzunehmen ist selten angebracht, denn das zu lesen schafft bei der Programmvielfalt einer guten Klassenfahrt sowieso niemand. Sie selbst dürfen neben Ihrer Bettlektüre selbstverständlich zusätzlich das Buch einpacken, das Sie gerade in Händen halten.

Sportartikel wie Schläger oder Bälle sind in vielen Unterkünften zum Ausleihen vorhanden; Tischtennisplatten übrigens auch. Handelt es sich um eine sportlich orientierte Tour wie eine Skifreizeit oder eine Fahrradtour, gehören die Sportgeräte jenseits der erforderlichen Spezialkleidung ohnehin zum extra mitgeführten oder alternativ zum vor Ort geliehenen Equipment.

Tipps für richtiges Packen:

- *Wetter checken* erleichtert das Packen ganz erheblich. Für den Zeitraum einer Klassenfahrt sind die Wettervorhersagen in der Regel ausreichend zuverlässig.
- *Föhn, Seife oder Handtücher* müssen nicht mitgenommen werden, wenn in der Unterkunft vorhanden. Also vorher abklären und die Schüler informieren. Ein Föhn je Zimmer reicht. Schüler, die sich ein Zimmer teilen, sollten sich absprechen, wer den Föhn mitnimmt. Das gilt auch für Glätteisen oder Lockenstab, Mehrfachstecker und Reisewaschmittel aus der Tube.
- *Bettwäsche* muss grundsätzlich nicht mitgenommen werden. Unterkünfte, bei denen Bettwäsche nicht inklusive ist (vorher klären!), bieten meist zu geringen Kosten Leih-Bettwäsche an, die kaum die Kosten für einen Waschgang übersteigen.
- *Rollen statt falten!* Kleidungsstücke bleiben faltenfreier, wenn man sie eng zusammenrollt, anstatt sie zu falten. Profis schweißen bei längeren Reisen die Sachen sogar mittels Vakuumier-Maschine in Folie ein. Das spart Platz und hält alles zuverlässig sauber. Wer Hemden oder Blusen mitnimmt, kann den Gürtel in den Kragen einlegen, dann bleibt der Kragen steif.
- *Kosmetika, Lotionen, Shampoo* in kleine Fläschchen umfüllen (gibt es im Drogeriemarkt). Alternativ können Probenpäckchen mitgenommen werden. Ausgelaufene

Kosmetika im Gepäck sind der Horror. Daher (vor allem bei Flugreisen) Frischhaltefolie zwischen den Dosendeckel und die Creme einlegen. Bei Fläschchen können Sie die Folie über die Öffnung legen und dann den Deckel wieder aufschrauben.

- *Schuhe* mit dem höchsten Platzbedarf auf Hin- und Rückreise anziehen und die weniger voluminösen Schuhe ins Gepäck geben. Eine Duschhaube über die Schuhsohlen zu ziehen hält den Koffer sauber, wenn kein Schuhbeutel vorhanden ist. Schuhe haben übrigens naturgemäß Hohlräume, in denen sich wunderbar Socken, Unterwäsche und Kleinkram transportieren lassen.
- *Wertvoller Schmuck* bleibt zu Hause; stattdessen einfachen Modeschmuck einpacken. Um Ohrring-Chaos im Gepäck zu vermeiden, die Paare auf einem alten Jackenknopf zusammenstecken. Armbänder und Halskettchen verknoten nicht, wenn man sie durch einen Strohhalm zieht und dann verschließt.
- *Von groß nach klein, von schwer nach leicht!* Große Sachen zuerst einpacken und die dabei entstehenden Leerräume mit kleinen Sachen auffüllen. Schwere Gegenstände wie Bücher oder Schuhe gehören immer nach unten in den Koffer oder die Tasche.
- *Alles, was man für alle Fälle zu brauchen glaubt* – braucht man meistens gar nicht.
- *Platz lassen* im Koffer! Sonst wird es nichts mit dem Shopping vor Ort.

Eine Packliste hilft, an alles zu denken, aber Überflüssiges zu vermeiden. Einige Muster-Packlisten für verschiedene Reisearten finden Sie auf www.kursbuch-klassenfahrt.de.

Besonders wichtig sind all diese Empfehlungen, insbesondere zu Größe und Gewicht, übrigens bei Bahnfahrten. Die Bahn macht zwar keine Vorgaben zum Gewicht des Gepäcks. Dafür kann zu großes, zu schweres Gepäck für die Gäste selbst sehr ungemütlich werden. Denn bei Bahnfahrten muss das Gepäck von den Schülern selbst oft mehrmals ein-, um- und ausgeladen werden. Bei einem schweren Koffer ist das nicht nur Knochenarbeit mit Verletzungsrisiko, sondern auch ein Zeitfaktor, der für Verzögerungen und ungeduldige Mitreisende und Zugbegleiter sorgt. Hinzu kommt der notorische knappe Platz für Gepäck in Zügen.

Daher gilt besonders für Bahnreisen: Weniger ist mehr, und klare Vorgaben entlasten alle!

Skiausrüstung – wie soll das gehen?

Endgültig überhandnimmt die Gepäckmenge beim Wintersport: Die nötige Ausrüstung sprengt jede Gepäckempfehlung. Denn die Jacken sind gefüttert, die Unterwäsche mollig, die Schuhe winterfest. Dazu kommen vielleicht noch Helme und Schneebrillen. Nicht zuletzt die unhandlichen Skischuhe und natürlich vor allem die sperrigen Skier oder Snowboards selbst. Da fallen die ebenfalls sperrigen Skistöcke schon kaum mehr ins Gewicht. Das alles bei der zuvor beschriebenen Gepäckthematik zusätzlich unterzubringen scheint unmöglich.

Doch keine Bange: Erfahrene Busunternehmen oder Skischulwochen-Veranstalter mit entsprechenden Beförderungspartnern sind auf den Transport der Ski- oder Snowboardausrüstung eingestellt. Die Busse bei solchen Touren – egal ob beim Veranstalter als Reisepaket oder direkt beim Busunternehmen gebucht – verfügen über Ski-Boxen, die am Heck des Busses montiert sind, oder alternativ über Anhänger.

Eine Alternative zum Transport der Ausrüstung ist, wie oben bereits erwähnt, die Ausleihe der Ausrüstung am Zielort. Die Kosten werden dabei zwar letztlich nur vom heimischen Skiverleih ins Reiseziel verlagert, lösen aber das Gepäckproblem.

Kleider machen Leute: Das Klassenfahrten-Outfit

Einen Uniformzwang gibt es an deutschen Schulen nicht – obwohl der zugegebenermaßen das Gepäckproblem erheblich reduzieren würde. Daher werden die wenigsten Schüler sich gern Vorschriften machen lassen, wie ihre Kleidung auf Tour auszusehen hat.

Einige sensibilisierende Hinweise, wie welche Kleidung auf die Menschen am Reiseziel wirken kann, sind je nach Reiseland dennoch angebracht.

Springer-Stiefel sind auf Reisen mit vielen Fußwegen nicht nur unpraktisch, sondern auch nicht überall gern gesehen. Allzu freizügige bauchfreie Kleidung kann schon einmal zu Irritationen führen, zum Beispiel bei anderen Gästegruppen, den Mitarbeitern in der Unterkunft oder dem Programmpartner vor Ort.

Tipp: Klassenfahrten sind eine ideale Gelegenheit für die Schüler zu lernen, dass kulturelle Codes wie Kleidung und Körperschmuck nicht überall gleich bewertet werden – und dass dabei nicht überall so viel Freizügigkeit herrscht wie in Deutschland. Sensibilisieren Sie die Schüler ggf. vorab für die Unterschiede im Zielland!

Generell soll und darf die Kleidung auf einer Klassenfahrt bequem sein, zum Wohlfühlen beitragen und der Persönlichkeit ihres Trägers entsprechen. Der Gesamtzustand, Pflegezustand und Geruch der Kleidung wie auch des Menschen, der sie trägt, sollten dennoch ein allgemein akzeptiertes Niveau nicht unterschreiten. Jogginghosen sind am Abend in der Unterkunft sicher akzeptabel, bei der Stadtbesichtigung aber einfach unpassend. Die Begleitpersonen, das versteht sich von selbst, sind diesbezüglich in ihrer Vorbildfunktion gefordert.

Bei der Körperpflege neigen vor allem jüngere Schüler auf Klassenfahrt bisweilen zu einem eher laxen Umgang mit Wasser und

Seife, da entweder die Zeit pro Person im Bad knapp ist oder die Gemeinschaftsduschen abschreckend wirken. Ein simpler Schwimmbadbesuch, strategisch geschickt terminlich am mittleren Tag der Reise platziert, kann ohne große Diskussionen und peinliche Gespräche wirksam für Abhilfe sorgen – denn dort ist die Dusche vor dem Schwimmen Pflicht. Bei älteren Schülern werden Sie eher das umgekehrte Problem haben, nämlich dass die Zeit fürs Styling morgens nicht lang genug sein kann …

Proviant: Ohne Motzen, ohne Kotzen ans Ziel

Die eingängigen und humorvollen Vorträge des schon älteren Inhabers eines Jugendreise-Veranstalters sind legendär. Zur Vorbereitung und Einstimmung von Eltern und Teilnehmern an den von seinem Unternehmen organisierten Fahrten gibt der Mann gerne seine Weisheiten zum Besten. Das ist nicht nur informativ, sondern vor allem auch amüsant. So wird dabei sehr treffend und pointiert erläutert, wozu der Verzehr einer Mischung aus Schokolade und Gummibärchen, ergänzt um die im Proviant der jungen Menschen ebenso üblichen salzigen Snacks, im Kindermagen während der Fahrt gut durchgeschüttelt, mit massenhaft auf diese schon fatale Mischung gekippten klebrigen Getränken häufig führt. Sie ahnen es …

Auch wenn es Ihnen vielleicht seltsam vorkommt, die Schüler und Eltern in dieser Hinsicht zu bevormunden: Für den Proviant sind tatsächlich klare Empfehlungen, wenn nicht sogar klare Vorgaben nötig. Sind die Schüler mit Obst anstatt Süßigkeiten ausgestattet, hilft das zuverlässig bei der Vermeidung von unangenehmen Situationen, die in größeren Gruppen bei längeren Fahrten fast nie ausbleiben. Allerdings sollten in warmen Bussen oder Bahnen Sorten wie Bananen und Pfirsiche genauso gemieden werden wie Früchte, die ohne Kleckern und klebrige Hände kaum verzehrfertig präpariert werden können. Zu ihnen zählt etwa die Mango. Äpfel oder Mandarinen sind weitaus besser zum Verzehr unterwegs geeignet. Dazu passen perfekt belegte Brote und eine wiederverschließbare Flasche Wasser, am besten der stillen Sorte (und das nicht nur, um Rülps-Wettbewerbe zu vermeiden). Auch Müsli-Riegel sind als ergänzender Snack unterwegs gut geeignet.

Falls es doch zum Malheur kommt, erweisen sich feuchtigkeitsresistente Tüten oder – falls nicht vorhanden – der bordeigene Abfalleimer schnell als rettendes Utensil, das auch Begleitpersonen, Busfahrern und Reinigungspersonal einiges ersparen kann.

Ganz unabhängig von der Verpflegung unterwegs werden viele Schüler, aber auch Begleitpersonen auf längeren Fahrten von der Reisekrankheit heimgesucht. Auch hier lässt sich durch einige Vorkehrungen oft das Schlimmste verhindern.

Reisekrankheit

Längere Kurvenfahrten im Auto und natürlich auch in einem ruckelnden und schwingenden Bus führen bei manchen Insassen zu Übelkeit und Schwindel. Ursache ist das in der Wahrnehmung entstehende Durcheinander zwischen Bewegung und Gleichgewichtssinn. Das Auge sieht und meldet dem Gehirn die Bewegung, im Widerspruch dazu empfinden das aber weder Muskeln noch Gleichgewichtssinn. Das Gehirn reagiert mit Abwehr, die Übelkeit setzt ein.
Mit einigen kleinen Tricks ist der Reisekrankheit aber beizukommen. Wichtig ist dabei, frühzeitig zu reagieren, nämlich schon bei ersten Anzeichen von Schwindel, Kopfschmerzen und Übelkeit:

- Den Blick aus dem Fenster nicht auf die vorbeirauschende Leitplanke, sondern in die Ferne richten. Der Horizont im Visier gibt dem Auge Orientierung, die Wahrnehmung ist nicht irritiert.
- Keinesfalls lesen oder auf das Smartphone fokussieren. Dabei empfindet das Auge keine Bewegung, der Körper durch das Ruckeln des Fahrzeugs aber sehr wohl. Nach kurzer Zeit ist das Durcheinander im Gehirn perfekt.
- Schlafen ist ebenfalls sinnvoll, um die Reisekrankheit einzudämmen. Die Augen haben dabei nichts zu tun, zudem ist der sensible Gleichgewichtssinn weitgehend inaktiv.

Manche Kinder oder eher deren Eltern schwören auf Reisetabletten. Der in den gängigen Kaugummis oder Tabletten enthaltene Wirkstoff ist oft Dimenhydrinat. Es sorgt im Gehirn dafür, dass die Übelkeit erzeugenden Effekte verringert werden. Das Mittel erzeugt zusätzlich Schläfrigkeit, ein bei einer längeren Fahrt manchmal durchaus hilfreicher Effekt. Wie bei allen Medikamenten ist vor der Einnahme jedoch die Einholung von fachmännischem Rat beim Arzt oder in der Apotheke unbedingt zu empfehlen.

Taschengeld: Wie viel ist angemessen – und wofür?

Viele Eltern sind vor einer Klassenfahrt unsicher, wie viel Geld ihre Kinder vor Ort benötigen werden, und fragen möglicherweise danach. Die Empfehlung dazu ist ganz klar: Es kommt darauf an!

Sind sämtliche Mahlzeiten, Programme, Eintrittsgelder, also alle entstehenden Kosten zuverlässig im Reisepreis enthalten, kann das Taschengeld durchaus knapp bemessen sein. Es muss lediglich reichen für Knabbereien, vielleicht hier und da ein Getränk, Süßigkeiten und vielleicht kleine Souvenirs. Dabei ist es natürlich vor allem abhängig von der Anzahl der Reisetage. Sind aber tägliche Mittagessen vor Ort von der persönlichen Reisekasse zu bestreiten, muss das Taschengeld natürlich großzügiger bemessen sein. Je nach Reiseziel und abhängig vom Alter der Schüler ist vielleicht ergänzend ein kleines Budget für eine der beliebtesten Freizeitbeschäftigungen, das Shopping, gefordert – doch das ist Ermessenssache der Eltern.

Tipp: Eine konkrete Taschengeld-Empfehlung abhängig von den Rahmenbedingungen und vor allem ein verbindlich einzuhaltender Maximalbetrag vermeiden Neid, Frust und Konflikte – und dienen nebenbei der Sicherheit und Vermeidung von größeren Verlusten.

Immer wieder werden, besonders in den Unterkünften, Diebstahlvorwürfe erhoben – wahlweise gegen Mitschüler, gegen Teilnehmer anderer im Haus untergebrachter Gruppen oder gegen das Personal. Wenn Portemonnaie, Armbanduhr oder Smartphone verlegt wurden, gilt besonders den Reinigungskräften häufig der erste Verdacht. Bei Licht betrachtet eine fast schon absurde Vorstellung! Wie wahrscheinlich ist es, dass die Reinigungskraft, die tagtäglich Gelegenheit zum Diebstahl all der wertvollen Sachen hätte, den unterstellten Vorsatz nun ausgerechnet an diesem Tag, in diesem Zimmer in die Tat umgesetzt und ihren Job riskiert haben soll?

Natürlich kommen Diebstähle hin und wieder tatsächlich vor. Meist aber klären sich die angezeigten Verluste wenig später dadurch auf, dass die vermeintlich zum Diebesgut gewordenen Sachen sich plötzlich wiederfinden. Mancher Vorwurf gegenüber anderen entpuppt sich dann als Ablenkungsmanöver – bei Verlust von Geld oder wertvollen Stücken droht immerhin Ärger zu Hause. Eine sinnvolle Vorsichtsmaßnahme in jedem Fall: Sind die mitgenommenen Geldbeträge nur gering, wäre es im Zweifel auch der Verlust.

20. Risikomanagement on the road
Gefahrenquellen am Wegesrand

Müde Kinder müssen schlafen – müde Fahrer auch

So ungern wir das einräumen: Auf einer Klassenfahrt lauern Gefahren und Risiken. Am wichtigsten ist es für diejenigen sensibilisiert zu sein, die man nicht kommen sieht und die nicht regelmäßig im Fokus der Berichterstattung stehen, wie es bei Schiffsunglücken, Flugzeugabstürzen oder Lebensmittelvergiftungen der Fall ist.

Zu den größten und gleichzeitig oft unterschätzten Risiken gehört, dass ein Busfahrer müde wird – und das ist nun einmal nicht so unwahrscheinlich, wie es uns allen lieb wäre. Solange Busse noch nicht selbst fahren, sind es nun mal keine Maschinen, die den Bus lenken. Ermüdung und die damit verbundene Neigung zum berüchtigten »Sekundenschlaf« ist dabei nicht allein eine Frage der Lenkzeit.

Es ist also durchaus statthaft, als Beifahrer auf das Verhalten des Fahrers und die typischen Warnsignale zu achten. Wachsende Müdigkeit des Fahrers ist am besten an den in immer kürzeren Abständen, dabei immer länger anhaltend blinzelnden Augen des Fahrers zu erkennen.

Bei Anzeichen von Ermüdung mit Empörung und Vorwürfen zu reagieren oder gar Panik zu verbreiten ist nicht hilfreich. Als Sofortmaßnahme können Sie stattdessen eine Unterhaltung beginnen und in deren Verlauf eine möglichst baldige Pause vorschlagen. Sorgen Sie dann dafür, dass der Fahrer für einen angemessenen Zeitraum wirklich Ruhe hat und nicht zu allen möglichen Verrichtungen genötigt wird, die seine Ruhezeit verkürzen.

Unterschätzte Gefahr: Der Autobahnparkplatz

Wer Autobahnraststätten und Parkplätze kennt, die häufige Überfüllung und die deswegen oft zwangsläufig abenteuerlich parkenden Sattelschlepper, die Unübersichtlichkeit und die Enge zwischen den Lastwagen, der kann sicher nachvollziehen, dass eine Schülergruppe an einem solchen Ort großer Gefahr ausgesetzt sein kann. Private Autofahrer, aber auch gehetzte Berufsfahrer, die mit unangemessener Geschwindigkeit durch die engen Gassen zwischen den parkenden Kolonnen rasen, können kaum noch reagieren, wenn aus den Parklücken plötzlich Menschen auftauchen und quer über die Fahrbahn laufen. Gerade bei Reisenden, die eben noch im gemütlichen Bus sanft schaukelnd gedöst oder vielleicht auch fest geschlafen haben, ist die Aufmerksamkeit unmittelbar nach dem Aussteigen zunächst vielleicht noch gering – und das Unfallrisiko umso größer. Aufmerksamkeit ist also gefragt: Sprechen Sie angemessene Warnungen aus, bevor die Türen geöffnet werden.

Eine etwas weniger überfüllte und oft auch günstigere Alternative zu den Autobahnraststätten sind die Autohöfe. Noch besser ist es aber manchmal, die Autobahn ganz zu verlassen und die Pause an einem hübschen Ort in Autobahnnähe einzulegen. Vielleicht bietet sich ein Zwischenstopp mit kleiner Fußgängerzone, Imbissangebot und Eisdiele eher für die Mittagspause an als ein überfülltes Raststätten-Schnellrestaurant? Das Verlassen der Autobahn für die gebotene Pause erfordert aber vorherige, intensive Recherche oder detaillierte Ortskenntnis auch des Busfahrers, um statt einer Entlastung aller Beteiligten nicht in zusätzlichen Stress auszuarten.

Einsteigen – Umsteigen – Aussteigen

Dass bei Bahnreisen die Zeit für Umstiege großzügig bemessen werden sollte, wurde bereits im Zusammenhang mit der Reiseplanung erläutert (siehe Kapitel 8). Neben dem Zeitfaktor gibt es jedoch auch einige Sicherheitsaspekte bei Ein-, Um- und Ausstieg, die Aufmerksamkeit verdienen.

Das fängt tatsächlich schon beim Einsteigen an: Es sollen sich bloß nicht alle auf dieselbe Zugtür stürzen! Das führt nicht nur zu Verstopfungen am Gleis und im Zug, sondern geht auch mit der Gefahr des Stolperns durch Schubsereien und dem Risiko von Verletzungen durch ungeschickt herumgewuchtete Gepäckstücke einher.

Gebuchte Gruppen haben in Zügen des Fernverkehrs immer Platzreservierungen. Die Wagennummer ist also bekannt. Der Wagenstandsanzeiger am Gleis gibt Auskunft, in welchem Gleisabschnitt die relevanten Waggons zum Stehen kommen. Jedenfalls bei planmäßiger Gleisbelegung – denn es gibt bisweilen kurzfristig auftretende Abweichungen, die dann per Lautsprecher durchgesagt werden. Das klingt dann etwa so: »Dieser Zug verkehrt heute in umgekehrter Wagenreihung.«

Auf dieses Kommando hin setzt sich umgehend die Gesamtpopulation der Reisenden am betreffenden Bahngleis in Bewegung. Jeweils die Hälfte der Wartenden eilt (samt Gepäck) in die genau entgegengesetzte Richtung; diese Szenen erinnern manchmal an American Football – ganz besonders, wenn eine oder mehrere Schulklassen daran beteiligt sind.

Die Empfehlung für einen solchen Fall: Ruhe bewahren, geordnet zum richtigen Wagenplatz gehen und sich dabei bloß nicht von der Hektik anderer Reisender anstecken lassen. Der Zug wird nicht abfahren, bevor die Gruppe vollständig eingestiegen ist, selbst wenn sich die Abfahrt durch das Durcheinander verschiebt. Zugbegleiter sind den Anblick gewöhnt und werden besonders gut aufpassen, wenn sie sehen, dass eine Schulklasse an Bord kommt. Außerdem hat die Gruppe ja eine Platzreservierung, muss sich also nicht darum sorgen, keine freien Plätze mehr zu finden.

Schwieriger wird die Situation, wenn plötzlich bei der Einfahrt eines Zuges der für die Gruppe vorgesehene Wagen komplett fehlt. Dann hilft nur, die Mitarbeiter der Bahn anzusprechen und gemeinsam mit ihnen nach einer bestmöglichen Lösung zu suchen. Das kann manchmal leider auch bedeuten: Stehplätze im Gang einnehmen.

Bei Busreisen ist Umsteigen selten ein Thema. Abfahrt und Ankunft natürlich schon. Gerade dabei drohen oftmals Gefahren, die gerne übersehen werden. Immer dann, wenn der Bus am Straßenrand halten muss, ist äußerste Vorsicht geboten. Mit der Aufregung über die bevorstehende Abfahrt wird die Achtsamkeit gegenüber dem vorbeifahrenden Autoverkehr geringer. Sind die Gepäckräume des Busses zur Fahrbahnseite hin geöffnet oder ragt die Gepäckraumklappe gar in die Fahrbahn hinein, wird noch mehr Platz benötigt. Der Koffer will verladen sein, und in diesem kurzen Zeitraum nimmt auch der Fahrgast nebst Gepäck viel Raum ein. Die Plackerei mit dem schweren Koffer und die Erleichterung, wenn er endlich verstaut ist, machen zusätzlich blind für den vorbeirauschenden Verkehr.

Oft unterschätzt, für Busfahrgäste aber tatsächlich besonders gefährlich sind Radwege, die in großen Städten zudem häufig nur durch Markierungen am rechten Fahrbahnrand gekennzeichnet sind. Hält der Bus in einem solchen Bereich, steigt man praktisch direkt auf den Radweg aus. Wenn der rücksichtslos vorbeibrausende Radfahrer den unaufmerksam aussteigenden Businsassen nur lauthals beschimpft, ist die Sache noch glimpflich ausgegangen.

Bei Busfahrten nach England haben die Gefahren beim Ein- und Aussteigen und bei jedem Zwischenstopp natürlich eine besondere Qualität. Beim Linksverkehr hält nämlich auch der kontinentaleuropäische Bus mit seinen rechtsseitig angebrachten Ausstiegstüren zwangsläufig an der linken Straßenseite. Die Gäste steigen also zur befahrenen Straßenseite hin aus. Bereiten Sie Ihre Gruppe darauf unbedingt nachdrücklich vor! Denn hier müssen Gewohnheiten überwunden werden, die auch bei jedem Überqueren der Straße erneut zur Gefahr werden können.

Der Diebstahl von Gepäck ist bei Busreisen, vor allem bei Ankunft oder Abfahrt am Zielort, gar nicht so selten. Dann stehen die Taschen und Koffer nämlich oft neben dem Bus und warten darauf, eingeladen – oder eben anderweitig »abgeholt« zu werden. Vor allem an belebten Bereichen in den Innenstädten ist das eine gute Gelegenheit für Diebe, leichte Beute zu machen und im Gewühl zu verschwinden – zumal, wenn der Fahrer gerade im Gepäckraum des Busses herumkriecht. Deshalb sollte dem Ein- und Ausladen des Gepäcks in solchen Bereichen immer besondere Aufmerksamkeit geschenkt werden.

Taschendiebe, Hütchenspieler, Gaukler und Fallensteller

Es stimmt: Europäische Großstädte sind voll mit zwielichtigen Typen, Kleinkriminellen und gewerbsmäßigen Betrügern, die auch Schüler ansprechen, über den Tisch ziehen, ausrauben und so weiter. Dann sollte ein Lehrer seine Schüler doch sicher vor den Gefahren der Großstadt warnen? Gern. Werden die sich an seine Ratschläge halten? Sicher nicht.

Ist das problematisch? Ganz im Gegenteil!

Auf Klassenfahrt, gewissermaßen unter Laborbedingungen, können Schüler das echte Leben und Reisen erproben. Und dazu gehört ganz wesentlich, ein Gefühl für mehr und weniger gefährliche Situationen und Begegnungen zu entwickeln: Menschenkenntnis eben. Und dabei hat es noch niemandem geschadet, sich einmal von einem Hütchenspieler austricksen zu lassen – beim nächsten Mal ist man exponentiell schlauer.

Anders verhält es sich natürlich mit dem häufigsten und oft sehr ärgerlichen Delikt, dem man als Tourist zum Opfer fallen kann: Taschendiebstahl. Die Täter sind fast ausschließlich hochprofessionell organisierte Banden. Mehr als 15 Prozent der Ausführenden sind übrigens Minderjährige, die weniger Argwohn erregen.[31] Zum Glück ist das reale Risiko aber relativ leicht zu minimieren.

Tipp: Um den Schaden im Fall eines Taschendiebstahls möglichst gering zu halten, sollten die Schüler (und Sie) stets nur das Nötigste an Wertsachen und Bargeld bei sich führen. Am sichersten geht das in einer Bauchtasche oder im Brustbeutel, auch wenn beides ziemlich uncool ist. Jedenfalls gehören Geld und Dokumente nicht in die Handtasche und um Himmels willen nie in die Gesäßtasche – beides ist eine regelrechte Einladung an Taschendiebe. Auch die Außentaschen von Rucksäcken sind alles andere als sicher. Grundsätzlich sollten die Wertsachen immer so nahe wie möglich am Körper und innerhalb des Blickfelds getragen werden, also möglichst nicht hinten oder seitlich.

Besondere Vorsicht gilt:

- in öffentlichen Verkehrsmitteln während der Stoßzeiten
- in Einkaufszentren kurz vor Ladenschluss
- in Flughafen-Transferbussen und Bahnen voller Touristen
- auf großen Plätzen und im Umfeld von touristisch relevanten Orten
- in Menschentrauben rund um Sehenswürdigkeiten oder Straßenkünstler

Tatsächlich arbeiten solche Artisten, Zauberer und Entertainer manchmal sogar mit Dieben zusammen – wer abgelenkt ist, lässt sich leichter beklauen. Das gleiche Prinzip wenden manche Unterschriftensammler oder Verkäufer von Ramschwaren an. Nie aus der Mode kommt das berühmte Anrempeln, seltener: Antanzen. Wer also in einer Menschenmenge oder der U-Bahn angerempelt wird, sollte unverzüglich nach seinen Wertsachen greifen – wenn es dann nicht schon zu spät ist.

Taschendiebstahl

Meist sind Diebe in gut organisierten Gruppen unterwegs. Die arbeitsteilige Vorgehensweise besteht fast immer darin, in irgendeiner Weise zunächst die Aufmerksamkeit des Opfers zu reduzieren, also abzulenken, um dann geschickt und schnell zuzugreifen. Die Täter sind dabei in der Regel kaum zu erkennen. Sie können getarnt sein als Tourist, freundlicher Passant, Liebespaar oder Handwerker. Die Varianten der Tarnung sind schier grenzenlos. Ein gesundes Misstrauen ist also angebracht, darf aber bitte keinesfalls dazu führen, während einer Klassenfahrt bei jeder Begegnung mit anderen Menschen gleich kriminelle Absichten zu vermuten!

Hier einige typische Szenarien:

- In Bussen oder Bahnen drängelt der Dieb und rückt unangenehm dicht an das Opfer heran. Dem Opfer wird ein Stadtplan vorgehalten, verbunden mit der Frage nach dem Weg nach XY. Die Konzentration auf den Plan sorgt für die gewünschte Ablenkung; der routinierte Griff zum Portemonnaie, oft auch durch einen weiteren Beteiligten, erfolgt unbemerkt.
- Die Bitte eines Passanten, Kleingeld einzuwechseln, sorgt einerseits dafür, dass sich das Opfer mit dem Wechselvorgang beschäftigt, und befördert zudem die Geldbörse in eine angenehme Arbeitsposition für den Dieb, der just beim Öffnen der Börse für eine weitere Ablenkung sorgt und nach den Banknoten greift.
- Wird das Opfer angerempelt und »aus Versehen« mit Pommes-Mayo bekleckert, bietet der wortreich untermalte Reinigungsversuch, vielleicht sogar gleichzeitig von mehreren »Passanten« ausgeführt, einem anderen Akteur Gelegenheit, ganz in Ruhe die Taschen des Opfers zu leeren.
- Beim Einsteigen in die U-Bahn bleibt der Vordermann plötzlich stehen oder stolpert. Das Opfer läuft auf, ist irritiert und abgelenkt. In diesem Moment greift der Komplize von hinten in die Tasche.

Fortsetzung nächste Seite

Fortsetzung: Taschendiebstahl

- Diebe setzen auch skrupellos bettelnde Kinder ein, die – meist in kleinen Gruppen – das Opfer bedrängen und so dessen Aufmerksamkeit stehlen – ebenso wie, im richtigen Moment, sein Portemonnaie.
- Die als »Hugging« bekannt gewordene Bewegung von Aktivisten, wildfremde Menschen auf offener Straße herzlich zu umarmen, haben auch Taschendiebe für sich entdeckt und nutzen dieses eigentlich schöne Ritual schamlos für ihre Zwecke aus.

Übrigens lohnt es sich nach einem Taschendiebstahl manchmal durchaus, einen Blick in die Mülleimer am Tatort und in den umliegenden Gassen zu werfen. Oft findet sich dort die geklaute Geldbörse samt Ausweisen und anderen Karten – viele Diebe sind nämlich nur an Bargeld oder vielleicht noch Kreditkarten, nicht aber an all den anderen persönlichen Dokumenten interessiert und entledigen sich der Beweismittel schnellstmöglich.

Wer zum ersten Mal in einer echten Metropole wie Berlin, Paris oder Frankfurt unterwegs ist, dürfte erst einmal schockiert sein vom Ausmaß an Armut und auch von Sucht, das ihm begegnet. Aber wie wertvoll ist es gerade für Schüler, einmal hautnah mit den moralischen Dilemmata konfrontiert zu sein! Dazu gehört auch für sich ganz persönlich die unausweichliche Frage beantworten zu müssen, Bettlern etwas zu geben oder nicht. Dabei gilt es einzuschätzen, ob man gerade »ehrlicher« Not oder einem professionellen Schnorrer begegnet und ob die gegebene Münze für Alkohol oder einen Schlafplatz genutzt werden würde.

21. Sex, Drugs and Rock 'n' Roll
Ohne Regeln geht es nicht

Eins ist klar: Die Regeln müssen klar sein!

Die Klassenfahrt ist eine wunderbare Möglichkeit für Schüler, Grenzen auszutesten. Damit das zu sinnvollen Lerneffekten führt, muss es diese Grenzen auch erst einmal geben. Klare, unmissverständliche Regeln sind in einer Situation, die so viele Variablen hat wie eine Klassenfahrt, unerlässlich – auch wenn sogar Sie als Lehrer oder Begleitperson das manchmal vielleicht nervig finden: Regeln, die klar definiert sind, kann man auch nicht ausdehnen oder sogar ganz gezielt einmal brechen.

Welche Regeln das genau sind, das hängt vom Alter, vom allgemeinen Verhalten und von der spezifischen Gruppendynamik ab – hier ist Ihr pädagogisches Gespür der beste Kompass. Sie wissen am besten, wer in Ihrer Gruppe Schwierigkeiten machen könnte und welche Situationen bei Ihren Schülern Unsicherheiten oder Kontrollverluste hervorrufen könnten.

Das Schöne an Klassenfahrten aus Pädagogensicht ist allerdings, dass dieser Anlass manchmal durchaus für Überraschungen gut ist, indem er ganz neue Facetten der Schützlinge ans Licht befördert: Auf Klassenfahrt werden manchmal die größten Rabauken plötzlich diszipliniert, die größten Miesepeter plötzlich freundlich und hilfsbereit, und schüchterne Mauerblümchen werden auf einmal zu renitenten Unruhestiftern ohne Manieren.

Wer auch immer sie gerade am nötigsten hat: Das Wichtigste an den Regeln ist, dass sie unmissverständlich sind. Schwammige Regeln sind genauso gut wie gar keine Regeln; sie laden sogar regelrecht zur »Interpretation« ein – und darin sind Teenager verdammt kreativ.

Am wichtigsten sind klare Regeln natürlich bei den Reizthemen aller zu Hause gebliebenen Eltern: Suchtstoffe wie Alkohol, Nikotin, Marihuana und andere, Ausgang, Nachtruhe und Sexualverhalten.

Doch nicht nur die Regeln selbst müssen Schülern und Eltern (!) klar und unmissverständlich kommuniziert werden, sondern ebenso die jeweiligen Sanktionen bei Zuwiderhandlung.

Tipp: Kommunizieren Sie die Verhaltensregeln auf Klassenfahrten immer zusammen mit der jeweiligen Sanktion. Regeln ohne Sanktionen sind wie Klassenarbeiten ohne Noten!

Die Sanktionen sind – ebenso wie die Regeln – je nach Altersklasse und Zusammensetzung der Gruppe natürlich sehr unterschiedlich und hängen von Ihrem pädagogischen Grundverständnis ab. Die Ultima Ratio ist bei jeder Klassenfahrt sicher die Anordnung der vorzeitigen Heimreise. Am letzten Abend wird allerdings sogar diese Maßnahme zum stumpfen Schwert, weil am nächsten Morgen ohnehin die Rückreise aller ansteht.

Ein Schlückchen in Ehren …

… kann man sehr wohl verwehren! In diesem Punkt haben wir aus der Erfahrung mit Tausenden Jugendgruppen heraus eine ganz klare Haltung: Alkohol hat bei Klassenfahrten nichts verloren. Auch wenn das in der Vergangenheit vielleicht anders war und das Thema Alkohol von früheren Generationen oft lockerer gehandhabt wurde, ist totale Abstinenz einfach die einzige wirklich klare, kontrollierbare Variante. Sie sollte deshalb auch für Schüler gelten, denen kraft Jugendschutzgesetzes der Konsum erlaubt wäre.

Dabei geht es gar nicht so sehr ums Prinzip, sondern um die Umsetzbarkeit in der Realität: Wie sollte eine Erlaubnis, die geringe Mengen Alkohol zulässt, jemals kontrollierbar sein? Ob jemand tatsächlich die erlaubten zum Beispiel zwei Getränke überschritten hat oder nicht, ist selbst einem Volltrunkenen kaum belastbar zu beweisen.

Machen wir uns aber nichts vor: Der Ehrgeiz von Jugendlichen, bei der Klassenfahrt an Alkohol zu kommen, ist vor allem bei älteren Gruppen wahrscheinlich groß, und gewieften Schülern wird es in der Regel auch gelingen.

Tipp: Um sich als Aufsichtsperson bei aller Regelstrenge einen Handlungsspielraum zu bewahren, können Sie abgestufte Sanktionen verwenden. So können Sie – etwa bei einem Verstoß gegen die Regel »kein Alkohol« – zunächst eine Verwarnung aussprechen und erst im Wiederholungsfall die vorzeitige Abreise anordnen.

Die konkrete Gestaltung der Regeln ist sehr individuell und liegt in Ihrem pädagogischen Ermessen – nur eindeutig und verlässlich muss Ihre Reaktion immer sein.

Die gute Nachricht ist: Rauchen und Alkoholexzesse sind nach unserer Beobachtung und der vieler Anbieter, die vor Ort mit Klassenfahrten befasst sind, inzwischen weniger virulent als in der Vergangenheit. Vorbei sind die Zeiten flaschenscheppernder Reisetaschen, deren alkoholhaltiger Inhalt in abgehangenen Zimmerdecken oder in vom Fenster aus erreichbaren Dachrinnen ein sicher geglaubtes Versteck fand, vielleicht noch nicht – doch mit jeder Schülergeneration wird das Bewusstsein um die Risiken des Alkoholkonsums scheinbar größer.

No boys in girls' rooms, no girls in boys' rooms!

Eines der heikelsten Themen bei jeder Klassenfahrt ist und bleibt die Geschlechtertrennung – und daran wird sich wohl auch in 100 Jahren noch nichts geändert haben.

Dabei ist diese Regel eigentlich so einfach wie klar: Jungen haben in Mädchenzimmern nichts zu suchen und Mädchen nichts in Jungenzimmern. Doch es ist eine unendliche Geschichte: Der Hang zum unerlaubten, bevorzugt nächtlichen Kontakt zum anderen Geschlecht ist, abhängig von der Altersstruktur, natürlich sehr ausgeprägt. Die Hürden zu überwinden und irgendwie die »verbotene Zone«, das Zimmer der anderen, zu erobern, ist für Teenager einfach zu reizvoll. Ebendies zu verhindern hat wiederum oberste Priorität bei Lehrern, denn sie wissen um den Reiz des Verbotenen – immerhin waren sie auch mal jung.

Interessant dabei ist eine Beobachtung, die wir über die Jahre gemacht haben und die viele Klassenfahrten-Profis bestätigen: Mädchen versuchen meist aktiver in Jungenzimmer zu gelangen als umgekehrt. Vermutlich, weil in der gleichen Altersklasse der Entwicklungsstand von Mädchen weiter fortgeschritten ist als bei den Jungs.

Ähnlich wie beim Thema Alkohol ist davon auszugehen, dass die Bemühungen der Schüler öfter von Erfolg gekrönt sind, als den Eltern und Lehrern lieb ist. Ohne Entwarnung geben zu können oder zu wollen, raten wir zu einer deeskalierenden Sichtweise: Die Unterbringung ist bei Klassenfahrten in aller Regel in Mehrbettzimmern. Das schiebt dem Austausch von Intimitäten ziemlich effektiv einen Riegel vor: Unter derlei Rahmenbedingungen ist es innerhalb der Herberge bei aller Fantasie eher unwahrscheinlich, dass allzu viel passieren kann. Die Angst vor einer Klassenfahrt-Schwangerschaft ist geradezu klischeehaft verbreitet, aber Hand aufs Herz: Kennen Sie irgendjemanden, der auf einer Klassenfahrt gezeugt wurde?

Gleichzeitig darf das Thema auf gar keinen Fall verharmlost

werden, und Wachsamkeit ist immer geboten. Viel größere Risiken bergen Techtelmechtel in konspirativer Zweisamkeit außerhalb überschaubarer Räume, nämlich außerhalb der Unterkunft. Auch hier lohnt es sich klare Regeln aufzustellen: Pärchen jedweder Konstellation ist es nicht erlaubt, sich von der Gruppe abzusondern und von der Unterkunft zu entfernen. Um Missverständnisse auszuschließen: Jede Form von Diskriminierung, Hänselei, Beleidigung oder sexueller Gewalt ist natürlich konsequent zu sanktionieren.

Kein Raum für Missbrauch – Schutzkonzepte zur Verhinderung von sexueller Gewalt bei Kinder- und Jugendreisen[32]

Für Kinder und Jugendliche sind Reisen ohne Eltern eine wichtige Erfahrung. In der Gemeinschaft von Gleichaltrigen sammeln sie vielfältige neue Eindrücke: Sie erkunden die Natur, treiben Sport oder lernen Sprachen. Das alles fördert ihre Selbstständigkeit und ihr Selbstbewusstsein. Aber Kinder- und Jugendreisen bergen leider auch Risiken und Gefahrenpotenziale für sexuelle Gewalt.

Manche Kinder sind besonders anhänglich, wenn sie Heimweh nach ihren Eltern haben. Das kann von potenziellen Tätern leicht ausgenutzt werden. Ebenso haben diese ein leichtes Spiel mit einzelnen Mädchen oder Jungen, die durch eine sich schnell entwickelnde Gruppendynamik in eine Außenseiterposition geraten. In der ungewohnten Situation der Reise zeigen manche Kinder und Jugendlichen eine erhöhte Risikobereitschaft und lassen sich auf Situationen ein, die sie zu Hause meiden würden. Insbesondere bei Kontaktspielen und Mutproben werden innerhalb der Kinder- oder Jugendgruppe manchmal (sexuelle) Grenzen verletzt. Diesen Übergriffen zu entgehen ist schwer, wenn sie als Spaß oder Tradition dargestellt werden. Und nicht zuletzt hält die Aussicht, die Reise vielleicht abbrechen zu müssen, manche Mädchen und Jungen davon ab, sich über sexuelle Gewalt zu beschweren.

Zudem sind Jugendreisen eine Gelegenheit zu flirten, sich zu verlieben und manchmal auch sexuelle Erfahrungen zu machen. Gerade den Betreuungspersonen gelten häufig Bewunderung, Schwärmereien und Verliebtheit – Gefühle, die möglicherweise ausgenutzt werden

Fortsetzung nächste Seite

können. Ein besonderes Risiko besteht darin, dass gewohnte Bezugspersonen wie Eltern oder die beste Freundin/der beste Freund fehlen, denen sich Kinder und Jugendliche normalerweise anvertrauen.

Auf Reisen haben die Betreuungspersonen jedoch die Chance, diese Lücke zu füllen und als Ansprechpartner das Vertrauen der Mädchen und Jungen zu gewinnen – unabhängig davon, ob es um Vorfälle auf der Reise oder zu Hause geht. Reisen bieten vielfältige Gelegenheiten für vertrauliche Gespräche, aber auch für aktives Nachfragen und Anbieten von Hilfe, wenn den Betreuungspersonen Veränderungen im Verhalten oder der Stimmung eines Mädchens oder Jungen auffallen.

Damit die Risiken für sexuelle Gewalt nicht von Tätern und Täterinnen oder Gleichaltrigen ausgenutzt werden und damit Kinder und Jugendliche auch auf Reisen kompetente Hilfe finden, brauchen die Akteure des Kinder- und Jugendreisens Schutzkonzepte. Sie sind ein Signal an Eltern, dass Kinderschutz in diesem Verein, dieser Unterkunft, diesem Reiseunternehmen nicht auf der Strecke bleibt und der gewünschten Unbeschwertheit von Reisen geopfert wird. Für Betreuer hat ein Schutzkonzept den Vorteil, dass die Orientierung an den aufgestellten Regeln und Vereinbarungen einen Schutz vor falschem Verdacht darstellt.

Es gibt kein Schutzkonzept, das für alle Arten von Kinder- und Jugendreisen passt. Jede Einrichtung und Organisation muss ein individuelles Konzept entwickeln, das die strukturellen und organisatorischen Gegebenheiten des eigenen Angebots abbildet und berücksichtigt. Viele Aspekte verlangen differenzierte Entscheidungen: Das Alter der Nutzerinnen und Nutzer, der Anteil der Ehrenamtlichen und die Art der Aufgaben, mit denen diese betraut sind, aber auch Fragen zur Einbeziehung von Dienstleistern in die Kinderschutzmaßnahmen müssen berücksichtigt werden. Trotz der hohen Spezifität der Anforderungen zeigen Praxiserfahrungen jedoch, dass Anbieter sehr davon profitieren, wenn Fachverbände und Träger Vorgaben wie Rahmenkonzeptionen, Richtlinien und Infomaterialien zur Verfügung stellen.

Pillen, Salben, Zecken: Erste Hilfe vom Lehrer

Ganz grundsätzlich sollten Schülern sicher keine Medikamente oder sonstige Präparate verabreicht werden, es sei denn, es liegen chronische Erkrankungen oder Ähnliches vor, die eine regelmäßige Einnahme erfordern. Sollte es unterwegs notwendig werden, ein Medikament zu verabreichen, ist die einfachste Variante, das Einverständnis der Eltern telefonisch einzuholen. Dabei dürfte es in aller Regel um nicht verschreibungspflichtige Mittel gegen Kopf- oder Zahnschmerzen, Magenverstimmung oder Übelkeit gehen.

Ratsam ist es, das Einverständnis sinnvoll zu dokumentieren: durch Notiz mit Uhrzeitangabe oder einfach nur dadurch, dass der Kollege beim Telefonat dabei ist. Denn natürlich kann kein Lehrer Unverträglichkeiten oder Allergien eines Schülers gegen Wirkstoffe oder deren Kombinationen zuverlässig einschätzen. Käme es also zu Komplikationen, wäre es gut, die getroffenen Entscheidungen nachvollziehbar erklären und begründen zu können.

Gleiches gilt für den verstauchten Fuß, der mit Salbe und Verband versorgt werden will. So etwas hat naturgemäß meist spontan und ohne Verzögerung zu erfolgen. Weil Erziehungsberechtigte bei Erkrankung oder Verletzung ohnehin informiert werden müssen, bietet es sich an, bei diesem Telefonat das Einverständnis zur bereits erfolgten Therapie im Nachhinein einzuholen. Das ist keine optimale Lösung, aber besser als gar keine. Die meisten Eltern werden kaum darauf bestehen, ihr akut hilfebedürftiges Kind erst nach Rückfrage zu behandeln.

Dass jede Behandlung mit auch noch so geringem Körperkontakt zum Schüler in Begleitung mindestens eines Kollegen, bei Mädchen unbedingt einer Kollegin erfolgen muss, versteht sich im Sinne des Schutzes vor sexueller Gewalt von selbst.

Ein sensibles, auf Klassenfahrten aber sehr häufig relevantes Thema ist die Entfernung von Zecken, die sich auch schon mal an weniger gut erreichbaren Körperstellen befinden können. Bei aller gebotenen Sensibilität ist es jedoch sicher übertrieben, dafür den Rettungsdienst zu verständigen. Dennoch sollten der Zecke und deren ordnungsgemäß und auch rechtlich einwandfrei durchgeführten Beseitigung der gebotene Respekt gezollt werden. In einem Rundschreiben zum Thema[33] führt das bayerische Staatsministerium für Bildung aus: »Ein Zeckenstich als solcher erfordert in der Regel kein sofortiges Einschreiten, um eine akute Gefahr für das Leben oder die Gesundheit abzuwenden. Daher besteht bei einem Zeckenstich ohne das Hinzutreten besonderer Umstände im Einzelfall, die die Annahme eines Notfalls rechtfertigen, nach Ansicht des Bayerischen Staatsministeriums für Bildung und Kultus, in Übereinstimmung mit dem Bayerischen Staatsministerium für Justiz grundsätzlich keine strafrechtlich relevante Gefährdungslage [...] und damit keine Rechtspflicht zur sofortigen Entfernung der Zecke durch die Lehrkraft.«

Weiterhin weist das Rundschreiben auf die von Fall zu Fall individuell zu bemessende Dringlichkeit der Entfernung hin und fordert Lehrkräfte dazu auf, vorab das Einverständnis der Eltern einzuholen. Außerdem wird darauf hingewiesen, dass »ein Zeckenstich einen Unfall im Sinne des Sozialgesetzbuches darstellt und demnach Unfallversicherungsschutz besteht«. Für Sie als Lehrer bedeutet das, dass sich »das zivilrechtliche Haftungsrisiko der Lehrkraft auf Fälle bezieht, in denen vorsätzlich oder grob fahrlässig gehandelt wurde. Die Schwelle zur groben Fahrlässigkeit wird jedoch erst dann überschritten, wenn objektiv die im Verkehr erforderliche Sorgfalt in besonders schwerem Maße verletzt wurde, also dann, wenn schon ganz naheliegende Überlegungen nicht angestellt wurden und das nicht beachtet wurde, was im gegebenen Fall jedem einleuchten musste und den Handelnden in subjektiver Hinsicht ein schweres Verschulden trifft.«

Fazit: Eltern anrufen, Zeckenzange oder -Karte sowie Kollege bzw. Kollegin hinzuziehen und die Zecke möglichst sachgerecht entfernen – und gut ist.

Das Smartphone: No-Go oder Free Flow?

Das Smartphone ist für die meisten Jugendlichen fast schon ein Teil der eigenen Identität. Der tagelange Verzicht auf den Taschencomputer ist deshalb für viele undenkbar. Die Mitnahme auf die Klassenfahrt zu untersagen, der geregelte Totalverzicht also, ist fast nur noch bei den Kleinsten denkbar, ohne damit bei Schülern (und oft auch Eltern) eine Welle der Empörung auszulösen. Andererseits ist es nicht nur nervig, sondern auch der Aufmerksamkeit bei Programmpunkten abträglich, wenn die smarten Begleiter mehr Aufmerksamkeit einfordern – und bekommen – als das Reiseziel. Wer als Lehrer darauf hofft, die Schüler würden dem ständigen Piepen und Blinken aus freien Stücken für die Dauer des Programms entsagen, ist besser auf eine Enttäuschung gefasst.

Das Thema »Smartphone« und dessen Nutzung ist schon im Schulalltag raumgreifend – davon kann jeder Lehrer ein Lied singen. Wie werden die Schüler dann erst auf Klassenfahrt am Display kleben, wenn es ständig aufregende Reise-News zu berichten gibt?

Was die Begleitpersonen schnell nervt, ist dabei nicht immer nur schlecht: Das Smartphone dient den Jugendlichen als Kamera und als Kommunikationszentrale zugleich. Es lässt Freunde und Familie mit Fotos und Videos ganz leicht an der Tour teilhaben.

Kritisch wird es jedoch, wenn das Recht am eigenen Bild ins Spiel kommt: Sicher wollen sich nicht alle Mitschüler, ebenso wenig wie die Lehrer, uneingeschränkt und unkontrollierbar plötzlich als Motiv unfreiwillig im Netz wiederfinden. Leider ist das Smartphone auch das Basiswerkzeug für Cybermobbing, Beleidigungen und Verunglimpfungen, die sich rasend schnell verbreiten können und im Extremfall zu schweren psychischen Problemen führen können. Noch dazu sorgt das Handy für leichten Zugang zu digitalen Gewaltphänomenen im Netz. Mit einem Freifahrtschein für die unbegrenzte Smartphone-Nutzung ist es also auch nicht getan; den Schülern muss klar sein, dass es Grenzen gibt.

Es sind also klare Regeln zum Umgang vonnöten. Wie die konkret aussehen, ist vom Alter, von Reife und Einsichtsfähigkeit der Schüler abhängig und sollte mit den Schülern im Vorfeld der Fahrt diskutiert und festgelegt werden.

Tipp: An manchen Orten sollte ein striktes Fotografier-Verbot für das Smartphone gelten. Dazu gehören Schwimmbäder, aber auch manche Museen. Machen Sie den Schülern abhängig vom Reiseziel vorab eindeutig klar, an welchen Orten und bei welchen Programmpunkten die Nutzung des Smartphones und insbesondere der Kamera nicht statthaft ist. Darüber hinaus empfiehlt sich vor der Klassenfahrt eine Auffrischungslektion zum Thema Cybermobbing, da die Schüler sich während einer Klassenfahrt in besonders intimen und verletzlichen Situationen begegnen können.

Eine häufig gewählte und auch praktikable Variante besteht darin, die Geräte täglich einzusammeln, zentral zu deponieren und zur definierten Zeit – etwa nach dem Ende des offiziellen Tagesprogramms oder nach dem Abendessen – für eine begrenzte Zeitspanne auszuhändigen. Der Hinweis im Vorfeld, doch bitte einen kleinen Aufkleber mit dem Namen des dazugehörigen Nutzers auf dem Gerät anzubringen, erleichtert die Ausgabeprozedur enorm, da die Geräte sich oft gleichen wie ein Ei dem anderen.

Auch wenn Sie selbst mit der Bedeutung des Smartphones fremdeln: Die tagtägliche Nutzung ist für die Jugendlichen so selbstverständlich wie Zähneputzen. Die Klassenfahrt ist vielleicht eine gute Gelegenheit, sich gemeinsam mit einer bewussteren Smartphone-Nutzung auseinanderzusetzen.

22. Den Sack Flöhe hüten
Wie Begleitpersonen sich selbst schützen

Eigenschutz geht immer vor!

Die Superhelden im Kino begeben sich am laufenden Band für andere in Gefahr. Sie rennen ins Feuer oder in einstürzende Bauten und setzen alle drei Minuten ihr eigenes Leben aufs Spiel, um andere oder gleich die ganze Welt zu retten.

Superhelden im wahren Leben organisieren sich ein, zwei Gefährten, schnappen sich eine Gruppe Kinder oder Teenager und ziehen einige Tage mit der wilden Truppe mehr oder minder bekannter Charaktere ins Abenteuer einer völlig neuen Umgebung, im Klartext: Die Superhelden des Lehreralltags gehen auf Klassenfahrt. Dort sind auch sie rund um die Uhr im Einsatz, retten alle drei Minuten die Situation und manchmal auch jemandem das Leben und kommen völlig erschöpft, hoffentlich aber glücklich, mit ihren Schützlingen wieder zurück.

Da wirkliche Superhelden wie Sie aber keine unbegrenzten Kräfte haben wie die Helden des Marvel-Universums, schützen sie allerdings auch und zuerst sich selbst, um anderen helfen zu können. Sie teilen ihre Ressourcen sinnvoll ein und wissen, dass sie verwundbar sind. Wie für Feuerwehrleute und Polizisten gilt auch für Lehrer auf Klassenfahrt: Eigenschutz geht vor! Das heißt: organisieren, managen, helfen und führen, was das Zeug hält – aber mit Bedacht und Umsicht für die eigene Unversehrtheit und die eigenen Nerven.

Hierarchie-Gerangel ist vermeidbar

Das Motto Selbstschutz gilt nicht nur in gefährlichen Situationen oder bei gesundheitlichen Risiken, sondern auch in Fragen der Haftung und der persönlichen Verantwortung.

Mit Klassenfahrten ist es wie mit vielen Projekten: Gut vorbereitet ist halb gewonnen. Dazu gehört auch für alle Beteiligten eine effiziente Organisationsstruktur zu erschaffen, die für reibungslose Abläufe und optimale Entscheidungsfindung in jedem Stadium sorgt. Das hört sich vielleicht abstrakt an, ist aber von hoher praktischer Relevanz, wenn es unterwegs in konkreten Situationen plötzlich Zuständigkeitsfragen zu klären gilt.

»Wer ist denn hier verantwortlich?« Diese Frage stellt sich bei Weitem nicht nur, wenn es um Haftung geht und jemand gesucht wird, der den Kopf hinhalten soll. Dass die Verantwortlichkeiten klar verteilt sind, erleichtert Ihnen als Begleitperson im Klassenfahrt-Alltag an allen Ecken und Enden das Leben – nämlich immer dann, wenn es Entscheidungen zu treffen gilt. Und mögen sie auch noch so banal sein.

Was tun, Frau Schleicher?

Nach über einem Jahr gründlicher Vorbereitung, aufwendiger Planung, riesiger Vorfreude und gespannter Erwartungen und nach einer launigen, beschwingten Anreise bricht bei der Ankunft im Hostel von einem Moment auf den nächsten die Welt zusammen. Ein Mitarbeiter des Hostels gesteht: »In den Zimmern, die Sie gebucht haben, wurden Bettwanzen festgestellt. Wir können Sie da nicht reinlassen, und der Rest der Unterkunft ist ausgebucht.«

Eine Katastrophe. Frau Schleicher, die als Hauptorganisatorin der Fahrt die Nachricht an die Mitgereisten überbringt, diskutiert kurz mit ihren Kollegen, und die erste Reaktion steht schnell fest: Die komplette Gruppe mit ihren insgesamt rund 70 Teilnehmern übernachtet im Konferenzraum des Hostels.

Am nächsten Morgen steht Frau Schleicher nebst Betreuern und 68 aufgebrachten Mädchen und Jungen nach einer verlorenen Nacht in der Lobby des Hostels. Es gilt eine Entscheidung zu treffen: Wird ie Fahrt abgebrochen? Was passiert mit dem heutigen Tagesprogramm? Ziehen wir das durch und reisen abends ab? Oder beziehen wir doch die angebotene Alternativunterkunft, 50 Kilometer vor den Toren der Stadt, und reduzieren das geplante Programm für die nächsten Tage entsprechend? Frau Schleicher trifft eine Entscheidung – aber erst, nachdem sie sich mit den Klassensprechern und Elternvertretern, dem Busunternehmen, dem Reiseveranstalter und der Unterkunft abgestimmt hat. Es gibt dabei keine richtige und keine falsche Entscheidung. Die etwa 70 Meinungen sind unterschiedlich, zu Fakten kommen Emotionen. Und doch ist letztlich eine Entscheidung möglich, die alle mittragen. Weil einer, Frau Schleicher nämlich, das Sagen hatte.

Nicht nur Frau Schleicher selbst, sondern auch die Kollegen und Begleitpersonen haben in diesem Fall alles richtig gemacht: Jede Klassenfahrt braucht einen, der den Hut aufhat. Und wie das Beispiel zeigt, heißt die Gruppe zu führen nicht, alles alleine oder gar alles unbedingt richtig entscheiden zu müssen und zu können. Es heißt vielmehr, die Rolle des Entscheiders anzunehmen und zu vertreten, was das Beste für die Gruppe ist.

Eine klare Hierarchie macht klare Entscheidungen überhaupt erst möglich. Sie hilft Streit sowie end- und am Ende ergebnislose Diskussionen zu vermeiden. Natürlich sollen, je nach Umstand und der zur Verfügung stehenden Zeit, alle Aspekte und Einflussfaktoren einer weitreichenden Entscheidung besprochen und diskutiert werden. Letztlich sollte in entscheidenden Fragen wie im obigen Beispiel dann aber eine Instanz die Entscheidungskompetenz haben. Idealerweise ist das derjenige, der auch bei der Organisation die Fäden in der Hand und daher den besten Überblick hat. Das ist nicht undemokratisch, das ist logisch und sinnvoll.

Wer diese letzte Instanz für wichtige Entscheidungen ist, sollte schon beim ersten Elternabend zur Klassenfahrt klar kommuniziert werden.

Tipp: Ein häufig praktizierter organisatorischer Kniff für Fahrten in großen Gruppen ist es, die Gruppe in kleinere Einheiten zu unterteilen. Je Einheit wird, noch vor der Fahrt, ein Gruppensprecher gewählt oder bestimmt. Alle erforderlichen Abstimmungen und Entscheidungen können dann immer zwischen Entscheider oder Betreuern und Gruppensprechern erfolgen; Letztere tragen die Kommunikation dann in ihre Gruppe. Das macht Ansprachen und Absprachen sehr viel einfacher, schneller und entspannter.

Lange Tage, ruhige Nächte

Was meinen Sie, wer kann wohl länger wach bleiben: Lehrer oder Schüler? Eben: Mit den schier unbegrenzten Energiereserven von Jugendlichen können die wenigsten Erwachsenen mithalten. Deshalb gibt es auch Grenzen in der Frage, wie lückenlos die Schüler vor allem nachts überwacht werden können und sollten.

Wenn überhaupt sollte die »Nachtwache«, die viele Lehrer und Begleitpersonen aus freien Stücken praktizieren, im Sinne des Eigenschutzes erfolgen. Die langen Tage einer Klassenfahrt sind schon anstrengend genug für die Lehrer; bei den meisten, vor allem älteren Kollegen, reichen die Ressourcen einfach nicht, um sich zusätzlich zu fünf Tagen Aufmerksamkeit *nonstop* auch noch sämtliche vier Nächte um die Ohren zu schlagen.

Tipp: Wenn Sie oder die Eltern auf einer Nachtwache bestehen, stellen Sie dafür unbedingt einen Schichtplan auf, der allen Begleitpersonen in Summe genug Schlaf zusichert.

Niemandem ist geholfen, wenn Lehrer und mitfahrende Eltern aufgrund von Übermüdung ihrer Aufsichtspflicht nicht angemessen nachkommen können.

Wurden im Vorfeld klare Regeln kommuniziert, was nachts wem wie und bis wann erlaubt ist und was nicht, sollte bei geschickter Arbeitsteilung mit wenigen Kontrollgängen die grundlegende Ordnung gewahrt sein, ohne dass jemand über Nacht auf einem Stuhl im zugigen Gang ausharren und sich vorkommen muss wie in einem schlechten Horrorfilm.

Mitunter lässt sich auch die Unterkunft bei Kontrollen einbinden. Viele größere Häuser haben eigene Nachtwachen, die bei der Einhaltung der Nachtruhe unterstützen und in den Augen der Jugendlichen oft eine gewisse Autorität haben, da sie das Hausrecht ausüben.

Selbst bei schwierigen Klassen ist die Stuhlwache auf dem Flur wirklich nicht nötig. Meist kristallisiert sich der Ort, an dem die feierlaunigsten Schüler wohnen, sehr schnell als das »Partyzimmer« heraus, das für alle leicht zu identifizieren ist. Selbst eine ausgelassene Feier in eben diesem Zimmer bis zum frühen Morgen ist, solange sie keine anderen Gäste stört, bei Licht betrachtet nun wirklich kein Drama. Wird es zu laut oder fühlen sich andere Gäste gestört, werden das Personal der Unterkunft oder die anderen Gäste sich ohnehin an Sie wenden. Schlimme Verfehlungen und Alkoholmissbrauch werden ebenfalls nicht unbemerkt bleiben und nötigenfalls klar sanktioniert (siehe Kapitel 21).

Um für etwas mehr Ruhe auf den Schülerzimmern zu sorgen, ist es wirkungsvoll, die zwischenzeitlich gängigen kleinen Bluetooth-Lautsprecher abends einzusammeln und zu verwahren. Das kann den Lärmpegel wirksam senken. Der dafür vorgesehene Karton sollte nicht zu klein bemessen sein, denn fast jeder Schüler führt heute eine solche Box mit sich – und vielleicht auch noch eine in Reserve …

Eine wichtige Sicherheitsvorkehrung für die Nächte, auch wenn sie mit der Gefahr von Schülerstreichen wie Zahnpasta auf der Klinke einhergeht: Alle Schüler müssen für Notfälle zuverlässig wissen, in welchem Zimmer die Lehrer zu finden sind.

Vielen Lehrern sind die Nächte bei einer Klassenfahrt der größte Horror. Das muss nicht sein: Auch hier lässt sich mit klaren Regeln und guter Organisation viel bewirken. Vernachlässigen Sie bei aller Sorgfalt nicht Ihr eigenes Schlafbedürfnis! Und wenn die Schüler in ihren Zimmern flüsternd die Nächte durchplaudern – was soll's?

23. Erwartung und Wirklichkeit
Fallstricke und wie man sie meistert

Das kann doch einen Lehrer nicht erschüttern!

Die Erwartungen an eine Klassenfahrt sind stets hoch – und sie zu enttäuschen dementsprechend sehr leicht. Bei einem so komplexen Unterfangen mit so vielen Beteiligten sollten Sie immer mit Überraschungen rechnen. Nicht nur vonseiten der Schüler wohlgemerkt: auch bei Unterkünften und Veranstaltern sind Menschen am Werk, die mal Fehler machen. Und manchmal schlägt einfach das Pech zu, ohne dass irgendjemand etwas dafür könnte.

Der Umgang mit Widrigkeiten sollte bewusst geschehen und nicht zu Trotzreaktionen oder organisatorischer Lähmung führen. Bei allem Frust und aller Enttäuschung ist es wichtig, Schülern auch in der Krise Vorbild zu sein.

Das Wichtigste, wenn Sie über einen der zahlreichen Fallstricke stolpern, die Ihnen bei einer Klassenfahrt begegnen können, ist: handlungsfähig bleiben. Und das heißt vor allem:

1. Ruhe bewahren
2. Handlungsoptionen identifizieren
3. Konsequent entscheiden und umsetzen

Die meisten Fallstricke sind noch lange nicht geeignet, gleich die ganze Fahrt zu ruinieren. Sehen Sie es einmal so: Je größer die Komplikation, desto größer der Lerneffekt für alle Beteiligten!

Überbucht! Und jetzt?

Gerade in den Stadthotels großer Metropolen kommt es gar nicht selten vor, dass die Buchungsabteilung mehr Betten verkauft, als vorhanden sind. Letztlich ist das Überbuchen nichts anderes als ein Instrument der Hotelbetreiber zur Erhöhung ihrer Auslastung. Es st vergleichbar mit einer Wette: Wie hoch ist die Wahrscheinlichkeit, dass an jedem konkreten Tag alle gebuchten Betten in Anspruch genommen werden? Aufgrund von Erfahrungswerten wird auf Stornierungen einerseits und auf die Möglichkeit zur Umbuchung in alternative Unterkünfte andererseits spekuliert. Je nach Tag, Saison und Konstellation kann diese Spekulation auch größere Gruppen treffen. Was waghalsig und unverantwortlich klingt, funktioniert in der Praxis meistens tatsächlich, da das Management dabei ein ausgeklügeltes System von Statistiken und Erfahrungswerten zugrunde legt. Meistens heißt aber nicht immer – manchmal geht es schief. Und dann haben Sie und Ihre Schüler das Nachsehen.

Sobald feststeht, dass ein Haus mehr Übernachtungen verkauft hat, als Betten vorhanden sind, fragt sich der zuständige Manager natürlich, wer die Betroffenen dieses unglücklichen Umstands sein werden. Und da sind die Prioritäten in aller Regel eindeutig: Die Gruppe, deren Lehrer die Buchung selbst organisiert hat und zum ersten Mal im Haus übernachtet, wird eher durchs Raster fallen als regelmäßige Stammkunden oder die Gruppe des Reiseveranstalters, der regelmäßig für Belegung und Auskommen der Unterkunft sorgt und hohe Summen für seine Kontingente bezahlt.

Wie auch immer die Hintergründe aussehen mögen, die die Reisenden in der Regel ohnehin nicht erfahren werden: Wer mit dem Verweis auf unglückliche Umstände wie einen Rohrbruch oder Bettwanzenbefall an der Rezeption abgewiesen wird, ist zunächst einmal vor allem eins: machtlos.

Die gute Nachricht ist: Natürlich besteht rechtlich ein Anspruch auf die gebuchten und vermutlich schon bezahlten Zimmer, das ist völlig unstrittig. Die schlechte Nachricht gleich hinterher: Einen Anspruch zu haben und ihn durchsetzen zu können sind leider zwei völlig unterschiedliche Dinge. Selbst die Androhung eines Rechtsstreits mit einer Armada von Juristen oder die Ankündigung, die BILD-Zeitung oder die Verbraucherzentrale zu informieren, beeindruckt die Verantwortlichen in der Regel nicht wirklich. Und vor allem löst es das akute Problem nicht: dass die Gruppe ohne Betten für die Nacht dasteht.

Natürlich können Sie den Aufstand proben und dem Mitarbeiter an der Rezeption lautstark und wild gestikulierend die Meinung geigen. Oder Sie können ganz charmant und jovial mit viel Empathie Überzeugungsarbeit leisten. Das Ziel ist in beiden Fällen dasselbe: dass eine andere Gruppe das Los trifft und die eigenen Schüler die vorhandenen Zimmer beziehen können. Leider gibt es hier weder Tricks noch Garantien: Sie können mit beiden Strategien Glück haben oder auflaufen. Nur an eines sollten Sie denken: Ihre Schüler beobachten sehr genau, mit welchen Mitteln Sie arbeiten …

Allerdings werden Sie auch in den seltensten Fällen ohne den Hauch eines Hilfsangebots abgewiesen werden. Meist werden Alternativen benannt, und in der Regel ist die Methode Umbuchung, wie bereits erwähnt, auch erfolgreich. Sobald eine konkrete Alternative ins Spiel kommt, verlängert sich Ihr Hebel als Betroffener enorm. Denn wenn die Unterkunft sich einmal dazu bekennt, Ihnen Ersatz suchen zu wollen, wird sie das in der Regel auch durchziehen.

Aber Achtung: Die Erleichterung, die sich an dieser Stelle schnell breitmacht, sollte Sie nicht unaufmerksam machen. Die alternative Unterkunft kann nämlich qualitativ schlechter oder – was häufiger der Fall ist – wenig verkehrsgünstig und weit außerhalb der Stadt liegen.

Das ist dann der Moment, den Schieberegler von »jovial charmant« auf »energisch fordernd« zu ziehen – natürlich ohne dabei über die Stränge zu schlagen. Wenn Ihnen der Gesprächspartner einmal eine Alternative vorgeschlagen hat, wird er Ihnen diese Option kaum wieder wegnehmen.

Tipp: Wird Ihnen eine schlechtere Alternative als sichere Option vorgeschlagen, gilt es stattdessen auf eine bessere, höherwertige, näher am Zentrum gelegene Unterkunft zu bestehen – und zwar ohne Mehrpreis. Das ist durchaus statthaft, denn immerhin hat Ihr Vertragspartner seinen Teil des Deals nicht eingehalten.

Wenn es nicht klappt, bleibt notfalls ja immer noch die Option, in die angebotene Unterkunft am Stadtrand zu ziehen. Schon häufig haben sich Jugendgruppen in derlei Situationen am Ende in einem netten Komforthotel wiedergefunden – und die Katastrophe Überbuchung hat sich am Ende als Glücksfall erwiesen.

Prospekt versus Wirklichkeit: Wenn der schöne Schein (be)trügt

Viele Urlaubsreisende kennen aus leidvoller Erfahrung den Unterschied zwischen dem Zimmer mit Meerblick, dem Zimmer mit seitlichem Meerblick (mit nur münzgroßem Sichtfeld auf das Meer) und dem Zimmer zur Meerseite – was auch bedeuten kann, dass zwischen Zimmer und Meer ein mehrstöckiges Parkhaus die Sicht blockiert.

Dass die Anbieter ihre Unterkünfte in den schönsten Farben ausmalen und besonders vorteilhafte Bilder des schicken Eingangsbereichs eher Verwendung finden als realistisch belichtete und perspektivisch ehrliche Aufnahmen der Gästezimmer, ist bei Prospekten und Webseiten für Klassenfahrten nicht anders als für private Reisen.

Auch die Beschreibungen sind durchaus vergleichbar: Ist von »modernen, aber zweckmäßigen« Zimmern die Rede, deutet das auf einen sehr einfachen Standard hin. Spricht der Anbieter von einer

»verkehrsgünstigen Lage«, kann das durchaus bedeuten, dass das Haus direkt an der Autobahn liegt. Wird eine Unterkunft als »zentrumsnah« angepriesen, lässt das reichlich Spielraum für Interpretation, denn für diesen Begriff gibt es keine eindeutige Definition.

Die meisten Enttäuschungen, die auf falsche Versprechungen zurückzuführen sind, lassen sich jedoch schon im Vorfeld vermeiden. Online-Bewertungsplattformen sorgen heute dafür, dass oft auch realistische Bilder von Unterkünften im Netz zu finden sind – unter Beachtung der Hinweise über die Glaubwürdigkeit von Online-Rezensionen (siehe dazu Kapitel 11). Und natürlich ist es ratsam, Werbematerial und Reiseunterlagen aufmerksam zu studieren und beschönigende oder unklare Formulierungen vorab zu hinterfragen, um unangenehmen Überraschungen vorzubeugen.

Jetzt wird es kribbelig: Bettwanzen

Nie zuvor sind mehr Menschen öfter und weiter verreist als heute. Für das Jahr 2018 vermeldete der *Spiegel* auf eine Schätzung Bezug nehmend die Rekordzahl von weltweit 4,1 Milliarden Flugpassagieren.[34] Nie war es einfacher und billiger, mit dem Flugzeug zu verreisen – und für die meisten von uns ist das sehr erfreulich, wenn man die massiv problematische ökologische Komponente einmal ausklammert.

Leider reisen bei all den interkontinentalen Flügen aber auch Gäste mit und finden zunehmend Verbreitung, die in Europa lange Zeit als ausgerottet galten: *cimex lectularius*, auf Deutsch: Bettwanzen. Unscheinbar und verborgen im Gepäck der Reisenden viel herumgekommen, haben die Tierchen sich fast unbemerkt und lautlos über Europa ausgebreitet und im Laufe der Zeit besonders der Großstadt-Hoteliers schlaflose Nächte bereitet. Von deren Gästen ganz zu schweigen.

Fakt ist: ob Fernbus, Bahn oder Flieger – die Bettwanzen sind echte Kosmopoliten und keineswegs einfach auf die mangelnde Hygiene mancher Zeitgenossen zurückzuführen. Sie steigen im Hotel am einen Ende der Reise in den Koffer ein und am anderen wieder aus. Dann machen sie es sich im Zimmer behaglich und checken nicht mehr freiwillig aus – und das alles unbemerkt, bis bei einem Gast, vielleicht auch erst dem nächsten, das große Jucken beginnt.

Da kann die emsige Reinigungskraft noch so gut putzen: Bettwanzen sind definitiv kein Hygieneproblem. Die kleinen Touristen sind Meister des Versteckens und echte Überlebenskünstler. Hinter Steckdosen, Kabelkanälen oder sogar im Fernseher warten sie die Nacht ab, reagieren auf den CO2-Ausstoß der Atemluft und die Wärme des schlafenden Gastes und machen sich dann krabbelnd (fliegen können sie nicht) auf, um Blut zu saugen.

Ähnlich wie Mücken sind Bettwanzen nicht wirklich gefährlich, sondern vor allem lästig und störend. Die Entdeckung eines Befalls ist trotzdem jedes Mal ein Super-GAU, denn zu diesem Zeitpunkt ist der Befall meistens schon kaum noch zu bremsen und mindestens das betreffende Zimmer komplett kontaminiert.

Wird ein Befall mit Bettwanzen festgestellt, müssen sowohl das Zimmer als auch – ganz wichtig – das Gepäck der Gäste umgehend behandelt werden. Wenn kein Ausweichzimmer zur Verfügung steht, scheidet eine chemische Behandlung des Zimmers aus. In diesem Fall bleibt nur das physische Aufspüren und mechanische Entfernen der Plagegeister und eine Nachbehandlung der Verstecke mit Heißdampf oder vereisendem CO2. Die Textilien und Koffer müssen auf mehr als 50 Grad erhitzt werden. Das geht zum Beispiel in der Hotel-Sauna, falls vorhanden – natürlich nur nach Absprache mit dem Personal! Es könnte stattdessen theoretisch auch alles tiefgekühlt werden, das aber für mindestens 48 Stunden. Das ginge nur in der Tiefkühlzelle der Hotelküche. Dort aber haben sowohl Gäste als auch deren Gepäck definitiv nichts zu suchen.

Die Behandlung mit Heißdampfgeräten hat sich bewährt – ebenso wie natürlich die Waschmaschine, bei der es aber mindestens die

60-Grad-Wäsche sein muss. Wenn das alles nicht zur Verfügung steht, helfen nur große Plastiksäcke (Mülltüten tun es absolut), in denen alles verstaut wird und die zuverlässig erst dort wieder ausgepackt werden dürfen, wo eine Behandlung möglich ist. Eine übereilte Abreise mit dem rasch zusammengerafften Gepäck sorgt am sichersten für die ungewollte Mitnahme. Ein weibliches Exemplar des Parasits kann am nächsten Ort – und das können dann die eigenen vier Wände sein – seelenruhig mit einer neuen Population starten.

Eine professionelle Unterkunft wird betroffenen Gästen beim Umgang mit dem Problem helfen.

Inzwischen gibt es bereits spezielle Textilien, die pflanzliche Stoffe eingewebt haben, um Bettwanzen abzuhalten. Diese werden für Matratzen-, Kopfkissen- und Deckenbezüge verwendet und bereits in einigen Hostels und Hotels verwendet. Solange aber die Busunternehmer, Bahnen und Airlines die Invasion der Bettwanzen nicht massiv mit bekämpfen, wird es diesen ungebetenen Gästen weiter möglich sein, munter mitzureisen, von Koffer zu Koffer zu krabbeln und sich in den Unterkünften als blinder Passagier auszuleben. Die Hoteliers werden immer effizientere Methoden ausprobieren, gegen die schnell lernenden und gegen Pestizide rasant resistent werdenden Tierchen zu obsiegen.

Derzeit helfen nur ein aufmerksames Auge aller Mitarbeiter der Unterkunft, bestmögliche Früherkennung und beherztes Eingreifen. Ist eine Gruppe erst betroffen, ist die Situation nur schwierig zu beherrschen. Die Eltern, via Smartphone quasi live mit dabei, werden die Betreuer zur Abreise drängen, und auch die Schüler wollen einfach nur weg. Die beste und effizienteste Bekämpfung kann aber meist vor Ort passieren. Daher sollten erst nach vernunftgesteuertem Vorgehen Gepäck sowie Gäste wieder in einen Bus oder die Bahn steigen, um in einer anderen Unterkunft oder zu Hause die Kleidung wieder auszubreiten – dort dann hoffentlich ohne die ungebetenen Gäste.

Reklamieren, aber richtig – und vor allem sofort!

Wer eine Ware kauft, kann bei einem Mangel an der Sache auf Reparatur oder Umtausch pochen. Den Fehler oder den Defekt nachzuweisen ist meist einfach, weil optisch oder haptisch erkennbar oder durch Funktionsstörung offensichtlich.

Reisen hingegen sind ein immaterielles Gut. Eine Reise kann man nicht anfassen, nicht vorzeigen und auch nicht umtauschen. Zudem ist eine Reise immer an einen Zeitverlauf gebunden und dadurch sehr flüchtig: Das Ablaufdatum steht unveränderlich fest, und für eine »Nachbesserung« bleibt nur sehr wenig Zeit, wenn sie einmal begonnen hat.

Trotzdem können einer Reise zugesicherte Eigenschaften fehlen – auch einer Klassenfahrt. Der Bus kann zu klein sein oder nicht die Ausstattung aufweisen, die im Angebot versprochen wurde. Die Unterkunft kann schmutzig sein, die Sanitäranlagen defekt, das Essen miserabel, die Reiseleitung nicht erschienen oder der Freizeitpark geschlossen.

Sofort reagieren

Wenn irgendetwas nicht so ist, wie vom Anbieter versprochen, sollten Sie keine Zeit verlieren. Jetzt heißt es reklamieren. Und zwar nicht nach dem Ende der Reise, sondern immer: sofort!

Für die Reklamation sprechen zwei Gründe:

1. um Abhilfe zu schaffen, den Mangel zu beheben und die Reise möglichst mängelfrei fortzusetzen
2. um die Grundlage für die Aufarbeitung im Nachgang zu schaffen und als Ausgleich für die nicht ordnungsgemäß erbrachten Leistungen Kompensation einfordern zu können

Richtig reklamieren heißt deswegen vor allem: unverzüglich reklamieren. Ist ein Schulfahrtenveranstalter im Spiel, ist er der direkte Ansprechpartner. Er ist verantwortlich. Das heißt aber nicht, dass mit dem Anruf beim Reiseveranstalter alles getan ist. Denn das Wasser ist dann immer noch kalt, das Zimmer immer noch schmutzig und der Bus für die Stadtrundfahrt immer noch nicht vorgefahren. Deswegen ist es wichtig, auch vor Ort aktiv zu werden und mit Hinweis auf den Missstand selbst den ersten Schritt zur Abhilfe zu tun.

Mängel dokumentieren

Um später Ansprüche gegen die Unterkunft, das Busunternehmen oder einen anderen Verantwortlichen durchsetzen zu können, ist die Dokumentation des Mangels von entscheidender Bedeutung.

Wurde die Reise beim Reiseveranstalter organisiert, ist er der alleinige Ansprechpartner für Regressforderungen. Dokumentation in Form von Notizen, im Idealfall mit Bestätigung des Missstandes durch den Leistungsträger vor Ort (also etwa der Rezeption der Unterkunft) sind ein guter Anfang. Fotos sind optimal, auch ein (möglichst sichtbar datierter) Videoclip kann sehr hilfreich sein. Sind Gäste anderer Gruppen ebenfalls betroffen, ist es gut, deren Kontaktdaten zu erbitten und nachzufragen, ob sie bei Bedarf die Sachlage bestätigen würden.

Seit Inkrafttreten der EU-Pauschalreiserichtlinie 2018 sind die Rechte von Reisenden grundsätzlich verbessert, auch wenn die Richtlinie ein bürokratisches Monster ist. So ist die Frist für die Geltendmachung von Ansprüchen von ehemals sechs Wochen nunmehr auf zwei Jahre erweitert worden. Reisende haben also deutlich mehr Zeit, um nachträglich einen Ausgleich für reklamierte Mängel geltend zu machen.

Zur Höhe von angemessenen Erstattungsforderungen gibt die sogenannte »Frankfurter Tabelle« Orientierung. Darin ist eine Vielzahl denkbarer Reklamationsgründe aufgelistet, mit Angabe zur angemessenen, prozentualen Forderungshöhe im Verhältnis zum Reisepreis. Die Tabelle bezieht sich allerdings auf typische Pauschal-Urlaubsreisen. Sie ist damit bei Klassenfahrten-Reklamationen nur bedingt anwendbar und dient eher als grobe Orientierung.

In der Praxis ist die Zahl an wirklichen Reklamationen im Verhältnis zur Gesamtzahl an Klassenfahrten eher gering. Außerdem zeigen sich Reiseveranstalter, Unterkünfte und Beförderungsunternehmen erfahrungsgemäß eher kulant, wenn berechtigte Reklamationen vorliegen. Schließlich sind sie – gerade im Internetzeitalter, in dem wir alle Rezensenten und potenzielle Influencer sind – daran interessiert, Imageschäden oder schlechte Referenzen zu vermeiden. Gerichtliche Auseinandersetzungen kommen zwar hin und wieder vor, sind aber eher die Ausnahme.

24. GAU, Super-GAU oder ganz normaler Wahnsinn Was tun, wenn etwas passiert?

Krankheit, Unfall – oder Schlimmeres

Irgendeine Art von Krankheitsfall tritt im Laufe einer Klassenfahrt oft auf. Die meisten davon sind jedoch völlig harmlos. Wenn Nils oder Maria Bauchweh haben, wird als Erstes jemand Zwieback und Kamillentee reichen, und meist geht es schnell wieder besser. In der Regel wird sich auch ein hilfsbereiter Mitschüler finden, der gern in der Unterkunft bleibt und nach dem maladen Mitschüler schaut, damit die Lehrer die Klasse wie geplant im Museum strapazieren können.

Was tun bei Erkrankung?

Anders sieht es aus, wenn Maria 40 Grad Fieber hat oder Nils sich vor Unterleibsschmerzen krümmt. In so einem Fall ist das Programm zweitrangig, und die Versorgung des Kranken hat erste Priorität. Der Maßstab dabei ist immer der gleiche: Wie würden in dieser Situation die Eltern handeln?

Die Antwort liegt auf der Hand: ab zum Arzt oder den Arzt zum Kind bringen. Idealerweise findet der Arztbesuch bereits in direkter Abstimmung mit den Eltern statt – zum Beispiel auf dem Weg zur Praxis oder gleich nachdem ein Arzt gerufen wurde.

Im nächsten Schritt folgt – ebenfalls in Abstimmung mit den Eltern – die Klärung, wie es weitergeht. Je nach Diagnose und Situation stellen sich dabei verschiedene Fragen, die im Einzelfall geklärt werden müssen:

- Behandlung vor Ort?
- Rückreise – und wenn ja, wie?
- Kann ein Elternteil vielleicht anreisen?
- Wer bleibt vor Ort am Krankenbett?
- Ist die Heimreise medizinisch vertretbar und kann auch sinnvoll organisiert werden?

Wird ein Betreuer länger in die Klärung eingebunden sein, empfiehlt es sich, diese Aufgabe aufzuteilen, sodass stets mindestens ein Begleiter weiterhin seine volle Aufmerksamkeit den übrigen Mitschülern und dem geplanten Programm widmen kann.

Die größte Sorge der meisten Eltern lässt sich schon im Vorfeld bekämpfen: Egal ob Wattenmeer, Graz oder Neapel – gute medizinische Betreuung gibt es in Europa überall, und keine Klassenfahrt führt nach Papua-Neuguinea. Mal sind die Helfer schneller, mal langsamer zur Stelle, und manchmal verlangen sie Barzahlung, noch bevor die Erstdiagnose erfolgt. Aber einen Blinddarm entfernt der neapolitanische Medico genauso professionell wie der Doktor im Grazer Spital, und in der Regel ist auch die Verständigung kein großes Problem.

Die wichtigsten Schritte im Notfall

Glücklicherweise selten, aber natürlich nicht auszuschließen sind der schwere Unfall oder die schwere Erkrankung. Dabei stehen Lehrer immer an vorderster Front. Sie müssen jedoch nicht alles allein bewältigen. Für jeden Krisenfall gibt es im Ausland genauso wie bei uns Profis, die in Europa in den meisten Fällen auch schnell zur Stelle sind.

Zentraler Notruf 112

Das Wichtigste zuerst: Die zentrale Notrufnummer 112 gilt in ganz Europa.

Bei Bedarf ist auch mehrsprachige Unterstützung unter dieser Nummer möglich. Mindestens auf Englisch können immer die wichtigsten Informationen ausgetauscht werden, selbst wenn kein deutschsprachiger Ansprechpartner zur Verfügung steht.

Um die notwendigen Informationen effizient zu sammeln, werden oft die »W«-Fragen angeführt:

- Wer (ruft an)
- Wo (ist der Einsatzort)
- Was (ist passiert)
- Wie (viele Betroffene)
- Welche (Verletzung/Erkrankung)

Vielleicht am wichtigsten ist aber das »W« für »Warten«, was meint: nicht auflegen, bevor der Gesprächspartner der Leitstelle eventuelle Rückfragen gestellt hat!

In den Leitstellen sitzt geschultes Personal, das alle vielleicht noch offenen Fragen stellt. Bleiben Sie im Gespräch mit dem Notruf einfach ruhig und besonnen, und machen Sie sich keine Sorgen, dass Sie alle Informationen fehlerlos wiedergeben müssen wie beim Gedichtaufsagen: Die Helfer können mit Ihrer Aufregung umgehen und wissen genau, welche Informationen sie brauchen. Daher nicht lange überlegen, was Sie sagen müssen, sondern unverzüglich den Anruf absetzen!

Denken Sie im Zweifel nicht lange darüber nach, ob es gerechtfertigt ist, den Notruf zu wählen: Die Profis der Leitstellen koordinieren Hilfe in allen Facetten, das ist ihr Job. Dazu gehört zum Beispiel auch psychologische Hilfe für Schüler, die etwas Schlimmes mit angesehen haben. Und dass wegen einer Schürfwunde oder einem offensichtlich nur verstauchten Finger nicht der Notruf gewählt, sondern mit Hilfe der Unterkunft ein nahegelegener Arzt aufgesucht wird, liegt auf der Hand – das ist anderswo in Europa nicht anders als hierzulande.

Nachdem Hilfe organisiert ist, ist der nächste Schritt immer der unangenehmste: So schnell wie möglich müssen die Eltern des Kindes informiert und einbezogen werden – sachlich, ohne Panik, aber uneingeschränkt. Verfallen Sie nicht der Versuchung, die Situation aus Anteilnahme zu beschönigen.

Im Falle dramatischer Vorfälle mit schlimmen Verletzungen oder anderen erschütternden Ereignissen sollten Sie nicht zögern, die vielleicht ungeheure psychologische Last zu teilen. Dasselbe gilt natürlich für Schüler, die Zeugen eines Unfalls werden. Dabei helfen – auch wenn kein diagnostizierter Schockzustand vorliegt – die Mitarbeiter der Feuerwehr oder der Wohlfahrtsorganisationen. Sie organisieren Notfall-Psychologen oder Seelsorger, was natürlich im Ausland aufgrund von Sprachbarrieren schwierig sein kann, jedoch in der Regel möglich gemacht wird. Eine telefonische Betreuung durch Profis ist unter Umständen ein hilfreicher Kompromiss, wenn keine deutsch- oder englischsprachige Unterstützung aufgetrieben werden kann.

Ganz wichtig zur Klärung des Sachverhalts, aber auch zu Ihrer Absicherung als Aufsichtsperson: Sobald Gelegenheit besteht, muss der Hergang des Ereignisses dokumentiert werden. Je unmittelbarer das geschieht, umso besser für später auftauchende Fragen und die oft unvermeidliche Auseinandersetzung mit Haftungs- und Versicherungsthemen.

Gleichzeitig müssen Sie keine Angst vor katastrophalen persönlichen Konsequenzen haben: Der verbreitete Irrglaube, ein Lehrer stünde bei einem Unfall auf Klassenfahrt schon mit einem Bein im Gefängnis, entspricht absolut nicht der Realität, solange kein grob fahrlässiges Verhalten vorliegt (siehe dazu auch Kapitel 2). Dass Betreuer bei jedem Vorfall vorverurteilt werden, ist ein hartnäckiger Mythos. Selbst aufgebrachte Eltern beruhigen sich meist wieder, wenn die Situation erst einmal in kontrollierten Bahnen verläuft. Die Dokumentation des Hergangs kann auch hierbei sehr hilfreich sein, denn Sie hilft auch Ihnen ruhig und gefasst Bericht zu erstatten.

Da waren's nur noch neun: Vermisste Schüler

Acht Uhr wecken, neun Uhr Abmarsch – so hatte es Frau Dillenburg ihrer zehnten Klasse am Abend zuvor noch ausgegeben. Auf den ersten Blick sind um Punkt neun Uhr auch alle da und abmarschbereit. Alle? Leider doch nicht: Einer fehlt.

Viele unerfahrene Lehrer brechen in diesem Moment bereits in Panik aus. Frau Dillenburg dagegen tut das einzig Richtige und entscheidet sich für eine Lehrstunde in Pünktlichkeit: Abmarsch, wie geplant. Die fehlende Schülerin, Mia, erscheint um halb zehn in der Lobby – als die Gruppe längst weg ist. Sie wird im Hostel bleiben. Die Rezeption ist informiert, die Lehrer telefonisch erreichbar. Alles harmlos – kein Grund für Stress und Sorgenfalten.

Auf diese Weise klären sich die meisten »Vermisstenfälle« auf Klassenfahrten auf: Oft ist der vermisste Schüler einfach nur nicht rechtzeitig aufgewacht, im Bad oder auf eine heimliche Zigarette zum Notausgang rausgeschlichen und nirgends aufzufinden.

Wenn dagegen Maria und Anna nach zwei Stunden Freizeit zum Shopping in der Großstadt nicht am vereinbarten Treffpunkt auftauchen, ist die Situation schon heikler. Handy-Kontakt? Ohne Erfolg. Bis zu einer halben Stunde kann vielleicht gewartet werden, aber irgendwann muss eine Entscheidung her: Bleibt ein Lehrer am Treffpunkt und wartet weiter? Lässt man die ganze Klasse ausschwärmen zum Suchen, bei strikt auferlegter Erreichbarkeit per Smartphone?

Vor allem gilt es Ruhe zu bewahren: Da die Mädchen in der Großstadt sind, sind sie schon mal nicht allein auf weiter Flur. Sie sind umgeben von Menschen und in der Lage zu kommunizieren. Bei Bedarf können sie also auch Hilfe erbitten. Egal, was letztlich geschieht, es wird in aller Regel nicht unbeobachtet bleiben. Das Risiko eines schlimmen Vorfalls, das ist wichtig sich in einer solchen Situation klarzumachen, ist letztlich nicht viel größer als an jedem beliebigen Shoppingtag in der Heimat. Würden Klassenfahrten in die Serengeti führen, wäre das etwas anderes …

In den allermeisten Fällen werden die Mädchen früher oder später am Treffpunkt oder in der Unterkunft auftauchen – ohne Schlangenbisse und Hungerödeme, dafür aber mit vollen Shoppingtüten und leerem Smartphone-Akku.

Schäle es, koche es – oder vergiss es!

Es fängt immer mit einem Schüler an, der als Erster Symptome entwickelt: Bauchweh, Übelkeit, Unwohlsein. Was kann das sein? Doch wohl hoffentlich kein verdorbenes Essen? Oha, der Nächste klagt über die gleichen Symptome, und dann noch zwei Schüler mit ähnlichen Anzeichen. Hoffentlich keine Epidemie!

Diese Wahrscheinlichkeit ist tatsächlich sehr überschaubar. In den meisten Fällen ist auch bei mehreren Betroffenen das Problem einfach nur, dass das Ernährungs- und Schlafverhalten der vergangenen Tage ähnlich war: ähnlich belastend, ähnlich ungesund nämlich. Die Massenansteckung mit Viren auf Klassenfahrten ist tatsächlich viel seltener, als man denkt.

Großes Kino im Hamburger Hostel

»Klassenfahrthorror in Hamburg – Gammelfleisch im Jugendhotel?« So lautete eine Schlagzeile in der Boulevardpresse vor einigen Jahren. Was war denn da passiert?

Eigentlich nicht so viel: Die Hälfte der Teilnehmer einer kirchlichen Jugendfreizeit lag mit Magenverstimmung im Bett. Schnell kam der Verdacht auf, dass eine der letzten Mahlzeiten verdorben gewesen sein könnte. Auf Bitten des Pastors, der die Jugendgruppe leitete, rief die Leitung des Jugendhotels vorsichtshalber den Notruf und bat um einen Arzt für zwölf kranke Teenager.

Was dann losging, war großes Kino: Katastrophenschutz, Löschzüge der Feuerwehr, diverse Einsatzwagen der Polizei und mehrere Krankenwagen fuhren binnen zehn Minuten mit Blaulicht und Si-

renengeheul vor dem Haus vor. Der Hausleiter des Jugendhotels sah sich zu einem beherzten Statement genötigt: »Die brennen nicht, die brauchen nur einen Arzt!« Daraufhin beruhigte sich die Situation wieder, und ein Großteil der Einsatzkräfte rückte wieder ab.

Die Leitung des Jugendhotels hat alles richtig gemacht: Sind mehrere Menschen auf einmal erkrankt, wird aus gutem Grund erst einmal breit alarmiert. Stellt sich nämlich heraus, dass es sich tatsächlich um eine Epidemie oder die Folgen eines größeren Problems mit vergifteten Lebensmitteln handelt, müssen schnell und effektiv Maßnahmen im großen Stil ergriffen werden. Das war hier jedoch nicht der Fall: Am Ende stellte sich heraus, dass es sich um ein unangenehmes, aber harmloses Magen-Darm-Virus handelte, das die Klimaanlage des Busses bei der Anreise zuverlässig in der Gruppe verteilt hatte.

Natürlich hätte stattdessen auch tatsächlich das kürzlich verspeiste Eis, der Döner zwischendurch oder das Trinkwasser schuld sein können. Aber auch hier gilt: Wir reisen in den allermeisten Fällen mit unseren Klassen in Europa – nicht in Südamerika, nicht in Zentralafrika. Die Hygienevorschriften (HACCP, siehe dazu auch Kapitel 11) und deren Umsetzungen sind in allen Ländern der EU standardisiert und der Grad der Umsetzung hoch.

Aller Aufklärung und allen Warnungen zum Trotz können es die vielen Süßigkeiten sein, der Verzehr von ungewaschenem Obst, Energydrinks oder alles zusammen, die bei mehreren Schülern gleichzeitig zu Verdauungsproblemen oder Übelkeit führen. In Kombination mit Schlafmangel und Aufregung hat derlei Verhalten hohes Potenzial, den Körper durcheinanderzubringen. Dazu kommt der verstärkende Effekt einer in Gruppen auftretenden Dynamik. Wenn zwei sich langweilen, jemanden ausgrenzen oder anhimmeln, dann neigen weitere zu ähnlichem Verhalten. Beim Unwohlsein kann es sich ähnlich verhalten – was übrigens auch für Erwachsene gilt.

Bei der Vorbeugung vor echten Lebensmittelvergiftungen ist der gesunde Menschenverstand der beste Ratgeber. Bei Reisen nach Südeuropa sollte die Belehrung reichen, nur abgefülltes Wasser zu trinken und das Leitungswasser zu meiden. Um ganz sicherzugehen sollte auch beim Zähneputzen abgefülltes Wasser verwendet werden. Auch geschmacklich ist das ratsam, denn das Leitungswasser in Südeuropa ist oft gechlort. Die Kugel Eis am Trevi-Brunnen ist aber mit Sicherheit genauso unbedenklich wie die am Alstertor, und die schmuddelige Pommes-Bude mit dem längst überfälligen Frittier-Fett findet sich auch in der akkuraten Schweiz. In puncto Lebensmittelsicherheit ist der beste Rat auf Klassenfahrt daher: Augen auf und prüfen, wo man ist und isst – ganz wie zu Hause auch.

Im Zweifel bleibt immer die alte Faustregel gültig: Schäle es, koche es – oder vergiss es!

Von Noro-Virus bis Wespen-Attacke

Was aber können Sie tun, wenn es wirklich zu einer schlagartigen »Massen-Erkrankung« mit einem Virus oder einem Wespen-Angriff auf die Gruppe kommt und Allergiker unter den Kindern sind? Und wie geht man mit schlafwandelnden Kindern um?

Fast jeden Sommer melden die Medien zuverlässig das Auftreten des Noro-Virus in irgendeinem Ferienlager. Ein Großaufgebot von Rettungskräften, massenhafte Einlieferung der Betroffenen in die umliegenden Krankenhäuser und die vorübergehende Schließung der Einrichtung sind die Folgen. Ausschließen lässt sich dieses Risiko letztlich nicht – den Ausbruch von Vireninfektionen kann niemand vorhersehen.

Noroviren kommen weltweit vor und verursachen meist Magen-Darm-Erkrankungen. Die Erreger werden von Erkrankten massenhaft ausgeschieden und sind hoch ansteckend. Deshalb kommt es häufig zu größeren Ausbrüchen in Gemeinschaftseinrichtungen wie Kindergärten, Schulen, Altenheimen oder Krankenhäusern.

Im Alltag lauern viele derartige Tücken und Ansteckungsrisiken, sowohl daheim als auch auf Reisen. Auf Klassenfahrt muss aber der Lehrer mit der Situation umgehen und Entscheidungen treffen, die sonst den Eltern obliegen.

Unabdingbar ist deshalb, dass die Betreuer über Allergien und Unverträglichkeiten ihrer Schüler lückenlos informiert sind. Die Abfrage dazu gehört zur Vorbereitung der Klassenfahrt zwingend dazu (und ist deshalb auch Bestandteil der Checklisten unter www.kursbuch-klassenfahrt.de). Dasselbe gilt für die Erinnerung an die Eltern, dem Wespen-Allergiker sein Notfallpräparat mitzugeben. In der Regel wissen die Kinder zwar selbst bestens, was sie meiden müssen, und gehen mit ihren Gesundheitsrisiken auch verantwortungsvoll um. Für den Fall der Fälle ist die Vorbereitung aber wichtig – auch für die Begleitpersonen.

Angriff der Killer-Wespen

Das Chaos bei der Klassenfahrt der 8a in der idyllischen Lüneburger Heide brach über die Gruppe herein wie aus dem Nichts. Vom ersten Wespenstich bis zur Katastrophe war es nicht weit. Nachdem binnen weniger Minuten gleich ein Dutzend Schüler über Wespenstiche klagte und dann Lisa auch noch eine allergische Reaktion mit Atemnot zeigte, rief die Lehrerin unverzüglich den Notruf.

Innerhalb weniger Minuten war der Rettungswagen mit zwei Sanitätern vor Ort. Lisa ging es zwischenzeitlich zwar schon wieder etwas besser, allerdings wiesen weitere Schüler auf ihre Wespenstich-Allergie hin, obwohl sie noch keine erkennbaren Anzeichen aufwiesen. Die Sanitäter forderten daraufhin vorsorglich Verstärkung und den Notarzt an. Der Speisesaal des Schullandheims wurde zur Notaufnahme umfunktioniert, etliche Schüler auf die provisorisch umfunktionierten Tische gelegt.

Die unklare Ursache der massenhaften Wespenattacke ließ den zwischenzeitlich eingetroffenen Notarzt zusätzlich die Feuerwehr alarmieren. In Mannschaftsstärke, ausstaffiert nicht nur mit voll-

ständiger Einsatzbekleidung nebst Helm, sondern zusätzlich auch mit Fliegenklatschen (kein Witz!), wurde das gesamte Haus durchkämmt. Lange blieb die Suche ohne Erfolg.

Letztlich fand sich das Wespennest am Bolzplatz, wo die Gruppe vor Eintritt des Ereignisses gemeinsam gespielt hatte. Eine allergische Reaktion auf Wespenstiche übrigens, so zeigte sich nach eingehender Untersuchung aller Betroffenen, bestätigte sich letztlich nur in einem einzigen Fall. Doch alle waren sich einig: Das hätte auch schlimmer ausgehen können.

Auch zu wissen, wer in der Gruppe Schlafwandler ist, kann unterwegs wichtig sein, um Unfälle zu vermeiden. In einer Berliner Unterkunft stürzte vor einiger Zeit tatsächlich ein schlafwandelnder Schüler mitten in der Nacht aus dem Fenster. Glück im Unglück: Sein Zimmer lag im ersten Stock, und große Terrassenschirme fingen seinen Sturz ab. Der Schlafwandler wurde nur leicht verletzt. Es hätte schlimmer kommen können: Das Gebäude ist fünfgeschossig. In diesem konkreten Fall hätte das Fehlen dieser wichtigen Information über den Schüler ein Leben kosten können.

Umgang mit der Presse im Krisenfall

Ist tatsächlich einmal die Krise da, ist oft auch die Presse nicht weit. Die Nachricht vom Vorfall selbst verbreitet sich oft binnen kürzester Zeit. Journalisten kämpfen täglich um Aufmerksamkeit und um die Exklusivität ihrer Nachrichten, den Grundlagen für Quote oder Auflage. Sobald das medienträchtige Schlagwort »Kinder« bei Unglücksmeldungen mitschwingt, versprechen die Meldungen hohe Beachtung.

Auch Laien-»Reporter« mischen hier oft kräftig mit, seit Nachrichten sich per Internet von jedem in Echtzeit verbreiten lassen. Bilder, Videos und oft unbestätigte Informationen oder Gerüchte verbreiten sich rasant und völlig unkontrolliert. Die Anonymität des Internets verleitet Nutzer leicht zu unreflektiertem, bisweilen auch aggressivem Verhalten in ihrer Kommunikation und in Kommentaren.

Ist der Notstand akut, ist die Vorbereitung einer geordneten Reaktion oft nicht mehr möglich. Dann ist die Lage oft unübersichtlich: Die Pressevertreter verlangen, neben den Betroffenen, den Eltern, der Schulleitung und anderen nach Aussagen, Einschätzungen und Wertungen zur Lage. Was ist passiert? Wie konnte es dazu kommen? Wer trägt die Verantwortung? Alles soll sofort benannt, sofort bewertet, sofort erklärt werden. Pietätvolle Zurückhaltung ist bei Medienvertretern dabei meist nicht zu erwarten.

Wer Ansprechpartner für die Medien bei einer Klassenfahrten-Krise ist, sollte möglichst im Voraus definiert sein. Das kann der organisierende Lehrer, die Schulleitung oder vielleicht auch ein in der Materie bewanderter Elternteil sein – mitreisend oder nicht.

Für Schüler ist der Kontakt mit der Presse in jedem Fall tabu! Es gilt die Betroffenen und auch unbeteiligte Mitschüler umgehend in einem zuverlässig abgeschirmten Raum vor jeder noch so harmlos scheinenden Interviewfrage zu schützen. Wenn Medienvertreter die Kinder mit ihren Fragen belästigen, beziehen Sie unverzüglich die Polizei ein.

Dass die Öffentlichkeit ein Recht auf Information hat, steht außer Frage. Fakten zu berichten ist wichtig und richtig. Das sollte aber strukturiert erfolgen, in Abstimmung mit Polizei und Rettungsorganisationen. Die gezielte, geordnete Information der Öffentlichkeit erfolgt bei solchen Vorfällen stets in einer Pressekonferenz und nicht ad hoc, nur weil irgendwer mit einem Mikrofon auftaucht und die Betroffenen energisch mit Fragen bedrängt. Verweigern Sie daher jeden Kommentar, und überlassen Sie die Organisation der Pressearbeit den Rettungskräften vor Ort. Sie werden bei Bedarf auf Sie zukommen, falls es einen triftigen Grund gibt, einen erwachsenen Vertreter der Reisegruppe einzubeziehen.

Ein »Kein Kommentar« von Ihnen als Aufsichtsperson kann je nach

Situation zwar von aggressiven Journalisten auch fehlinterpretiert werden als Überforderung, als Schuldeingeständnis oder gar als Vertuschungsversuch. Lassen Sie sich davon jedoch nicht beirren: Nichts zu sagen ist auf jeden Fall besser, als mit Halb- oder Unwahrheiten zu glänzen und die dramatische Situation damit noch anzuheizen.

Verlassen Sie sich bei allen Fragen zum Vorgehen in solchen dramatischen Situationen organisatorisch immer auf die Profis vor Ort: Sie wissen, was zu tun ist. Ihre Sorge sollte allein dem Wohlbefinden der Schüler und Ihrer eigenen Gesundheit gelten. Soweit Sie selbst physisch und mental auf der Höhe sind, seien Sie vor allem für die Gruppe da, damit die Kinder sich sicher fühlen.

Schluss mit lustig: Vorzeitige Abreise

Bei fast jeder Klassenfahrt wird Schülern und Eltern in Aussicht gestellt: Wer sich allzu sehr danebenbenimmt, der fährt vorzeitig nach Hause – und zwar auf Kosten der Eltern, die sich dazu meist auch ausdrücklich per Unterschrift verpflichten. In der Praxis kommt dieser Fall jedoch eher selten vor.

Zu den Verfehlungen, die gravierend genug für eine solche Maßnahme sind, gehören vor allem Alkohol-Eskapaden, Drogenmissbrauch oder auch Übergriffe und Raufereien. Oft wird auch die Gefährdung anderer, etwa durch Herauswerfen von Gegenständen aus dem Zimmerfenster, in dieser Weise sanktioniert. Fast immer aber ist es der Wiederholungsfall, der endgültig zur Entscheidung führt, die vorzeitige Rückfahrt eines Schülers zu veranlassen.

Ist der »Rauswurf« beschlossene Sache, stellt sich die Frage, wie die Rückreise vonstattengehen soll. Dafür gibt es drei Möglichkeiten:

- Ein Lehrer begleitet den »Delinquenten«. Das ist dann sinnvoll, wenn die Entfernung zum Heimatort relativ weit und die Verkehrsanbindung möglicherweise mehrmaliges Umsteigen erfordert. In diesem Fall sollte auch im Voraus klar sein, dass die für den Lehrer zusätzlich entstehenden Kosten zu Lasten der Eltern gehen.

- Der Schüler reist allein zurück. Ist die Route für die Rückreise unkompliziert, nicht zu weit und mit relativ wenigen Unsicherheitsfaktoren verbunden, kann der Schüler auch zum Beispiel allein mit der Bahn zurückreisen. Stellen Sie allerdings sicher, dass er von einer Begleitperson persönlich in den Zug gesetzt wird. Selbstverständlich müssen Verkehrsmittel, Route und Abholung am Heimatort mit den Erziehungsberechtigten abgesprochen werden.
- Kommen beide Varianten nicht in Frage, weil keine Aufsichtsperson vor Ort entbehrt werden kann oder die Rückfahrt allein mit zu hohen Risiken verbunden ist, müssen sich die Eltern auf den hoffentlich nicht allzu weiten Weg zur Abholung ihres Sprösslings begeben.

Über die Modalitäten einer vorzeitigen Abreise sollten nicht nur Sie als Organisator, sondern auch die Eltern und Schüler bereits im Vorfeld der Reise Klarheit haben, damit diese ultimative Sanktion bei schweren Regelverstößen nicht von vornherein als leere Drohung interpretiert wird.

Heimweh oder Krise zu Hause

Manchmal kann eine vorzeitige Rückreise aber auch ganz andere Gründe haben, für die der Schüler gar nichts kann. Zum Beispiel kann zu Hause etwas vorfallen, was die Heimkehr eines Schülers erforderlich macht. Zu solchen Ereignissen gehören etwa der schwere Unfall oder die plötzliche ernste Erkrankung, im Extremfall sogar der Tod einer engen Bezugsperson.

Darüber, ob und wie die Kinder informiert werden und ob eine

Rückreise sinnvoll ist, kann nur im Einzelfall im Telefonat mit den Eltern entschieden werden. An diesem Beispiel wird auch deutlich, wie groß Ihre Bedeutung als Lehrer oder Begleitperson als erster Ansprechpartner für die Eltern ist. Nur wenn im Fall der Fälle sofort ein direkter Draht besteht, können Sie vor Ort angemessen mit der Situation umgehen und die bestmögliche Lösung für die Schüler finden.

Ist die Rückreise des Kindes beschlossene Sache, sind organisatorisch dieselben Fragen zu klären wie im vorherigen Abschnitt – wiederum in Abhängigkeit vom Grund der Rückreise, dem Entwicklungsstand und der momentanen Befindlichkeit des Betroffenen sowie der Verkehrsanbindung und Entfernung. Im Gegensatz zur angeordneten vorzeitigen Rückreise ist im Fall der anlassbedingten zusätzlich vielleicht noch der Zeitfaktor wichtig: Ist ein Angehöriger schwer erkrankt, könnte die Rückreise eilig sein und möglicherweise auch die Interessen der übrigen Gruppe für kurze Zeit hintanstehen. Diese Entscheidung können Sie nur nach sorgfältiger Abwägung und in Absprache mit allen Beteiligten treffen.

25. Geschafft, und schön war's! Die Nachbereitung

Feedback: Wichtig, aber selten

Auch die schönste Klassenfahrt geht irgendwann unweigerlich zu Ende. Die missglückte erfreulicherweise auch. In beiden Fällen ist es sinnvoll, nach der Rückkehr nicht einfach so zu tun, als wäre nichts gewesen: Erst die Nachbereitung sorgt dafür, dass positive Erfahrungen in Zukunft wiederholt und Wiederholungsfehler vermieden werden können.

Auf die Vorstellung von Evaluationsinstrumenten verzichten wir an dieser Stelle, da sie Ihnen als Pädagogen wohlbekannt sind und hier den Rahmen sprengen würden. Unbedingt aufmerksam machen möchten wir Sie jedoch auf die Bedeutung der Nachbereitung für alle anderen Beteiligten.

Es wäre sehr schade darum, wenn die Ergebnisse der Nachbereitung im stillen Kämmerlein des Klassenraums oder Lehrerzimmers bleiben würden! Viel zu selten erhalten Reiseveranstalter und Busunternehmen, Unterkünfte, Tourguides, Einrichtungen vor Ort und wer auch immer am Gelingen der Fahrt beteiligt war, ein qualifiziertes Feedback von den Organisatoren auf Kundenseite. Sowohl berechtigtes Lob als auch konstruktive Kritik sind eine Quelle der Motivation und eine wichtige Lerngrundlage für die vielen Menschen, die im Dienst der Reisenden täglich ihren Job machen.

Wenn im Namen des Klassensprechers alle an der Fahrt beteiligten Organisationen ein kurzes Resümee von wenigen Zeilen mit einem Gruppenfoto der Klasse erreicht, sorgt das mit Sicherheit für eine Riesenfreude in den Teams vor Ort – und kann der Anfang einer Beziehung zwischen Schule und zum Beispiel Unterkunft sein, von der noch viele Klassenstufen profitieren.

Ein Dankeschön verdient auch eine Personengruppe, die fast nie positives Feedback bekommt: die Reinigungskräfte. Reihenweise die Zimmer ausgelassener Jugendlicher zu putzen, die es auf Klassenfahrt mit Ordnung und Hygiene vielleicht auch nicht immer ganz so genau nehmen, ist alles andere als ein leichter Job. Leider müssen gerade diese Mitarbeiter sich manchmal sogar diskreditierende Bemerkungen gefallen lassen. Im schlimmsten Fall sehen sie sich sogar mit Diebstahlvorwürfen konfrontiert, wenn etwas wegkommt. Diesen Mitarbeitern und natürlich auch allen anderen, die ihren Teil zum Gelingen der Klassenfahrt beigetragen haben, mit einem bewusst ausgesprochenen »Dankeschön«, einem kleinen Geschenk oder einem Trinkgeld Wertschätzung auszudrücken, ist eine kleine Geste, die große Freude schenkt.

Natürlich darf auch höflich formulierte Kritik sein. Nur sie hilft den Anbietern, in Verbindung mit Motivation, eine Leistung zu verbessern, Abläufe zu optimieren und den Gast immer wieder aufs Neue zu begeistern. Da sind die Profis nicht viel anders als die Schüler. Wenn niemand Feedback gäbe, gäbe es vielleicht bis heute in den Jugendunterkünften immer nur Spinat mit Ei und Hagebuttentee.

Und ganz nebenbei ist die gemeinsame Feedbackrunde eine schöne Gelegenheit für alle, noch einmal die schönsten und lehrreichsten Erinnerungen der Fahrt Revue passieren zu lassen und Erfahrungen zu vertiefen, die man so nur auf einer Klassenfahrt machen kann.

Feedback lohnt sich für alle!

Mundpropaganda digital

Schon immer war die Empfehlung von Kunde zu Kunde eines der wichtigsten Marketing-Instrumente. Im digitalen Zeitalter hat sich die Informationsweitergabe massiv verändert: Statt vereinzelt und mit Verzögerung erfolgt sie nun in Echtzeit – und mit riesigem Publikum! Wie Turnschuhe und Kaffeemaschinen lassen sich auch Unterkünfte, Reiseveranstalter und Sehenswürdigkeiten auf den verschiedensten Plattformen online bewerten. Webseiten wie HolidayCheck, Tripadvisor oder auch Google-Bewertungen sind heute jedem bekannt und stellen für viele Reisende die wichtigste Entscheidungsgrundlage dar.

Systeme für die Bewertung von Klassenfahrten als Ganzes finden sich kaum, wohl aber für die Teilleistungen, allen voran die Unterkunft – etwa auf den vorgenannten Plattformen.

Bevor nun aber alle Schüler das Smartphone zücken, sind Sensibilisierung und Aufklärung geboten: Weil die Plattformen von vielen Reisenden genutzt werden, ist eine Rezension eine verantwortungsvolle Aufgabe! Wenn nämlich »hasi88« unqualifiziert und womöglich nur so aus Spaß eine Tirade über eine Unterkunft ins Netz stellt, weil einmal das Essen nicht geschmeckt hat, kann »hasi88« dem Betreiber der Unterkunft damit ernsthaft Schaden zufügen – ganz zu schweigen von dem Effekt auf die Gesamtwertung, wenn eine ganze größere Gruppe sich einen solchen Spaß erlaubt. Der Effekt potenziert sich noch dadurch, dass negative Bewertungen nachweislich häufiger gelesen werden als neutrale oder positive Kritiken. Sie können deswegen mitunter erheblichen wirtschaftlichen Schaden anrichten.

Tipp: Nutzen Sie die Nachbereitung der Klassenfahrt, um auf das wichtige Thema »Netiquette« zu sprechen zu kommen. Halten Sie die Schüler dazu an, auf Bewertungsplattformen und allen anderen öffentlichen Kommunikationsplattformen im Internet sachlich und respektvoll zu bleiben. Feedback darf gern ehrlich und konstruktiv-kritisch, niemals aber verletzend sein, denn das ist einfach nicht fair: Was einmal im Netz steht, verschwindet nicht mehr. Nie wieder.

Know-how-Transfer im Lehrerzimmer

Wenn alle Beteiligten der Klassenfahrt und auch die Netzwelt mit einer gelungenen Nachbereitung beglückt wurden, fehlt nur noch das Kollegium. Dort, wo der Austausch über die bevorstehende Klassenfahrt anfing, schließt sich nun nach ihrem Abschluss der Kreis: Auch für die Kollegen sind die beste, vor allem die authentischste Quelle für Inspiration und Erfahrungen die frisch gewonnenen Erkenntnisse der gerade zu Ende gegangenen Tour.

Gibt es an Ihrer Schule einen »Klassenfahrten-Beauftragten« (siehe Kapitel 18), stellt ein Gespräch mit dem Kollegen und die Übergabe unterwegs gesammelter Materialien sicher, dass interessierten Kollegen sowohl Informationen aus erster Hand als auch die ganz persönlichen Eindrücke und Empfehlungen in Zukunft zur Verfügung stehen. Je schneller nach der Rückkehr Sie sich mit dem Kollegen unterhalten, desto frischer sind Ihnen die Details noch in Erinnerung.

Ideal ist eine kleine Zusammenfassung mit Tipps und Kniffen, Ideen und auch wieder konstruktiver Kritik – insbesondere, wenn es in Ihrer Schule keinen Klassenfahrten-Beauftragten und keine zentrale Sammelstelle für einschlägige Informationen gibt. In schriftlicher Form in einigen Kopien im Lehrerzimmer zum Mitnehmen platziert oder vielleicht auch als digitale Bilderstrecke im Schulnetzwerk hinterlegt, sind Ihre Reflexionen für die Kollegen eine wertvolle »Fortbildung *en passant*«.

Die Dos and Don'ts bei Klassenfahrten
Ein nicht ganz ernst gemeinter Leitfaden für Lehrer, Eltern und Schüler

Dos and Don'ts für Lehrer

1. Versuchen Sie beim Einholen von Angeboten nicht mehrere Anbieter gegeneinander auszuspielen – das fällt sofort auf. Wie eine Schule ist auch diese Welt klein.
2. Die Pässe oder Ausweise aller Schüler zusammen in einem Pappkarton zu verwahren ist keine gute Idee. So ein Karton wurde tatsächlich schon mal irrtümlich entsorgt.
3. Cool, dass Sie bei WhatsApp sind. Aus der Gruppe der Schüler oder Eltern halten Sie sich besser trotzdem raus. Glauben Sie uns einfach …
4. Ist es wirklich eine gute Idee, zur Hauptverkehrszeit mit einer kompletten Schulklasse an der Haltestelle eines Linienbusses zu stehen?
5. Halten Sie sich daran, was Sie Ihren Schülern predigen: Schummeln lohnt nicht – auch nicht bei der Altersangabe der Schüler, um den Eintritt ins Museum zu reduzieren.
6. Weisen Sie die Schüler darauf hin, dass Frühstücksbuffets nicht »*to go*« sind.
7. Niemand will auf Klassenfahrt der Spießer vom Dienst sein. Dennoch: Lassen Sie das mit dem bemühten Jugendslang ab 21 Uhr, und verzichten Sie auf »smoothe« Tanzeinlagen im Partyraum. Wir hören, was die Schüler so tuscheln …

8. Fahren Sie nicht mit einer Busladung frischer Lebensmittel zum Selbstversorger-Haus in Süditalien – schon gar nicht im Sommer. Erstens gibt es auch in Italien Märkte und Supermärkte, zweitens kommt das Zeug sowieso als Kompost an.
9. Lassen Sie sich nicht auf die irrwitzige Vorstellung ein, eine Klassenfahrt müsste – oder könnte! – jemals reibungslos verlaufen. Krisen und sogar kleinere Katastrophen schweißen zusammen und machen die Klassenfahrt oft erst so richtig unvergesslich.
10. Anstatt Eltern im Vorfeld aus Notwehr so viele Informationen wie möglich vorzuenthalten, versuchen Sie es lieber mit möglichst viel Information. Das ist die effektivere Strategie gegen Überfürsorge … Denken Sie daran: Eltern sind aus gutem Grund besorgt – sie waren nämlich irgendwann auch mal auf Klassenfahrt …

Dos and Don'ts für Eltern

1. Anstatt fünf Tage lang zu Hause keinen Schlaf zu bekommen, fahren Sie doch einfach mal als Begleitperson mit – und bekommen vor Ort keinen Schlaf.
2. Tun Sie Ihrem Kind den Gefallen und lassen Sie es sein Gepäck zu Hause selbst zum Auto tragen. Wenn es das nämlich nicht schafft, ist es zu viel Gepäck.
3. Übertreiben Sie nicht mit dem Taschengeld, auch wenn Sie es sich leisten können. Halten Sie sich an eine konkrete Empfehlung des Lehrers – und stimmen Sie sich am besten mit den anderen Eltern dabei ab.
4. Süßigkeiten sind süß gemeint, aber bitte packen Sie Ihrem Kind auch davon nicht zu viel ein, zuckrige Getränke eingeschlossen. Sie glauben gar nicht, wie lange sich manche Gerüche in den Polstern von Bussen halten …

5. Erledigen Sie Umarmungen und Küsse rechtzeitig, bevor Sie Ihr Kind vor der Schule oder am Bahnhof absetzen. Sie wissen, warum …
6. Entgegen landläufiger Meinung finden die meisten Klassenkameraden (Lehrer sowieso) es auch heute noch cool, wenn Ihr Kind sein Musikinstrument mitnimmt. Ausnahmen: Harfe, Schlagzeug, Stradivari.
7. Rufen Sie die mitreisenden Lehrer niemals an, nur um zu fragen, wie es Ihrem Kind geht. Souveräne Lehrer sagen ohnehin, ohne überhaupt nachzusehen, einfach nur »Es geht ihm prima. Und Ihnen einen schönen Abend – auf Wiederhören!«
8. Fordern Sie Ihr Kind auf Klassenfahrt nicht zum Skypen auf, denn es wird in aller Regel nicht allein sein. Telefonieren ist schlimm genug – je weniger, desto besser!
9. Halten Sie sich um Himmels willen aus WhatsApp-Gruppen der Schüler fern. Und da wir gerade beim Smartphone sind: Facebook, Instagram und Snapchat sind soziale Netzwerke, keine Stalking-Tools für Daheimgebliebene.
10. Für konkrete Unterstützung bei der Planung und Durchführung sind Lehrer extrem dankbar – vor allem, wenn Sie Spezialkenntnisse wie Buchhaltung oder Sprachkenntnisse haben! Reiseführer und Wikipedia sind dagegen Tools, die auch Lehrern zu Verfügung stehen … wobei das Buch, das Sie gerade in Händen halten, ein wunderbares Geschenk für Lehrer ist.

Dos and Don'ts für Schüler

1. Wenn Eltern als Begleitpersonen mitfahren: Verhindere mit allen Mitteln, dass es deine sind.
2. Trag dein Gepäck selbst zum Auto – um sicherzustellen, dass du es damit am Zielort auch bis aufs Zimmer schaffst …

3. Egal, wohin es geht und was die Gesetze sagen: Nimm keine Drohne mit, wenn du im Zweifel nicht von der Polizei vor Ort verhört werden willst.
4. Wenn du ein Instrument spielst, nimm es mit. Mag altmodisch klingen, finden auf Klassenfahrt die meisten aber immer noch cool.
5. Damit dein Lehrer nicht den Spielverderber geben muss, tun wir es jetzt: Im Flur der Unterkunft wird nicht Fußball gespielt. Mal davon abgesehen, dass der Hausmeister danach eigentlich neu streichen muss: Lampen, Rauchmelder, Notbeschilderung und Feuerlöscher werden noch gebraucht, im Zweifel sogar von dir.
6. Zwei humanistische Grundregeln im Sinne aller: Nicht erst nach vier Tagen und möglichst immer unter vier Stunden duschen.
7. Das Frühstücksbuffet in der Unterkunft ist nicht »*to go*«. Und bitte, frag bloß nicht nach einer Tüte zum Einpacken.
8. Bitte verlass dich niemals darauf, dass ein Alarm nur eine Übung ist. Denn selbst wenn es sich um eine Übung handelt, gibt es sie aus gutem Grund: Aus einem raucherfüllten, vielleicht brennenden Gebäude den Weg nach draußen zu finden ist alles andere als ein Kinderspiel.
9. Noch einmal Spielverderber-Modus: Finger weg von Alkohol und Drogen. Nicht weil wir, deine Lehrer oder deine Eltern das sagen, sondern weil du das Ende der Klassenfahrt miterleben möchtest. Und ja, deine Lehrer kennen alle Verstecke, alle Tricks und alle Signale.
10. Hab Erbarmen mit deinen Lehrern. Für die ist die Klassenfahrt nämlich absolut kein Urlaub. Und wenn sie es schaffen, dass es für dich danach aussieht, dann machen sie ihre Sache verdammt gut. Zeig dich erkenntlich, indem auch du entspannt bleibst.

Anhang

Das Kursbuch Klassenfahrt im Netz

Ergänzend zum Buch finden Sie im Internet unter **www.kursbuch-klassenfahrt.de** weitere Informationen und Werkzeuge zur Vorbereitung und Organisation Ihrer Klassenfahrt. Dazu gehören:

- **Schulfahrtenverordnungen der Bundesländer**
  Hier können Sie ganz einfach nachschlagen, welche Regelungen die Kultusministerien der einzelnen Bundesländer für die Durchführung von Klassenfahrten erlassen haben. Die Schulfahrtenverordnungen aller 16 Bundesländer sind mit jeweils aktuellem Weblink aufgeführt.
- **Checklisten**
  Mit deren Hilfe haben Sie alle Aufgaben im Zusammenhang mit der Organisation einer Klassenfahrt jederzeit übersichtlich und zuverlässig im Blick. Mit den chronologisch aufgebauten Listen zum Abhaken der anstehenden Aufgaben stellen Sie sicher, dass alles rechtzeitig erledigt und nichts vergessen wird.
- **Vorlagen**
  Von der Einladung zum Elternabend über Einverständniserklärungen sowie Teilnehmer- und Zimmerlisten bis hin zu Infounterlagen zur Abfahrt für Eltern und Schüler. Die Vorlagen stehen als offene WORD- oder EXCEL-Formulare zum Selbstausfüllen zum Download bereit.
- **Kalkulationsvorlagen**
  Für verschiedenste Projekte, von der Bus-Gruppenreise über Bahn- bis Flugreise. Einfach die verschiedenen Kostensätze und die voraussichtliche Teilnehmerzahl eintragen, dann er-

rechnet das Tool bequem den Reisepreis je Schüler. Dabei werden sowohl die Kosten je Teilnehmer wie Übernachtung, Verpflegung, Eintritte als auch pauschal anfallende Kosten wie Busgestellung oder Stadtführung berücksichtigt.

- **Packlisten**
  für verschiedene Klassenfahrten-Formate von Städtereise bis Skischulfahrt – damit nichts vergessen, aber auch nichts Unnützes mitgeschleppt wird. Die Packlisten gibt es für Schüler und Lehrer separat. Sie unterscheiden zudem zwischen Hauptgepäck und Handgepäck, damit das Wichtigste immer zur Hand ist.
- **Nützliche Weblinks**
  Eine Zusammenstellung weiterführender Links, von der Liste der als unsicher eingestuften Fluggesellschaften über Klassenfahrten-Versicherungen bis zu Informationen über regionale Besonderheiten wie Feiertage, die sich auf die Planung der Klassenfahrt auswirken können.

Literatur und Organisationshilfen

Nachfolgend finden Sie Hinweise zu weiterführender Literatur zum Thema Klassenfahrten und angrenzenden Themen. Bei den meisten Quellen handelt es sich um Bücher und Anleitungen mit Checklisten von unterschiedlichen Herausgebern.

Dazu gehören auch Organisationen, die mit dem Material die Intention verfolgen, auf ihre kommerziellen Angebote im Segment Klassenfahrten aufmerksam zu machen.

- **Peter Jansen/Jürgen Piepenbrock: Erste-Hilfe-Koffer – Klassenfahrten und Wandertage durchführen**
  Sowohl Herausgeber als auch Autor sind Lehrer; entsprechend sind Aufbau und Inhalt auf Lehrer ausgerichtet: mit durchnummerierten Checklisten, Vorlagen und Kopiervorlagen. Mit CD-ROM. ISBN 978-3589160570 – 72 Seiten – 18,50 €.
- **John Trant: Teacher's Guide – Erfolgreiche Klassenfahrten**
  Das Buch eines englischen Autors befasst sich mit dem pädagogischen Nutzen und der Vorbereitung von Klassenfahrten, gibt Fallbeispiele und enthält auch einige Checklisten. Aus dem Englischen übersetzt. ISBN: 978-3761428269 – 112 Seiten – 19,95 €.
- **Karin Kress/Franziska Krumwiede-Steiner: Der Klassenfahrtplaner für die Sekundarstufe**
  Schritt-für-Schritt-Anleitungen, Checklisten und Formulare für gelungene Klassenfahrten beschreiben die Autorinnen Karin Kress (Lehrkraft am Institut für Berufs- und Weiterbildung an der Universität Duisburg-Essen) und Franziska

Krumwiede-Steiner (Dozentin in der Lehrerfortbildung). ISBN 978-3403077152 – 96 Seiten – 25,40 €.

- **Dirk Hanneforth: KlassenSpiele**
  Spiel-Ideen für die Klassenfahrt auf heraustrennbaren Karten hat der Pädagoge Dirk Hanneforth aus Bielefeld in diesem Buch zusammengestellt. Die Sammlung ist geeignet, um Leerlaufzeiten oder auch die längere An- und Rückreise mit Spielen zu füllen. ISBN 978-3780048158 – 88 Seiten – 18,95 €.
- **Verzeichnis der Naturfreundehäuser Deutschlands**
  Das Taschenbuch stellt detailliert rund 400 Naturfreunde-Unterkünfte vor und wird jährlich aktualisiert. Dargestellt werden auch Verpflegungsmöglichkeiten der Häuser und ihre Eignung für unterschiedliche Ansprüche. Das Buch ist im Buchhandel erhältlich, deutlich günstiger aber auf der Webseite der Naturfreundejugend Deutschland zu haben. ISBN 978-3925311352 – 332 Seiten – 27,89 € (im Buchhandel) bzw. 5,- € inkl. Versand auf www.naturfreunde.de/hvz
- **Ratgeber Klassenfahrten**
  heißt der Leitfaden des Schulfahrten-Veranstalters Herolé Reisen aus Dresden, der in Zusammenarbeit mit Klett MINT erschienen ist. Die Broschüre informiert über Planung, Finanzierung und Recht. Nachteil: Der Leser wird in diesem »Ratgeber« immer wieder darauf hingewiesen, den herausgebenden Schulfahrten-Veranstalter zu nutzen. Der Leitfaden kann kostenlos auf dessen Webseite angefordert werden. Dafür ist aber die Zustimmung zum Erhalt von Werbebotschaften erforderlich.
- **Planungshilfe für Klassenfahrten in Jugendherbergen**
  des Deutschen Jugendherbergswerks (DJH): In diesem Leitfaden werden chronologisch sortiert die Aufgaben des Verantwortlichen einer Klassenfahrt aufgeführt, ergänzt um Vordrucke und Checklisten. Die Planungshilfe ist allerdings auf die Nutzung von Jugendherbergen des DJH ausgerichtet. 55 Seiten – als kostenfreier Download erhältlich.

- **Countdown**
  ist eine Planungshilfe des Jugendherbergs-Landesverbandes Rheinland mit vielen allgemeinen Informationen, Vordrucken und Checklisten. Die Publikation hält natürlich zur Nutzung von Jugendherbergen dieses Landesverbands an. 28 Seiten – als kostenfreier Download erhältlich.

Weitere Landesverbände der Jugendherbergen bieten ebenfalls Planungshilfen und Checklisten an, die allerdings überwiegend auf die Angebote des Herausgebers ausgerichtet oder darauf beschränkt sind.

Im Internet finden sich weitere Organisationshilfen von Schulfahrten-Veranstaltern, Schullandheimverbänden, Jugendherbergen und Hostels. Die Internetseiten sind bisweilen sehr ausführlich, manche sogar ergänzt um einen themenbezogenen »Klassenfahrten-Blog« und Download-Bereiche mit Vorlagen und Checklisten. In der Regel lohnt sich der Besuch dieser Webseiten vor allem dann, wenn mit einem dieser Veranstalter gereist wird.

Verzeichnisse von Gruppenunterkünften

Mehrere Verzeichnisse von Gruppenunterkünften im Internet geben einen guten Überblick über die für Klassenfahrten in Deutschland geeigneten Unterkünfte. Vom Selbstversorgerhaus über Jugendherberge, Freizeitheim, Seminarhaus, Schullandheim, Naturfreundehaus bis hin zu Hostels und Jugendhotels ist alles dabei. Teilweise finden sich auf den Portalen auch Unterkünfte außerhalb Deutschlands; meist allerdings nur eine sehr kleine, unvollständige Auswahl.

- **Gruppenhaus.de**
  Das mit mehr als 5000 eingetragenen Unterkünften wohl größte Angebot dieser Art im Netz mit umfangreicher Suchfunktion. Bei einem erheblichen Teil der aufgeführten Unterkünfte handelt es sich allerdings um Selbstversorgerhäuser. Das Angebot an Unterkünften im Ausland ist sehr gering. Herausgeber ist ein kleiner Verlag in der Nähe von Berlin. www.gruppenhaus.de
- **Gruppenunterkuenfte.de**
  In diesem Verzeichnis eines privaten Anbieters kann der Nutzer nach Kategorien oder nach geografischen Parametern (Bundesländer, Regionen) suchen. Die gelisteten Häuser stehen fast ausschließlich in Deutschland; nur wenige Unterkünfte im europäischen Ausland sind vertreten. www.gruppenunterkuenfte.de
- **naturfreunde.de/hvz**
  Das Web-Verzeichnis führt etwa 400 Häuser der Naturfreundejugend auf. www.naturfreunde.de/hvz

- **SeminarhausPartner.de**
  Die Webseite listet etwa 350 Unterkünfte mit Schwerpunkt auf Seminar- und Tagungshäuser auf. Das eine oder andere Angebot ist jedoch auch für die Klassenfahrt interessant.

Verbände

In der Jugendreise-Szene in Deutschland ist eine Vielzahl an Verbänden und Interessengemeinschaften aktiv. Neben Fach- und Unterkunftsverbänden gibt es regional tätige Interessengemeinschaften zur Förderung von Jugendreisen in bestimmte Regionen wie die »IG Junge Eifel« oder »Young Alps« für das Allgäu.

Als ausgewiesene Jugendreise-Destinationen zertifiziert sind der Ort Schliersee bei München und die Region Arberland im Bayerischen Wald.

Auch die größten Anbieter von Schulfahrten in Deutschland haben sich kürzlich zu einer gemeinsamen Interessenvertretung zusammengeschlossen.

Nachfolgend eine Auswahl der Verbände und Organisationen:

- **Reisenetz – der Deutsche Fachverband für Jugendreisen**
  Der Verband mit Sitz in Berlin ist seit 30 Jahren das größte Netzwerk professioneller Anbieter von Kinder- und Jugendreisen im deutschsprachigen Raum. Unter dem Slogan »Wir bilden Vertrauen« wurden anspruchsvolle Mindeststandards entwickelt, die Jugendreisen sicherer und besser machen. Das Gütesiegel »Reisenetz Qualität« ist eine integrierte Zertifizierung sowohl für Anbieter von Einzelleistungen als auch für Reiseveranstalter im Jugendreisebereich mit Qualitätsstandards, die für alle Leistungsbereiche des Jugendreisens Gültigkeit haben.
  www.reisenetz.org

- **BundesForum Kinder- und Jugendreisen**
  Der Verein versteht sich als Zusammenschluss bundesweit tätiger Verbände, Träger und Organisationen, die im Bereich des Kinder- und Jugendreisens tätig sind.
  www.bundesforum.de
- **be – Bundesverband Individual- und Erlebnispädagogik e. V.**
  Als Fachverband repräsentiert der »be« die Vielfalt der Arbeitsfelder der Individualpädagogik, der Erlebnispädagogik und seiner Mitglieder, mit Qualitätsstandards für die verschiedenen Fachbereiche.
  www.bundesverband-erlebnispädagogik.de
- **transfer e. V.**
  Die Organisation ist Projektpartner für die Akteure der Jugend- und Bildungsarbeit und beschäftigt sich vorrangig mit Themen wie Jugendgesundheit, Inklusion/Diversität und Persönlichkeitsentwicklung. Die Angebote richten sich in erster Linie an Einrichtungen und Fachkräfte aus den Bereichen Schule und Hochschule, Kinder- und Jugendreisen, internationale Jugendarbeit sowie kommunale und verbandliche Jugendarbeit.
  www.transfer-ev.de
- **Verband deutscher Schullandheime e. V.**
  Etwa 250 Schullandheime sind im Bundesverband mit seinen 15 Landesverbänden sowie Landesarbeitsgemeinschaften organisiert. www.schullandheim.de
- **Deutsches Jugendherbergswerk (DJH)**
  Der Hauptverband mit Sitz in Detmold ist unter anderem für Öffentlichkeitsarbeit und Marketing zuständig und vertritt das DJH auf Bundesebene und im Ausland. Das Jugendherbergswerk ist untergliedert in 14 Landesverbände und betreibt gut 500 Unterkünfte, was aber nur einen kleinen Teil aller Jugendunterkünfte in Deutschland ausmacht.
  www.jugendherbergen.de

Darüber hinaus gibt es weitere Verbände und Gruppierungen wie den Fachverband für Sprachreiseveranstalter (FDSV) oder den DFH (Deutscher Fachverband High School e. V.) und verbandliche Strukturen wie die Landessportverbände der Bundesländer, ebenfalls mit Unterkünften, die auch für Klassenfahrten geeignet sind. Auch viele gemeinnützige Verbände sind Betreiber von Unterkünften, wie zum Beispiel die Arbeiterwohlfahrt (AWO), die KiEZe (Kindererholungszentren), der Christliche Verein Junger Menschen (CVJM) oder das Kolpingwerk. Daneben gibt es noch die Jugendreise-Arbeitsgemeinschaften der katholischen und der evangelischen Kirchen in Deutschland.

Anmerkungen

1 Andrea Malecki: Schulen auf einen Blick, Statistisches Bundesamt 2016.
2 Die Grundlagenstudie des Bundesministeriums für Wirtschaft zu Kinder- und Jugendtourismus in Deutschland (Teil II 2014, S. 45 ff./S. 52 ff. spricht davon abweichend – allerdings nachweislich falsch! – sogar von jährlich 12 Millionen Schülern.
3 Informationen zum Beförderungsverbot von Kinder- und Jugendgruppen in Frankreich finden Sie unter anderem beim Busreiseverband RDA: www.rda.de.
4 Eine Übersicht der Schulfahrtenverordnungen der Bundesländer finden Sie auf der Webseite zu diesem Buch unter www.kursbuch-klassenfahrt.de.
5 statista, 2017.
6 www.reisen-fuer-alle.de.
7 VG Berlin, Urteil vom 28. Januar 2000 – 3 A 559/99.
8 DGUV (Deutsche Gesetzliche Unfallversicherung; Spitzenverband): Information 202-047.
9 Ebd.
10 Ebd.
11 DGUV (Deutsche Gesetzliche Unfallversicherung), Referat Statistik, 12.10.2017.
12 Bundesverwaltungsgericht (BVerwG 5 C 9.17) vom 23.10.18.
13 in Anlehnung an ts medialog crash-consulting, Bielefeld.
14 Ludwig Ottenbreit (†): Qualität in Kinder- und Jugendreisen, Übersicht zu den Qualitätssystemen und Qualitätssiegeln, Broschüre des Reisenetz e. V., Berlin 2015.
15 Statistisches Bundesamt: Wirtschaft und Statistik 12/2010.
16 Quelle: Allianz pro Schiene.
17 Quelle: Umweltbundesamt 2016.

18 Deutsche Bahn AG – Unternehmenskommunikation: Pünktlichkeitsentwicklung in 2018.
19 Quelle: Allianz pro Schiene, Stand 2015.
20 Broschüre der Initiative RADschlag.
21 Hazard Analysis Critical Control Points.
22 Nach § 72a SGB VIII.
23 Jahresbericht Deutsches Jugendherbergswerk 2017.
24 BPatG, Beschluss vom 26. Januar 2009, AZ 25 W (pat) 8/06.
25 Naturfreunde Deutschland e. V., www.naturfreunde.de.
26 Unter anderem in: Allgemeine Hotel- und Gastronomie Zeitung (AHGZ), 18. März 2018.
27 Group Pierre & Vacance/Center Parcs 2018.
28 Der »Disclosure and Barring Service Check« (DBS Check) ist eine in Großbritannien vorgeschriebene Überprüfung von Mitarbeitern in bestimmten Bereichen, wie etwa Kinder- und Jugendreisen.
29 FVW Touristik & Business Travel: FVW Dossier Veranstalter, 2018.
30 MINT = Mathematik, Informatik, Naturwissenschaft, Technik.
31 Polizeiliche Kriminalstatistik 2017.
32 Dr. Manuela Stötzel, Arbeitsstab des Unabhängigen Beauftragten für Fragen des sexuellen Kindesmissbrauchs, Berlin 2018.
33 Bayerisches Staatsministerium für Bildung und Kultus, Wissenschaft und Kunst, AZ II.5 BP4004.8/1/11 vom 7. Juli 2016.
34 Spiegel online, Januar 2018, http://www.spiegel.de/reise/aktuell/zahl-der-flugpassagiere-steigt-auf-4-1-milliarden-rekord-a-1188472.html.